教科書では絶対教えない
偉人たちの日本史

日本をつくり、救った
28人の日本人

倉山満
Kurayama Mitsuru

ビジネス社

はじめに

本書は、「こんな歴史教科書で習いたかった」と思っていただけるように書きました。いわば、「日本人のための、理想の歴史教科書」です。「自分の国の本当の歴史を学びたい」「でも、どの本から読んだらよいかわからない」と思う人のために書きました。

では、理想の歴史教科書とは、どんな教科書でしょうか。あらゆる教育には段階があります。小学生や中学生に対して、「昔の日本は悪いことばかりしたひどい国だ」と教える自虐教育は人格が歪《ゆが》みます。そもそも、おもしろくない。高校生に受験で使うためだけに、これでもかと知識を詰め込むけど意味がわからない。何のために学ぶのか、習っている子供たちは誰も理解できないでしょう。

最初に学ぶべき歴史、特に国史においては、自分の国の立派な人物のことを習えばよいと思います。どこの国も、そうしていますし。「我が国はどんな国なのか。どのようにしてでき、今に至るのか」を教えます。

だから本書は、日本をかたちづくった代表的な人々を選び、その人たちの列伝にしました。その時代ごとの代表的な人物の伝記を読んでいくうちに、流れがわかる。そんなお話です。

教科書では
絶対教えない
偉人たちの日本史
日本をつくり、救った28人の日本人——目次

第五章　豊かな江戸

第六章　大日本帝国の興亡

第七章　昭和天皇――日本を本物の滅亡から救ったお方

令制国日本地図

律令時代から明治時代の廃藩置県まで、
68カ国（②と④は出羽）が地方区分として使われていた。
ただし、927年の延喜式には、
68カ国に、①蝦夷と⑦琉球は入っていない。

第一章

伝説から歴史へ

神武天皇――日本国の初代天皇

私たちの国、日本はいつごろ、どのようにしてできたのでしょうか。日本国の成り立ちを記す書が『古事記《こじき》』と『日本書紀《にほんしょき》』です。併せて、「記紀」です。『日本書紀』が正史で、『古事記』は外伝です。正史とは天皇の命令である勅令《ちょくれい》で作られた日本国公式の歴史書です。『日本書紀』は、現存する最初の日本国公式歴史書です。一方の『古事記』は正史を補う「外伝《がいでん》」、略史（ダイジェスト）です。外伝である『古事記』は七一二年、正史『日本書紀』は七二〇年に成立したと見られていて、なぜか外伝のほうが正史より先にできたと伝わります。書き方は、微妙に異なりますが、あらすじは一緒です。両書の冒頭を比べてみましょう。

まず、先に成立した『古事記』です。

天地《あめつち》初めて発《ひら》くる時に、高天原《たかあまのはら》に成《な》りませる神の名《みな》は、天之御中主神《あめのみなかぬしのかみ》。

（天と地が初めてひらけた時に、天上世界に出現した神の名は、天之御中主神《あめのみなかぬしのかみ》。）

（中村啓信訳注『新版　古事記』角川文庫、二〇〇九年。以下『古事記』の記述は同書による）

天地開闢《てんちかいびゃく》、この世の始まりをあっさりと一言で記したあと、すぐに最初の神さまが登場します。高天原とは神々がいる天上界のことです。

次に『日本書紀』です。

古《いにしへ》に天地《あめつち》未《いま》だ剖《わか》れず、陰陽《めを》分《わか》れず、渾沌《こんとん》にして鶏子《とりのこ》の如《ごと》く、溟涬《めいけい》にして牙《きざし》を含《ふふ》めり。

（昔、天と地が分れず、陰の気と陽の気も分れず、混沌《こんとん》として未分化のさまはあたかも鶏の卵のようであり、ほの暗く見分けにくいけれども物事が生れようとする兆候《きざし》を含んでいた。）

（小島憲之他校注訳『日本書紀』新編日本古典文学全集②、③、④、小学館、一九九四年。以下『日本書紀』の記述は同書による）

天地開闢を詳しく述べたあと、最初の神さまを国常立尊《くにのとこたちのみこと》と記します。このように「記紀」は最初の神様の名前が違うなど、細かい話は気にしません。ちなみに、神様の漢字は難しい字ですが、二回目以降はカタカナで記すので安心してください。一回しか出てこない神様も多いですし。二回以上出てきてカタカナの神様は大事だと思って間違いありません。

ただし、後になればなるほど、しっかり記述し、「記紀」で共通の話が多くなります。たとえば、最初の神から数えて七代目の神が、男女二柱《ふたはしら》の伊奘諾尊《いざなきのみこと》（男神）、伊奘冉尊《いざなみのみこと》（女神）であるのは同じです。漢字は音に合わせて適当に当てたので、気にしなくて大丈夫です。「伊耶那岐」「伊耶那美」という漢字もありますし。

最初の神から七代目のイザナキ、イザナミまでの神の時代を「神世七代《かむよななよ》」と呼びます。「神世七代」の最後の神がイザナキ、イザナミです。ところで、神さまは「一人、二人」とは数えず、正式には「一柱、二柱」と「柱《はしら》」と数えます。と、ここまで知ったところで、『日本書紀』の記述を中心に、我が国の成り立ちを見ていきましょう。

イザナキとイザナミが天と地のあいだに掛かる天浮橋《あまのうきはし》から矛を下ろしたところに青海原《あおうなばら》がありました。イザナキとイザナミが青海原を矛でかき混ぜ、矛を引き上げたその先からしずくが落ちて固まり、島になります。最初にできた島が磤馭慮島《おのごろしま》です。このようにして次々と島が生まれました。「国生み」です。イザナキ、イザナミは磤馭慮島に降り立ち夫婦となり、多くの神が生まれました。天照大神《あまてらすおおみかみ》も素戔嗚尊《すさのおのみこと》もイザナキとイザナミの御子神《みこかみ》です。

姉のアマテラスは明るく輝き、天地を隈無《くまな》く照らす美しい御子でした。父母イザナキ、イザナミはアマテラスを高天原《たかまのはら》に遣わします。アマテラスが天界を治めるのにふさわしいと考えたからです。

弟のスサノオは勇ましく、力が強くて残忍でした。そのうえ、スサノオが常に泣きわめく大声は、多くの人民を早死にさせ、青山を枯山に変えてしまいます。呆《あき》れたイザナキとイザナミは、スサノオを地底の根国《ねのくに》に追放することにしました。

スサノオは根国に行く前に姉のアマテラスに挨拶しようと、高天原に昇っていきます。ところが、この期に及んでもスサノオが乱暴狼藉《ろうぜき》をはたらいたので、アマテラスは腹を立て、天石窟《あまのいわや》に籠《こ》もってしまいました。すると、あたりは真っ暗になり昼夜の区別もつきません。太陽の神様がいなくなったので、真っ暗になったのです。

困った八十万《やそよろず》の神たちが天安河辺《あまのやすのかわら》に集《つど》い、アマテラスになんとか出てきてもらう方法はないかと話し合います。話し合いの結果、天石窟の前で歌えや踊れのおまつり騒ぎが繰り広げられます。その楽しげな様子に、アマテラスが少し顔を出しました。そのときです。待ち構えていた怪力の持ち主手力雄神《たちからおのかみ》が、天石窟のわずかな隙間《すきま》からアマテラスの手を取り、引っ張り出しました。

男女二柱の神イザナキとイザナミは力を合わせて、国を生み、アマテラスやスサノオなど、多くの神々を生んできたのですが、最後は激しい夫婦喧嘩で終わります。

イザナミは火の神を生んだときに負った火傷《やけど》がもとで、死者の国である黄泉国《よみのくに》に行ってしまいました。イザナキは黄泉国に妻イザナミを迎えに行きます。イザナミが「見ないで」と頼んだのに、約束を破ってしまいます。イザナキが見てしまったのは、変わり果てた醜い姿のイザナミでした。恥をかかされたと怒り狂うイザナミが「お前の国の人間を一日に千人殺してやる」と脅せば、イザナキは「ならば、私は一日に千五百人つくってやる」と、売り言葉に買い言葉で返します。イザナミに殺されそうになりながらも、イザナキは黄泉国から逃げ帰りました。ちなみに、一瞬死んだ人が息を吹き返して生き返るさまを「蘇《よみがえ》る」というのは、「黄泉《よみ》から帰る」ので「よみがえる」で、このときの話が語源です。このころは、神々の世界と人の世の境界が曖昧《あいまい》でした。だんだん分かれてくるのは、アマテラスより後の時代です。

アマテラスの子が正哉吾勝勝速日天忍穂耳尊《まさかあかつかちはやひあまのおしほみみのみこと》、そのまた子が天津彦彦火瓊瓊杵尊《あまつひこひこほのににぎのみこと》です。アマテラスの孫であるニニギノミコトが葦原中国《あしはらのなかつくに》に遣わされます。「天孫降臨《てんそんこうりん》」です。葦原中国とは天上の高天原と、地底の根国のあいだにあるとされる国です。

地上に降り立ったニニギノミコトの子が、彦火火出見尊《ひこほほでみのみこと》と火闌降命《ほのすそりのみこと》の兄弟です。彦火火出見尊は「山幸彦《やまさちひこ》」と呼ばれる弟、火闌降命は「海幸彦《うみさちひこ》」の名で知られる兄です。この二人は人間です。「山幸彦と海幸彦」は兄弟が仲違《なかたが》いし、結局、弟の山幸彦が兄を騙《だま》して殺して勝ちました。

山幸彦こと彦火火出見尊の子が彦波瀲武鸕鷀草葺不合尊《ひこなぎさたけうかやふきあえずのみこと》。そして、鸕鷀草葺不合尊の子が神《かむ》日本磐余彦尊《やまといわれびこのみこと》です。

この神日本磐余彦尊が神武天皇です。天から地上に降りたニニギノミコトの曾孫《ひまご》にあたります。「イザナキ〜アマテラス〜ニニギノミコト（初代）〜山幸彦（二代）〜三代神武天皇」と覚えてください。

神武天皇を、『日本書紀』では巻第一の神代上、巻第二の神代下に続く、巻第三に、また『古事記』では神代を記した「上巻《うえつまき》」につぐ「中巻《なかつまき》」の最初に記しています。

ところで、神武天皇は『日本書紀』には「神日本磐余彦尊」、『古事記』には「神倭伊波礼毗古命」と漢字で表記されていますが、これらは例によって「カムヤマトイワレビコノミコト」の音にあとから当てた漢字で、それ自体にはまったく意味がありません。そもそも、「神武天皇」などの呼び方は、七六〇年代前半の奈良時代に学者の淡海三船《おうみのみふね》がつけたとされる漢風諡号《しごう》（死後に贈られる名）です。ただ、わかりやすく「神武天皇」と呼ぶことにします。

ニニギノミコトが地上に降り立ったときから人間と考えるならば、そこから数えて三代目になる神武天皇は、生まれながらの人間です。

神武天皇は日向《ひむか》の高千穂宮《たかちほのみや》に暮らしていました。一五歳のとき、「ひつぎのみこ」になります。皇太子のことです。おとなになって結婚し、子どもも生まれました。

神武天皇四五歳のとき、ある日突然、兄たちや子どもたちとともに東を目指して出発します。東に、国を治める中心にふさわしい、四方を青山に囲まれた美しい土地・大和《やまと》があるとの情報を得たからです。神の子孫だから日本国を支配する資格があると考えたわけです。神武天皇が大和を目指して東に向かい、大和を平定して即位するまでの話を「神武東征《じんむとうせい》」と言います。

神武天皇たちは苦難を重ねながら、日向から北上し筑紫国《つくしのくに》の菟狭《うさ》を経て、さらに関門海峡を渡って安芸国《あきのくに》（広島）、吉備国《きびのくに》（岡山）を通り、浪速国《なみはやのくに》（大阪）に至ります。途中、神武天皇の兄・五瀬命《いつせのみこと》が敵の矢を受け、その傷が悪化し紀国《きのくに》で亡くなります。

神武天皇の軍は熊野《くまの》（和歌山）に迂回《うかい》し、大和を目指しました。しかし、なかなか思うように進めません。

そんな神武天皇の目の前にいきなり現れたのが、アマテラスが遣わした頭八咫烏《やたからす》です。ヤタカラスの導きで神武天皇は進んで行きます。神武天皇は行く先々で荒ぶる神々を平らげ、従わない者たちを討ち、兄の仇《かたき》も討って、ようやく大和を平定しました。ちなみに、ヤタカラスは日本サッカー協会のシンボルに採用され、日本代表チームのユニフォームにもエンブレムとして描かれています。

辛酉年《しんゆうのとし》一月一日、神武天皇は大和の橿原宮《かしはらのみや》で即位し、天皇となります。

明治時代、「辛酉年一月一日」は陽暦に直すと「紀元前六六〇年二月一一日」にあたると計算され、二月一一日を紀元節《きげんせつ》としました。紀元節とは神武天皇の即位をお祝いする日であり、日本の国が誕生した日です。第二次大戦後の昭和二三（一九四八）年、紀元節は廃止され、昭和四一（一九六六）年に、二月一一日を「建国記念の日」として今に至っています。

神武天皇は即位後、在位七六年、一二七歳まで生きたとされます。一二七歳とは人間離れした歳と思われますが、半年ごとに一年と数えていたので、一二七歳を半分にした六三歳六カ月が実際の年齢だとする説もあります。しかし、本当のところはわかりません。

また、神武東征も本当にあった話なのかと疑問に思うかもしれません。しかし、奈良盆地（奈良県）と筑後川《ちくごがわ》流域（北九州）に分布する地名とそれらの位置関係を比べると、偶然の一致とは考えられないくらい酷似しています。これをどう判断するかにも種々の説があるようです。しかし、本当かどうかはわからなくても、酷似している事実がある以上、神武東征はあったと考えるのが自然です。もちろん、その一事でもって絶対の証拠にはなりませんが、神武東征があったと推定させる根拠にはなります。神武東征だけでなく、一つの事項を決定的に否定する史料がなければ、あったと推定するのが学問です。

神武東征の傍証か？

日本の地名の相似的分布が九州北部と近畿との間で顕著である。
邪馬台国の東遷とみるか、そうではない形での東征とみるかで分れる。

①奈良盆地中心の地名（近畿）

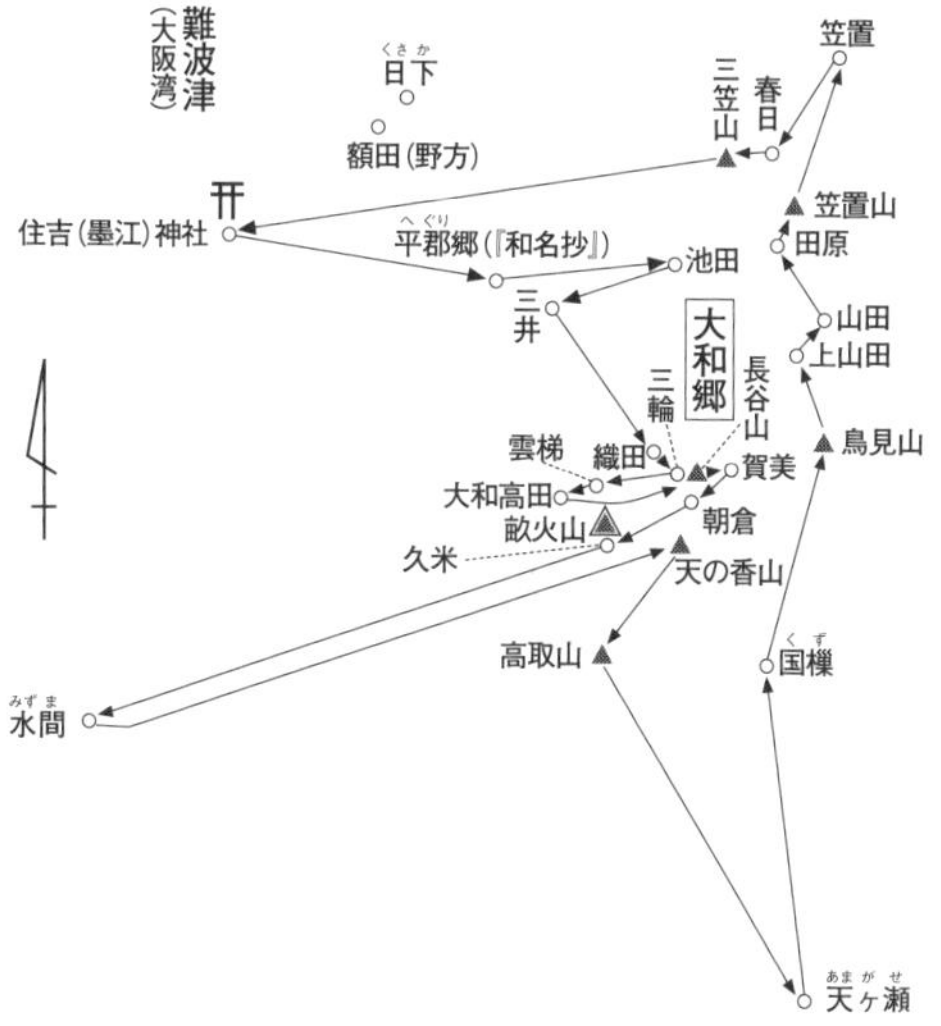

②筑後川中流域中心の地名（北九州）

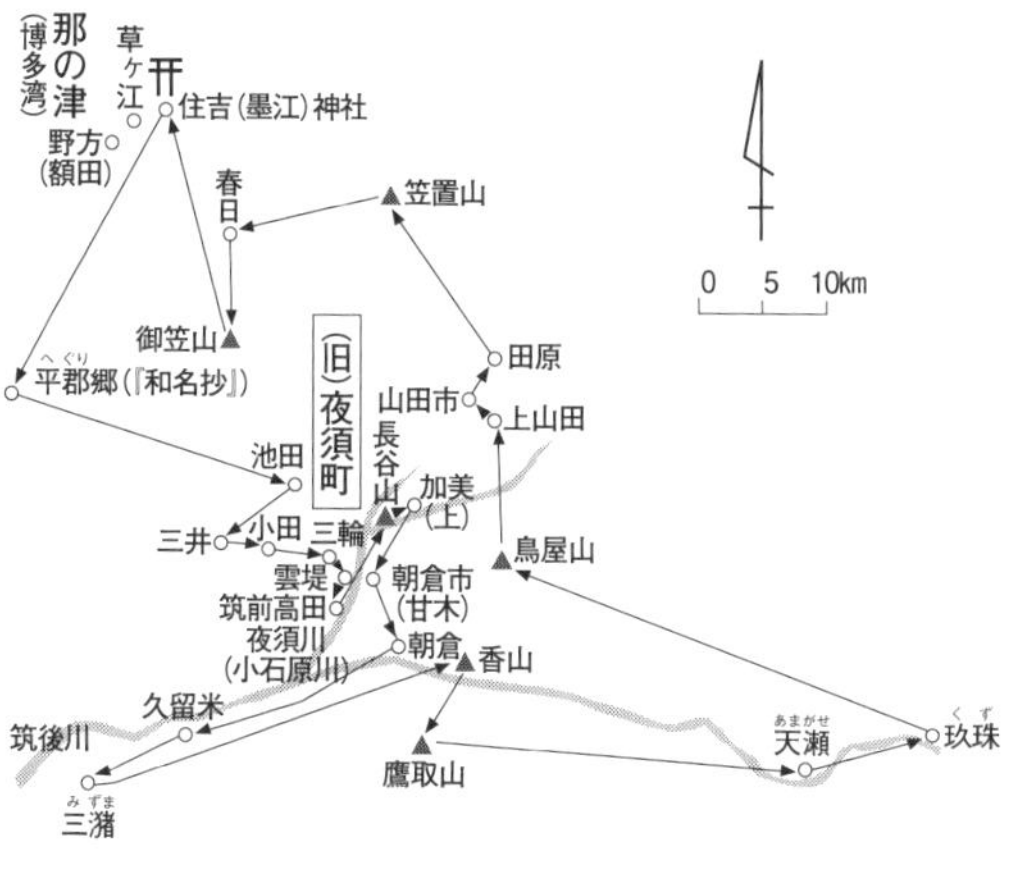

出典：安本美典『古代史論争最前線』（柏書房）

日本武尊《やまとたけるのみこと》――日本史最初の英雄《ヒーロー》

日本国をつくった神武天皇につづく、第二代綏靖《すいぜい》天皇から、第三代安寧《あんねい》天皇、第四代懿徳《いとく》天皇、第五代孝昭《こうしょう》天皇、第六代孝安《こうあん》天皇、第七代孝霊《こうれい》天皇、第八代孝元《こうげん》天皇、そして第九代開化《かいか》天皇までの八代の天皇に関してはほとんど記述がありません。記述のあまりの少なさに「欠史八代《けっしはちだい》」などとする説があります。また、神武天皇を含め最初の九人の天皇は実在せず、第一〇代崇神《すじん》天皇が実在した最初の天皇ではないかとする説もあります。しかし、こうした説は単なる推理であり、根拠はありません。古い時代の話はえてして、創業者の事跡だけが残り、途中の人は名前ぐらいしか残らないものです。

さて、神武天皇が大和を平定したとはいえ、日本には従わない地方が多くありました。崇神天皇一〇年のとき、さらなる国土平定のために四人の皇族将軍を四方面に派遣します。崇神天皇は北陸《くぬがのみち》（北陸道）に大彦命《おおびこのみこと》を、東海《うみつみち》（東海道）に武渟川別《たけぬなかわわけ》を、西道《にしのみち》（山陽道）に吉備津彦《きびつひこ》を、そして丹波《たには》（山陰道）に丹波道主命《たにはのみちぬしのみこと》をそれぞれ遣わし、服従しない者には兵を挙げて討伐せよとの命令を出しています。いわば、日本列島統一戦争です。派遣された四人の将軍はいつしか〝四道将軍《しどうしょうぐん》〟と呼ばれるようになりました。

神武天皇は天皇自らが戦う、親征《しんせい》を行った天皇です。神武天皇よりあとは、天皇が出兵したとしても天皇自身が戦うことはなくなり、四道将軍のように皇子たちを派遣するのが伝統になっていきます。

崇神天皇の孫が第一二代景行《けいこう》天皇です。この方、息子を過労死させるまでこき使った、性格最悪の天皇です。

日本人は歴史を正直に記述することが多く、「記紀」に完全無欠の人物は出てきません。ウソであるならば、わざわざ書く必要がない内容を記しているのです。歴代天皇全員を人格者の英雄に描いておけばいいものを、問題の多い行動や人としてどうなのかと考えさせられるような振舞いさえ書いているわけですから、その元になった話が実際にあったと考えたほうが納得できます。

その過労死させられた息子が、日本武尊《やまとたけるのみこと》です。日本武尊は景行天皇の双子の第二子です。第一子は大碓皇子《おおうすのみこ》、そして第二子の日本武尊は小碓尊《おうすのみこと》（オウス）と呼ばれました。

オウスは背も高く力持ちで、雄々しい気性の持ち主だったといいます。理由はよくわかりませんが、オウスは父に嫌われました。

景行天皇は熊襲《くまそ》征伐に一六歳のオウスを遣わします。熊襲とは、このころいまだ大和朝廷の支配下に入っていなかった、今の熊本県以南の九州に勢力をもっていた豪族です。

オウスは女性に変装し、熊襲の川上梟帥《かわかみたける》（タケル）が催す酒宴に潜り込み、タケルが酒に酔ったところを襲います。オウスに胸を刺されたタケルが「あなたはなんて強い。これからは日本武尊と名乗りなさい」と言い残し、事切れました。オウスは以後、その通り名乗ります。

日本武尊は熊襲征伐から大和（奈良県）に戻る途中、出雲国《いずものくに》（島根県）に入ります。その国の出雲建《いずもたける》を討つためです。

出雲国は、スサノオの五世の孫である大己貴神《おおあなむちのかみ》（『古事記』では大国主神《おおくにぬしのかみ》）が「国譲り《くにゆず》」をしていました。出雲の国譲りは、アマテラスのニニギノミコトが地上に降り立つ前の話です。ところが、出雲建はまったく従っていません。日本武尊は出雲建に近づき、親しくなったところで騙し討ちにしました。この話は『古事記』には書かれていても、『日本書紀』には記されていません。

景行天皇は日本武尊が大和に戻るが早いか、ほとんど休む間も与えず、今度は東国の蝦夷《えみし》の征伐を命じます。日本武尊は蝦夷征伐に東へと向かう途中、わざわざ伊勢神宮に立ち寄りました。伊勢神宮は『日本書紀』に「伊勢神宮《いせのかむみや》」と記されています。まず、笠縫《かさぬい》の地に神宮が建てられました。この神宮は三種の神器《じんぎ》の一つ八咫鏡《やたのかがみ》をアマテラスの御霊代《みたましろ》として奉祀する神宮です。第一一代垂仁《すいにん》天皇のときに、その笠縫の神宮を、伊勢の度会《わたらい》の地にある五十鈴《いすず》川の畔《ほとり》に遷《うつ》したのが伊勢大神宮だと言われています（注1）。

三種の神器とは、アマテラスがニニギノミコトに授け、天皇の皇位のしるしとして歴代天皇に受け継がれた、八尺瓊勾玉《やさかにのまがたま》、八咫鏡《やたのかがみ》、草薙剣《くさなぎのつるぎ》の三つを指します。

日本武尊は立ち寄った伊勢神宮で、叔母・倭姫命《やまとひめのみこと》から草薙剣《くさなぎのつるぎ》を授けられました。日本武尊は草薙剣を佩《は》き、駿河国《するがのくに》（静岡県）に初めて入りました。

その土地の豪族が、言葉巧みに日本武尊を狩りに誘います。実は罠でした。日本武尊は狩りに出た野原で火をつけられ、危うく焼き殺されそうになります。そのとき日本武尊は逆に火をおこします。その火の勢いのほうが勝り、賊のつけた火を逆方向に追いやったので日本武尊は助かったばかりか、賊を一人残さず焼き殺しました。『日本書紀』は「一説に」として、草薙剣がひとりでに日本武尊の腰から抜け出て、草をなぎ払ったので事なきを得たのだとも記しています。

難を逃れた日本武尊は相模《さがみ》（神奈川県）から上総《かみつふさ》（千葉県）に向かうために海を渡ります。ここでもさらなる苦難が待ち受けていました。

日本武尊たちは、漕《こ》ぎ出して小さな海だから容易に渡れると思ったところで暴風に遭い、そこから先に進めません。そのとき一緒に船に乗っていた、穂積氏忍山宿禰《ほづみのうじのおしやまのすくね》の女《むすめ》・弟橘媛《おとたちばなひめ》が海神を鎮めるために海に身を投げると、海は静かになったといいます。

海を渡った日本武尊はあちらこちらで蝦夷と戦いますが、東征を終え大和に帰る途中で病に倒れ、伊勢国（三重県）で亡くなりました。わずか三〇歳前後の若さでした。日本武尊は伊勢国で葬られた後、白鳥となって大和を目指して空高く飛んで行ったと伝えられています。

なお、景行天皇を継《つ》いだのは第四子・第一三代成務《せいむ》天皇ですが、その跡を継いだ第一四代仲哀《ちゅうあい》天皇は日本武尊の第二子です。初代神武天皇から第一三代成務天皇まで、皇位を継承したのは全員が天皇の息子でした。息子による継承が途切れ、第一四代にして初めて天皇の甥が受け継ぎましたが、男系継承に何ら変わりはありません。

仁徳天皇——国史で史実と確定されている最初の天皇

熊襲や蝦夷の征伐は日本武尊だけが行ったわけではなく、その後も断続的に行われ、どうやら東は茨城県から南は熊本県ぐらいまでが大和朝廷の支配下に入ったようです。その間、どれくらいの年月を要したのかもわからなければ、神武天皇以降の歴代天皇が全員実在したかどうかもわかりません。しかし、何もかもがまったくのウソでもないでしょう。

確実なのは、日本列島の東北よりも、朝鮮半島の脅威のほうが先にあったという事実です。北九州は日本にとって海の防壁である反面、海賊など外敵の侵入路でもありました。だから、日本列島を守るためには朝鮮半島を安定化させなければならないのは、昔も今も変わりません。

朝鮮半島の脅威に立ち向かった最初の方が、神功《じんぐう》皇后です。神功皇后は開化天皇の五世の孫にして、仲哀天皇の皇后になった人です。

そのころ、朝鮮半島は常に三つに分かれていました。一番親日的な百済《くだら》、反駁《はんばく》常なき新羅《しらぎ》、そして満洲人との混血の高句麗《こうくり》の三つが、三国《さんごく》と呼ばれていました。

日本は任那《みまな》傀儡《かいらい》政権をつくるのですが、過去の通説で〝任那日本府〟と呼ばれたような機関ではなかったようです。もちろん、神功皇后の時代にそんな言葉もあるわけがありません。

とにもかくにも、朝鮮半島の安定化が日本にとって喫緊の課題でした。そのため、神功皇后は妊娠中にもかかわらず、朝鮮半島に乗り込んでいき、三韓《さんかん》征伐を行いました。

三韓地図

神功皇后は最初の女帝といわれていました。そういわれるのは、神功皇后が夫・仲哀天皇が亡くなったあと、統治を行っていたからです。神功皇后は即位したのか、しなかったのかと長らく論争がありましたが、大正末年に正式に歴代天皇から外されています。

その神功皇后と仲哀天皇の孫が、第一六代仁徳《にんとく》天皇です。

仁徳天皇は『古事記』の「下巻《しもつまき》」の最初に記される天皇です。「下巻」は、ここからは確かな話で間違いないだろうと考えられる記述です。伝説が終わり、歴史が始まるのが、仁徳天皇です。

仁徳天皇は「聖《ひじり》の帝《みかど》」ともいわれています。中国では治水に成功した皇帝が聖帝と呼ばれますが、仁徳天皇は治水と灌漑《かんがい》に功績があっただけではありません。

仁徳天皇は日本の国体《こくたい》、国柄をつくった天皇なのです。「民の竈《かまど》」がそれを物語ります。

仁徳天皇が即位して三年経ったときでした。仁徳天皇が高台から見渡すと、食事の支度時にもかかわらず、民の家からは煮炊きすれば出る炊煙《すいえん》が上《のぼ》っていません。仁徳天皇は炊煙が上らないのは食べるものがなく、民が困窮しているからだと知ります。都のある畿内《きない》でさえこの様子なのだから、ましてや都から遠い畿外《きがい》ではもっと窮乏しているだろうと思い巡らされ、これより三年間無税にすると決めました。減税ではありません。無税です。

その日から三年。宮殿は垣根が壊れてもそのまま放置され、茅屋根《かややね》は葺《ふ》き替えられず雨漏りがして衣服や夜具が濡《ぬ》れてしまうほどでした。仁徳天皇は宮殿のひどい状態に皇后からガミガミ言われ冷たい視線を投げかけられても、民から税をとりません。

仁徳天皇陵

ようやく、民の竈から炊煙が以前よりは多く立ち上るようになりました。全国から民が宮殿の修理を申し出ますが、仁徳天皇は断ります。断っただけではありません。さらに三年、無税としました。仁徳天皇は、民が一人残らず飢えなくなるまで、自分も耐えると決めたのです。

計六年ものあいだ無税とした仁徳天皇に、全国の民が今度こそはと「税金を受け取ってください」と押しかけます。日本最初のデモは「税金を受け取ってください」でした。

仁徳天皇は治水のほかにも大規模な公共工事を行っています。墓造りです。大きな墓が造れるのは、安定した強い王権ができていた証拠です。

仁徳天皇のお墓、仁徳天皇陵《にんとくてんのうりょう》は世界一大きなお墓です。エジプトのクフ王のピラミッド、兵馬俑《へいばよう》で有名な秦始皇帝陵《しんしこうていりょう》とともに「世界三大墳墓」の一つといわれます。測定の仕方にもいろいろありますが、仁徳天皇陵が世界一大きいでしょう。なお、明治以降昭和四五（一九七〇）年以前までは、長らく「仁徳天皇陵」の名称で知られていましたが、今は勝手に「大山《だいせん》古墳」あるいは「大仙陵《だいせんりょう》古墳」などと呼ばれています。「大山古墳」とはもともとの地名を使った古墳の命名法によるものなのだそうです。昭和五一（一九七六）年以降、その場所が本当に仁徳天皇のお墓かどうかわからないとの理由から、「大山古墳」の名称が使われ始めたといわれています（注2）。しかし、それが理由ならば、逆になぜ、仁徳天皇陵が仁徳天皇のお墓ではないと言えたのかとの疑問が残ります。

さて、「聖の帝」と称される仁徳天皇は、人間臭い方でした。『日本書紀』では、仁徳天皇の浮気性が原因で皇后と不仲だった話が詳細に記されています。

仁徳天皇にはいつか側室《そくしつ》に迎えたいと思い、関係をもった女性がいました。しかし、皇后の嫉《しっ》妬《と》を恐れて泣く泣く断念。その女性を自分の側室に迎える代わりに家来に下げ渡そうとしたところ、その女性は拒否して病死してしまいました。

またあるときは、八田皇女《やたのひめみこ》という女性を妃に迎えたいと皇后に相談しますが、聞き入れられません。皇后が宮殿を出ていくまでにエスカレートし、仁徳天皇と皇后は和歌のやりとりで互いに非難の応酬です。それから何年かのち、それでも仁徳天皇は諦《あきら》めず、皇后が旅に出かけた不在の隙《すき》に八田皇女を宮中に迎え入れてしまいました。皇后はそれを許さないままに亡くなります。

さらに八田皇女を皇后にたてたかと思うと、今度は八田皇女の同母妹・雌鳥皇女《めとりのひめみこ》を召し入れて妃にしようとします。ところが、この雌鳥皇女を、仁徳天皇と仁徳天皇の異母弟・隼別皇子《はやぶさわけのみこ》とのあいだで取り合いになってしまい、最後は皇女と皇子が駆け落ちしてしまいました。

こんな仁徳天皇は、在位八七年で崩御しました。

第二章　貴族の時代

聖徳太子——日本が日本になった時の大政治家

聖徳太子《しょうとくたいし》は西暦五七四年生まれ、第三〇代天皇の敏達《びだつ》天皇三年です。第三一代用明《ようめい》天皇の皇子です。ちなみに、中国に三〇代の皇帝が続いた王朝はありません。皇室の存在がとっくに自明の前提になっている時代でした。

当時の世界を見渡せば、イスラム教の開祖ムハンマド（五七〇ころ〜六三二年）が聖徳太子（五七四〜六二二年）と同時代の人です。もっとも、太子が早死にし、ムハンマドが大器晩成なので活躍した時期はかぶらないのですが。七世紀初頭は、東洋と西洋がシルクロードを通してつながっていた時代でもありました。たとえば、聖徳太子が建てた法隆寺の柱には、ギリシャのパルテノン神殿にも使われているエンタシスと呼ばれる形が取り入れられています。エンタシスとは、古代ギリシャ建築に顕著な、柱の中ほどが膨らみを帯びた形です。

本当のところ、古代日本人がなにをやっていたか。「記紀」くらいしか史料がなく、同時代の日本を記したことになっている中国の正史も隣国のことなので、まじめに書いていません。それでも中国の歴史書にも注目すべき点があって、そこで描かれる日本は一度として後退せずに発展しています。

・『漢書《かんじょ》』「地理志《ちりし》」…「なんか、村があった」

・『後漢書《ごかんじょ》』「東夷列伝《とういれつでん》」…「金印をくれてやった」
・『三国史《さんごくし》』のいわゆる「魏志倭人伝《ぎしわじんでん》」…「ヒミコとかいう女王がいた」
・『宋書』「夷蛮伝《いばんでん》　倭国《わこく》」…「朝鮮を征服したので、東アジアで俺をナンバーワンと認めろと言っている」

ざっと、こんな感じです。歴史でまじめに取り上げるべきは、朝鮮半島との関係です。朝鮮半島の南の釜山《プサン》は、対馬《つしま》から見えます。日本は自らの安全を確保するため、朝鮮半島の任那《みまな》や百済《くだら》を勢力圏においていました。新羅《しらぎ》は大陸の力が強いと居丈高になり、日本が強いと媚《こ》びてきます。大和朝廷は北九州を早くから領地としましたが、目と鼻の先の朝鮮がこんな油断も隙もならない状況でした。

一方、内政に目を向けると、天皇の地位は皇族しか継げないのが確定していましたが、豪族たちは自分の言いなりになる天皇を立てようとします。そして、宗教をめぐる争いも加わります。聖徳太子が生まれる前に、日本に仏教が入ってきていました（五三八年説と五五二年説あり）。新しく入ってきた仏教を擁護する蘇我《そが》氏《し》と、神道を司り仏教を排撃する物部《もののべ》氏《し》が激しく対立します。

五八七年、用明天皇が治世の二年めに崩御すると争いは頂点に達します。蘇我馬子《そがのうまこ》が物部守《もののべのもり》屋《や》とその一族をも滅ぼします。聖徳太子は蘇我馬子側に加わっていました。馬子側が劣勢に立たされたとき、太子が切り取った白膠木《ぬりで》の木で四天王《してんのう》像を造り「勝たせてくださったなら必ず四天王のための寺塔を建てます」と誓いを立て祈りました。すると、形勢が逆転。蘇我氏が物部氏を討ち取れたと『日本書紀』は記します。

聖徳太子には実にさまざまな伝説があります。そもそも「聖徳太子」などと生きている間に呼ばれたはずがなく、死んだ後に「素晴らしい人がいた」と贈られた名前です。そうした「太子伝説」を『日本書紀』が残します。

馬小屋で生まれたので、厩戸皇子《うまやとのみこ》と名付けられたとか。生まれてすぐに言葉を話したとか、「南無阿弥陀仏《なむあみだぶつ》」と唱えたとか。成人すると一度に一〇人の話を聞いて間違いなく理解したので、「厩戸豊聡耳皇子《うまやとのとよとみみのみこ》」とも呼ばれるようになったとか。そのすべてが真実だとはさすがに言えませんが、そのようにありえないほどの聖人君子で超能力者として語り継がれるような人物だったのは、事実です。太子を褒めるのは、反感を抱かれていた蘇我氏への反動です。

太子の奥さんの父である蘇我馬子は、第三二代崇峻《すしゅん》天皇を殺害し、第三三代推古《すいこ》天皇を据えます。崇峻天皇は太子の叔父、推古天皇は叔母です。推古帝は馬子の姪です。要するに、馬子の都合で弟が殺され、姉が天皇になりました。なお、推古天皇は最初の女帝ともいわれますが、神功皇后の先例があります。もっとも、当時の人々が神功皇后を歴代天皇に数えていたか、よくわかりませんが……。ただ、推古天皇の登場が女帝の最初であってもなくても、異常事態であるのには間違いありません。親戚どうしの飽くなき殺し合いです。

推古天皇は即位した翌年（五九三年）四月に、二〇歳の聖徳太子を皇太子に立て、政務の一切を任せます。当時、職としての名称「摂政《せっしょう》」はいまだなくても、『日本書紀』が「仍録摂政《よりてまつりごとふさねつかさどらせ》」と記したところから、「摂政」となったとされます。

推古天皇一一（六〇三）年、聖徳太子は独自の冠位十二階《かんいじゅうにかい》の制を定めました。冠位十二階とは冠の種類で朝廷内での序列を示そうとした制度です。これにより蘇我氏のような実力者を、天皇の権威の下《もと》に封じ込めて、やりたい放題させないようにしようとしたのです。

推古天皇一二（六〇四）年、聖徳太子によって十七条憲法が定められました。十七条憲法第一条は「和を以《も》ちて貴《たふと》しとし、忤《さか》ふること無《な》きを宗《むね》とせよ」です。日本は「和の国である」との宣言です。天皇の権威のもとで話し合って物事を決めようと説きました。聖徳太子憲法は、大日本帝国憲法や日本国憲法のような近代憲法ではありません。しかし、「国の形を決める法」との意味では、まぎれもなく日本国の形を表した憲法です。日本

「伝聖徳太子二王子像（模本）」狩野養信模写原品＝御物：江戸時代・天保13年（1842）、原品＝奈良時代・8世紀のものが宮中に納められている。

とはどんな国か。「皆が仲良くしている国である」「天皇の国である」と、それまでの歴史を形にしました。ちなみに十七条憲法は今まで一度も廃止手続きが取られたことがありません。条文で「やめよう」と言ってやめようがないような事実の確認なので、廃止しようがないのです。

もちろん、日本国民が「天皇なんていらない」「皆が仲良くする必要はない」と決めれば、やめることはできます。何のためにそんなことをするのかはさておき、本気で日本国民がやめようと思えば、やめられます。そのとき、日本は日本ではなくなっていますが……。

聖徳太子は、名実ともに日本の国づくりを行いました。聖徳太子が十七条憲法をつくった数カ月あと、お隣の隋《ずい》では煬帝《ようだい》が、お父さんとお兄さんとの権力闘争に勝って皇帝に即位しました。煬帝は戦いに明け暮れた人生でしたが、勝ったり負けたりを繰り返しています。特に、満洲から朝鮮半島北部に勢力を持っていた高句麗には大敗します（五九八年）。太子はこれを好機ととらえました。最近の歴史教科書では「遣隋使は六〇〇年」と教えているようですが、日本側の記録になく、本当に行ったかどうかわかりません。行ったとしても単なる表敬訪問でしょう。大事なのは、六〇七年の遣隋使です。

聖徳太子は小野妹子《おののいもこ》に〝ステキなラブレター〟を持たせ、隋に派遣します。〝ステキなラブレター〟には、有名な文「日出《ひいず》るところの天子《てんし》、書《しょ》を、日没《ひぼっ》するところの天子《てんし》に致《いた》す。恙《つつが》なきや」と書かれていました。これに煬帝は怒りますが、それだけです。

翌年、小野妹子が、帝が使わした裴世清《はいせいせい》らを伴い、帰国します。裴世清は、煬帝の無礼な手紙を持ってきました。太子への仕返しです。ところが小野妹子が煬帝から渡された手紙を、「帰国途中に百済を通過する際、百済人に手紙を盗まれました」などと、失《なく》した体《てい》にしました。聖徳太子は表向き小野妹子を激しく叱責《しっせき》しましたが、本音では感謝しています。

裴世清が隋に戻るとき、小野妹子も一緒に再度渡ります。小野妹子が煬帝に持っていった〝ステキなラブレター第二弾〟は「東の天皇、敬《つつし》みて西の皇帝に白《もう》す」で始まったと、『日本書紀』が伝えます。「東の天皇が謹んで西の皇帝に申し上げます」です。こんな内容を『隋書』が記す訳がありません。

この一連のやり取り、朝鮮人相手なら軍勢を派遣して撤回させるところですが、隋も日本相手にはできません。つまり、聖徳太子は戦わずして対等関係を認めさせました。上下関係しか頭にないチャイニーズに対等な関係を認めさせた、画期的な出来事です。

日本は天皇を中心にまとまる。誰の家来でもない、対等の関係である。この二つが、聖徳太子の国づくりです。

ちなみに、『日本書紀』によれば、六〇八年が天皇号の初出です。日本の歴史学者は『日本書紀』にしか書いていない事柄を、事実と認めたがらない傾向があります。しかし、これを否定する決定的な証拠もありません。どこに、わざわざ自分に不利な解釈をする国があるのか。普通の国は相手の国が亡んだらどこからも批判が来ないのをいいことに、好き勝手な歴史解釈をするものです。そんなことをマネしなくてもいいのですが、六一八年に隋は唐《とう》に滅ぼされました。そんな隋に都合がよい解釈をしてあげなくても構わないでしょう。

六二〇年、聖徳太子は馬子とともに、『天皇記《てんのうき》』『国記《こっき》』を編纂《へんさん》し始めます。のちの『古事記』『日本書紀』の原型です。

聖徳太子が残したのはそれだけではありません。法隆寺《ほうりゅうじ》、広隆寺《こうりゅうじ》、法起寺《ほっきじ》、中宮寺《ちゅうぐうじ》、橘寺《たちばなでら》、葛木寺《かつらぎでら》などを建てています。四天王寺と併せて、この七つの寺は後世に「聖徳太子建立七大寺」と呼ばれるようになります。また、聖徳太子は三経義疏《さんぎょうぎしょ》と総称される、『法華義疏《ほっけぎしょ》』『維摩経義疏《ゆいまぎょうぎしょ》』『勝鬘経義疏《しょうまんぎょうぎしょ》』のお経の本格的な注釈書も著しました。政治家だけでなく、偉大な文化人でもありました。

推古天皇三〇（六二二）年、聖徳太子が四九歳で薨去《こうきょ》されました。国中すべての人が「日月は光を失い、天地は崩れ去ったようだ。これから先、いったい誰を頼りにすればよいのだろう」と嘆き悲しんだ様子が『日本書紀』に書かれています。

天智天皇――最初の元号を定めた皇子

中大兄皇子《なかのおおえのおうじ》（のちの第三八代天智《てんじ》天皇）は聖徳太子が亡くなった四年後、推古天皇三四（六二六）年に生まれます。父は、推古天皇のあとを継ぐ第三四代舒明《じょめい》天皇で、母はその次の第三五代皇極《こうぎょく》天皇です。

舒明天皇二（六三〇）年、第一回遣唐使が派遣されます。中大兄皇子の幼いころの日本は、唐から文明を学ぼうとしていました。遣隋使や遣唐使の時代は「傲岸《ごうがん》な支那《しな》」からでも学ばねば生きていけない時代だったわけです。ちなみに「傲岸な支那」と言ったのは、吉野作造《よしのさくぞう》です。

聖徳太子が亡くなったあと、蘇我馬子も死に、馬子の息子・蘇我蝦夷《そがのえみし》が後を継いで大臣になりました。さらにその息子・蘇我入鹿《いるか》が国政に携わると、蝦夷、入鹿親子は先祖を祀る廟《びょう》を建て、墓を自分たち用に二つ作り、蝦夷用の墓を「大陵《おおみささぎ》」、入鹿用の墓を「小陵《おみささぎ》」と、天皇・皇后の墓を意味する「陵」と同じように名付けたりしました。また、蝦夷の家を「上《うえ》の宮門《みかど》」、入鹿の家を「谷《はさま》の宮門《みかど》」と呼ばせ、自分の子供たちを男女ともに「王子《みこ》」と称し、皇族を気取る横暴さを発揮しています（『日本書紀』巻第二十四皇極天皇）。

父・舒明天皇が崩御し、皇極天皇一（六四二）年に母・皇極天皇が即位しました。

その翌年、皇極天皇二（六四三）年、聖徳太子の息子・山背大兄王《やましろのおおえのおう》が蘇我の蝦夷、入鹿に攻められ、一族皆殺しにされます。

皇極天皇三（六四四）年、中大兄皇子が一九歳のときに、蘇我倉山田石川麻呂《そがのくらやまだのいしかわまろ》の娘と結婚します。蘇我一族とはいえ、反主流の家の娘です。

蘇我入鹿の横暴のかぎりに怒った中臣鎌足《なかとみのかまたり》は、そうした事態をなんとかしようと考えます。中臣鎌足が白羽の矢を立てたのが中大兄皇子でした。鎌足は皇子のお近づきになろうと機会を窺《うかが》います。蹴鞠《けまり》の際に中大兄皇子が飛ばした沓《くつ》を、中臣鎌足が拾って持っていったのがきっかけとなり、お近づきになりました。こんなエピソードがあるのですが、眉唾《まゆつば》ものです（『日本書紀』

『藤氏家伝』)。

中大兄皇子と鎌足は勉強会を開いてブレーンを集めます。小野妹子について隋に行き、唐に変わってから帰国した留学生・南淵請安《みなぶちのしょうあん》、同じく隋、唐に学んだ留学生・高向玄理《たかむこのくろまろ》らです。彼らとともに勉強会を行い、政権を取る陰謀と政権を取った後の国家構想を練っていました。皇子は勉強会を続けながら、行動する日を待ち続けました。

そして遂に六四五年六月一二日、皇子は乙巳《いっし》の変《へん》に始まる大化の改新を始めます。

場所は宮中の大極殿《だいごくでん》、重要な儀式を行う場です。高句麗、新羅、百済の三国から使者が、天皇に挨拶をする上表文《じょうひょうぶん》を読み上げる儀式が行われる予定でした。大臣の蘇我入鹿も儀式に出席すべくやってきました。入鹿は命を狙われるのを恐れ、常に剣を身に着けています。道化役のような俳優《わざおぎ》が、入鹿に剣をはずさせるのに成功しました。すべての門を閉鎖させ、中大兄皇子は槍を持ち、中臣鎌足らは弓矢を携え、大極殿のそばに身を隠し待機しています。

蘇我倉山田石川麻呂が上表文を読み上げているあいだに、刺客《しきゃく》らが入鹿に斬りかかる手筈《てはず》になっていました。しかし、刺客らはあまりの緊張に嘔吐《おうと》までしてしまい、まったく動けません。刺客らが一向に現れる様子がないのに、石川麻呂は焦ります。全身が汗にまみれ、声は上ずり、手も震えだします。入鹿が「なぜそんなに震えているのか」と不審がります。石川麻呂が「天皇の御前なので緊張してしまいました」と答えたその時です。

刺客らが動かないのを見かねた中大兄皇子が「ヤッー」と叱咤《しった》の声を上げ、入鹿の不意を突きます。中大兄皇子が入鹿の頭と肩を斬り割き、刺客の一人が入鹿の片脚に斬りつけました。入鹿は玉座《ぎょくざ》の前まで転がり進み、皇極天皇に無実を訴えます。皇極天皇が息子である中大兄皇子に「いったい、なぜこんな行いを」と質《ただ》すと、中大兄皇子は入鹿が天皇家を滅ぼし、皇位を乗っ取ろうとしていたと告げます。それを聞くや否や、天皇はその場を離れ、殿中に入ってしまいました。刺客らが入鹿を斬り殺し、遺体を蝦夷に引き渡します。

一三日。皇子は蝦夷を襲撃します。蝦夷は火を放ち、自害しました。ここに、蘇我蝦夷・入鹿親子の政権が滅びました。これを「乙巳の変」といいます。

一四日。ショックを受けた母の皇極天皇は史上初の譲位を行い、皇極天皇の弟の軽皇子《かるのみこ》が第三六代孝徳《こうとく》天皇として即位します。中大兄皇子は叔父の皇太子になりました。

そして迎えた六月一九日。日本で初めての年号「大化《たいか》」を定めたと伝わります。

翌年大化二（六四六）年元旦に、改新の詔《みことのり》が出て、中大兄皇子がそれまで温めてきた政策を発表、公地公民《こうちこうみん》、国郡里《こくぐんり》、租庸調《そようちょう》の制度を整えます。

日本国のすべての土地、すべての民は天皇のものであって、天皇の威厳が全国に行き渡るようにするために、国郡里を設け、租庸調を徴収するのです。

「国」とは今でいうところの県であり、「郡」は市区町村、そして「里」は村というよりは、ほぼ町内会ぐらいの規模にあたります。

そして、徴収する租庸調は新しく取り決めた税法を指します。「租」が米、「庸」は労役《ろうえき》、あるいはそれに代えての布、「調」は布、もしくは地方の特産品を納めるとしました。租庸調に加えて「雑徭《ぞうよう》」と呼ばれる、無償労働もあります。

白雉《はくち》三（六五二）年に行われた班田収授《はんでんしゅうじゅ》の法も、戸籍をつくりながら税金を取るやり方です。乙巳の変に始まり、税制を新しくするなどの一連の改革を「大化《たいか》の改新《かいしん》」と呼びます。

ところで、中大兄皇子が暗殺したのは蘇我蝦夷・入鹿親子だけではありません。その後も政敵や皇子をこれでもかと殺しています。

大化元（六四五）年には自分の異母兄《いぼけい》・古人大兄皇子《ふるひとのおおえのおうじ》を謀反の疑いで殺害します。入鹿は古人大兄皇子を皇位につけようとしていました。大化五（六四九）年には岳父《がくふ》・蘇我倉山田石川麻呂に謀反の疑いをかけ自害させます。白雉五（六五四）年に叔父・孝徳天皇が崩御するのですが、中大兄皇子にいびり殺されたようなものです。そして、斉明《さいめい》天皇四（六五八）年には孝徳天皇の皇子・有間皇子《ありまのみこ》を処刑しています。

暗殺に始まり、暗殺に終わる。それが中大兄皇子です。

叔父の孝徳天皇は中大兄皇子に殺害されませんでした。しかし、二人の仲はとてつもなく悪く、孝徳天皇は中大兄皇子にいびり殺されたのも同然です。

孝徳天皇の皇后は、中大兄皇子の実の妹・間人皇女《はしひとのひめみこ》です。中大兄皇子は実の妹と不倫関係にあったのです（注1）。中大兄皇子が難波宮《なにわのみや》から飛鳥宮《あすかのみや》に帰ると言ったとき、孝徳天皇は難波宮に残ると言い出します。中大兄皇子をはじめ、間人皇女も、皇極上皇も全員が飛鳥宮に帰っていってしまいました。孝徳天皇は一人難波宮に残り、崩御します。まるで孤独死でした。

孝徳天皇の崩御を受けて、斉明天皇元（六五五）年、中大兄皇子の母（皇極上皇）が、第三七代斉明天皇として再び即位しました。史上初の重祚《ちょうそ》です。

斉明天皇六（六六〇）年、百済が日本に助けを求めてきました。新羅が百済に攻め込んだからです。翌年、百済を助けようと北九州まで行き、朝鮮出兵の構えを見せます。しかし、翌六六一年に斉明天皇が崩御し、戦いは延びました。なお皇位は空白で、中大兄皇子が皇太子のまま、天皇の仕事をします。これを称制《しょうせい》と呼びます。

六六三年、日本軍は朝鮮半島の白村江《はくすきのえ》で唐・新羅の連合軍と戦って敗れました。

戦術的に勝ち目などあるわけがない戦いでした。なぜなら、百済はすでに滅び、朝鮮半島に拠点がなかったからです。百済の滅び際ならまだなんとかなるものを、すでに占領されているところへの殴り込みだったのです。拠点がないから、勝った後で拠点を取り戻そうとする無理なやり方でした。日本は戦術的に負けました。

ただし、戦略的には勝利します。日本が国民国家になったからです。

対馬、壱岐《いき》、北九州一帯に防人《さきもり》をおき、筑紫に水城《みずき》を築き、朝鮮半島からの危機に備えます。当時、日本の東端だと考えられていた茨城や新潟などからも兵士を連れてきて防人として配備したのです。これが大きなポイントでした。地元の人間が地元を守れば、それは地元を守っているだけにすぎません。しかし、日本の果てと認識されていた地域からも兵士が来るのは、日本国を日本国民が守っていることを意味します。この時点で日本は国民国家になったのです。自国民が自国を守る。これが国民国家です。

ヨーロッパで国民国家が誕生するのは、フランス革命、ナポレオン戦争のとき、一八世紀末から一九世紀に入ったころです。日本にはそれより一二〇〇年も前に国民国家ができていたのです。白村江の戦いのあと、日本は戦略的に攻められていません。唐が負けたわけではないのですが、これは日本の勝利です。

日本は白村江での戦術的な一回の敗北によって、一二〇〇年早い近代国民国家になった、それが日本にとっての白村江の戦いの意味です。

日本が国民国家であるのは、『万葉集《まんようしゅう》』にも表れています。『万葉集』は現存する最古の和歌集です。成立したのは七世紀後半から八世紀後半にかけてと見られていて、ちょうどこの時代です。

天皇から乞食《こじき》まで実にさまざまな人の歌が載せられている『万葉集』は、同じ日本語を話す日本国民だとの意識に意義があります。そんなのは当たり前ではないかと思うかもしれません。しかし、世界のなかで見れば、それは決して当たり前ではないのです。

朝鮮の特権階級は自分の国の国民と中華帝国の貴族とを比べて、どちらを自分と同じ人間だと思っているかといえば、中華帝国の貴族のほうです。自分の領民などは人間と思わず、家畜のように思っています。これが世界のスタンダードです。ヨーロッパでも事情は同じ。貴族たちは同じ人間どうしだけど、領民は家畜と同じなのです。

日本は隣国の朝鮮人や中国人とは考えが異なります。天皇から乞食まで、皆同じ日本人、日本国民だと思っている、この一体感こそ世界的に稀有《けう》な国民意識なのです。

そして、そんな一体感を有する国が一貫して現在にまで残っているのは日本だけです。だいたい、そのような意識を持っている人々はごく小規模な単位、せいぜい村単位でしか生きていないので、ヨーロッパでは皆殺しにされてきました。

国民国家の一体感を持ち続け、生き残ってきた日本と日本国民は奇跡なのです。


六六八年、ようやく中大兄皇子が即位します。第三八代天智天皇です。斉明天皇の崩御からなかなか天皇になれなかったのは、当時、義理の妹との近親相姦《きんしんそうかん》は許容範囲であったものの、実の妹とでは許されないタブーがあったからのようです。

しかし、天皇になれなくても、乙巳の変から既に中大兄皇子は最高権力者です。

東宮《とうぐう》には、天智天皇の同母弟《どうぼてい》・大海人皇子《おおあまのおうじ》が立ちました。

六六九年、天智天皇は中臣鎌足が亡くなる直前に藤原の姓を与えます。これが今に至る藤原氏の始まりです。

翌年、天智天皇が東宮・大海人皇子を呼び寄せて後を託そうとすると、大海人皇子はこれを辞退し、出家して吉野に籠《こ》もってしまいました。このとき、吉野に向かう大海人皇子を菟道《うじ》まで見送ったある人が「虎に翼をつけて放した」と言ったと伝えられています。結果、天智天皇の息子・大友皇子《おおとものおうじ》が太政大臣《だじょうだいじん》になっていました。大友皇子は人望がある人でした。

天智天皇の晩年に、日本初の戸籍ができ、近江令を制定するなどの実績がありました。

天智天皇は日本で最初に時計を始めた人ともいわれます。六七一年、天智天皇が崩御する年の四月二五日、漏刻《ろうこく》を作り、時を知らせ始めました。その日を太陽暦に直すと六月一〇日になるところから、六月一〇日を「時の記念日」としています。

そして、一二月三日、天智天皇が崩御します。四六歳とも、四七歳とも、あるいは五八歳とも伝えられています。いずれにしても、意外と若く崩御されました。

大海人皇子は天智天皇が崩御した直後に決起し、六七二年に壬申《じんしん》の乱を起こします。そして大友皇子を首つり自殺に追い込みます。大友皇子は明治時代の追諡《ついし》により第三九代弘文《こうぶん》天皇と呼ばれますが、本当に即位したかどうかはわかりません。

六七三年に、大海人皇子は第四〇代天武《てんむ》天皇として即位しました。

藤原不比等——日本最高の貴族の祖

中臣鎌足の次男が、藤原不比等《ふじわらのふひと》です。不比等を紹介する前に、父・鎌足のほうを少し見ておきます。

鎌足は〝元祖藤原氏〟のイメージぐらいしかなく、何をした人なのかがよくわからないのが正直な感想ではないでしょうか。それもそのはず、鎌足は特に何か目立った功績があったわけではなく、調整役なのです。

　天智天皇と天武天皇のケンカを仲裁した鎌足のエピソードが、調整役の姿を伝えます。

　六六八年の天智天皇の即位を祝う席で起きた「長槍《ながやり》事件」です。大海人皇子が何かに怒って長槍を持ち出し、宴会の場の敷板に突き刺したのです。これに驚いた天智天皇は大海人皇子を殺そうとしました。そこへ中臣鎌足が止めに入り、天智天皇を強く諫《いさ》めます（『藤氏家伝』）。これも本当の話かどうか不明ですが。ところで、天智天皇と大海人皇子は一応、公式記録では同母兄弟になっていますが、異母兄弟よりも仲が悪い姿しか伝わってきません。この二人の仲を仲裁した鎌足よりも、藤原氏の実質的な祖は藤原不比等です。

　不比等は斉明天皇五（六五九）年生まれ。史《ふひと》と名付けられました。「史」は、国家的な祭祀《さいし》をする人、それを記録する人の意味を持ちます（注2）。名前からして学問での出世が求められていた、鎌足の願いが込められているのではないかなどといわれます。六六九年、天智天皇に父・鎌足が藤原の姓をもらったとき、史も名を「不比等」と改めました。

　皇室は天智天皇独裁のあと、天武天皇独裁となり、絶頂期でした。そのときは貴族の出る幕がありませんでした。その後、天皇親政から貴族政治に移っていくなかで、台頭したのが藤原不比等です。

　ここまで見てきたように、聖徳太子、蘇我蝦夷・入鹿親子、天智天皇、天武天皇と政権交代が起きました。ただし、いくら政権交代が起きても、国家目標は一致していました。日本に律令を導入し、当時の最新国家になろうとするのが、国家目標でした。一致一貫していたその国家目標を完成させるに至った人が藤原不比等でした。不比等の学者としての貢献が大きかったのです。

鎌足は政争家《ポリティシャン》ですが、不比等は政治家《ステイツマン》です。

不比等には〝藤原四子《ふじわらのよんし》〟と呼ばれるようになる四人の息子がいます。長男は武智麻呂《むちまろ》、藤原《ふじわら》南家《なんけ》の祖です。次男は房前《ふささき》、のちの世に摂関家として絶大な権力を持つ藤原北家《ふじわらほっけ》の祖です。藤《ふじ》原道長《わらのみちなが》は藤原北家です。三男は宇合《うまかい》、藤原式家《ふじわらしきけ》の祖です。そして、四男が麻呂《まろ》、藤原京家《ふじわらきょうけ》の祖です。末っ子の麻呂は貴族を体現したような名前で、上の三人とは違ってボンボンで性格もよく、気のいい兄《あん》ちゃんだったようです。以上が藤原四兄弟です。

長男・武智麻呂が生まれたのが天武天皇九（六八〇）年、そして四男・麻呂が生まれたのが持《じ》統《とう》天皇九（六九五）年です。兄弟四人が生まれたときは、天武天皇、第四一代持統天皇の皇親《こうしん》政治絶頂期でした。持統天皇は天智天皇の娘であり、天武天皇の皇后であった人です。

天武天皇、持統天皇の時代は皇室にほかの豪族は圧倒されていた事実を押さえるのがポイントです。特に、天武天皇のカリスマはほかに類を見ません。自分で戦争を戦い、勝って天皇になった天皇なのですから。そんな天皇は神武天皇と天武天皇だけです。

『古事記』『日本書紀』の天武天皇の記述が、神武天皇をなぞっているのではないかとの指摘があります。おそらくそうでしょう。同じような事を同じようにすれば、同じような結果になるに決まっていますから。ただ、なぞっている割にはあまり脚色がされていません。『古事記』『日本書紀』をかなり信じていいと思うのは、書かれている内容にそれほどの脚色があるとは考えにくいからです。もし、脚色がなされているのであれば、もう少しマシなやり方があるだろうと思ってしまうレベルですから。

天武天皇の崩御後、なぜ持統天皇が天皇になったのでしょうか。持統天皇とは「皇統を保持する天皇」の意味です。

系図（五三頁）を見ながら、確認していきます。

天武天皇と持統天皇の息子が草壁皇子《くさかべのみこ》です。草壁皇子は天武天皇の跡を継ごうしていたところ、あっけなく病死してしまいました。草壁皇子の息子、すなわち、天武天皇と持統天皇の孫（のちの第四二代文武《もんむ》天皇）はまだ幼かったので、孫が成長して皇位継承ができるようになるまでのあいだ、持統天皇が中継ぎをするのです。

中継ぎとはいっても、持統天皇は天武天皇の側近ナンバーワンでしたから、絶大な権力を有しています。藤原氏の出る幕はありません。

しかし、孫・文武天皇の代以降になると、天武天皇、持統天皇のようなカリスマがいなくなり、そこに藤原不比等が登場する余地が出てきました。

藤原不比等の娘・宮子《きゅうし》が文武天皇の妃《きさき》になります。皇族ではないので皇后にはなれません。あくまでも「妃」です。しかし、妃といえども天皇の嫁にはちがいありません。その影響もあって、不比等の発言力が高まります。

不比等は実際、学者としても有能だったのでしょう。文武天皇四（七〇〇）年、文武天皇の命《めい》により、天武天皇の息子であり学者でもある刑部親王《おさかべしんのう》とともに大宝律令《たいほうりつりょう》を編纂します。

大宝元（七〇一）年。大宝律令が完成します。聖徳太子以来の、一〇〇年かけた事業の完成です。

大宝律令の完成は、日本国第一回憲法制定です。十七条憲法は精神論です。それに対して律令は「律」が刑法、「令」が民法と行政法であり、憲法附属法です。

憲法典とは骨です。十七条憲法はむき出しの骨でした。それに筋肉を作ったのが、この大宝律令です。聖徳太子はあくまでも骨格を示した人であり、筋肉をつけて、生命を吹き込んだのは不比等なのです。

とはいえ、大宝律令はその後改正されるので、ここでできたのが完成品ではありませんでした。養老《ようろう》二（七一八）年に改正され、養老律令《ようろうりつりょう》が完成します。事実上の憲法改正でした。養老律令が施行されたのは不比等が亡くなったあとです。天平宝字《てんぴょうほうじ》元（七五七）年に不比等の孫藤原仲麻呂《ふじわらのなかまろ》（のちに恵美押勝《えみのおしかつ》と名乗る）によって施行されました。

大宝律令が完成した年、娘・光明子《こうみょうし》が生まれます。光明子はのちの第四五代聖武《しょうむ》天皇の皇后・光明《こうみょう》皇后です。

和銅《わどう》元（七〇八）年、不比等は右大臣《うだいじん》になります。この時代の人臣最高の官職です。不比等は亡くなる養老四（七二〇）年まで右大臣に留まりました。

この年、長らく日本最古の銭だといわれていた和同開珎《わどうかいちん》が鋳造されています。ちなみに、現在は七世紀後半に作られたと見られている富本銭《ふほんせん》が最古とされています。

和銅三（七一〇）年に平城京《へいじょうきょう》遷都が行われます。このころはすぐに遷都するのですが、結果的に長く留まる都となりました。

養老《ようろう》四（七二〇）年、不比等が六二歳で死去します。

貴族のなかから藤原氏が台頭していくのは、不比等が宮子を天武天皇の孫・文武天皇に、そして、光明子を曾孫《ひまご》・聖武天皇に二代続けて（代数としては元明、元正両天皇に挟まれますが）天皇の妃に送ったのが大きな要因でした。

光明皇后――人臣最初の皇后

光明皇后は大宝律令ができた大宝元（七〇一）年に生まれました。父は藤原不比等、母は後妻《ごさい》である県犬養橘三千代《あがたいぬかいのたちばなのみちよ》です。後のご主人となる首皇子《おびとのみこ》（聖武天皇）も同い年です。

首皇子の父・文武天皇の崩御のあと、文武天皇の母・第四三代元明天皇（天智天皇の第四皇女）、文武天皇の姉・第四四代元正《げんしょう》天皇（天武天皇の孫）の女帝が二代続いているのは、首皇子までつなぐためです。

和銅七（七一四）年、首皇子が皇太子になりました。政治は藤原不比等と天武天皇の孫・長屋《ながや》王《おう》が受け持ちます。長屋王は、最初は不比等に取り上げられた人です。実際、優秀な人だったようです。後に不比等の息子の藤原四兄弟と死闘を繰り広げる長屋王を紹介しておきます。

長屋王は天武天皇の長男・高市皇子《たけちのみこ》の息子です。生年は二説ありますが、藤原四兄弟とほぼ同年代です。ところで、長屋王は「王」との呼び名からもわかるように、親王よりも一つ格下と思われているのですが、実際は親王だったのではないかとする説があります。弘仁一三（八二二）年ごろに完成したと見られている『日本霊異記《にほんりょういき》』が「長屋親王」と記しています。さらに、昭和六三（一九八八）年に発掘された長屋王の邸宅跡から、長屋王が巨大な屋敷に住んでいたとわかり、屋敷跡から「長屋親王」と書かれた木簡が見つかりました。そうした事実を併せて考えると、親王になっていてもおかしくない人だとわかります。

霊亀《れいき》二（七一六）年、不比等の娘・光明子が皇太子妃になり、養老二（七一八）年、阿倍《あべ》内親王《ないしんのう》を生みます。のちの第四六代孝謙《こうけん》天皇であり、重祚して第四八代称徳《しょうとく》天皇になる人です。

藤原不比等が亡くなったのちの養老七（七二三）年、三世一身法《さんぜいいっしんのほう》が発布されます。税金がなかなか入らないのでやり方を変えたわけです。税金を取るのは本当に大変な作業です。今日の日本のように、レジ袋を無料で売るなと言えば皆が従うといったそんな甘い世界ではないのです。まず、通信手段がないために、通達ができていません。そのため、仰々しい法を作り、重要事項だけを通達するのがやっと。都から遠くになればなるほど、そちらで勝手にやっていいよといった

光明皇后家系図（38代から50代）

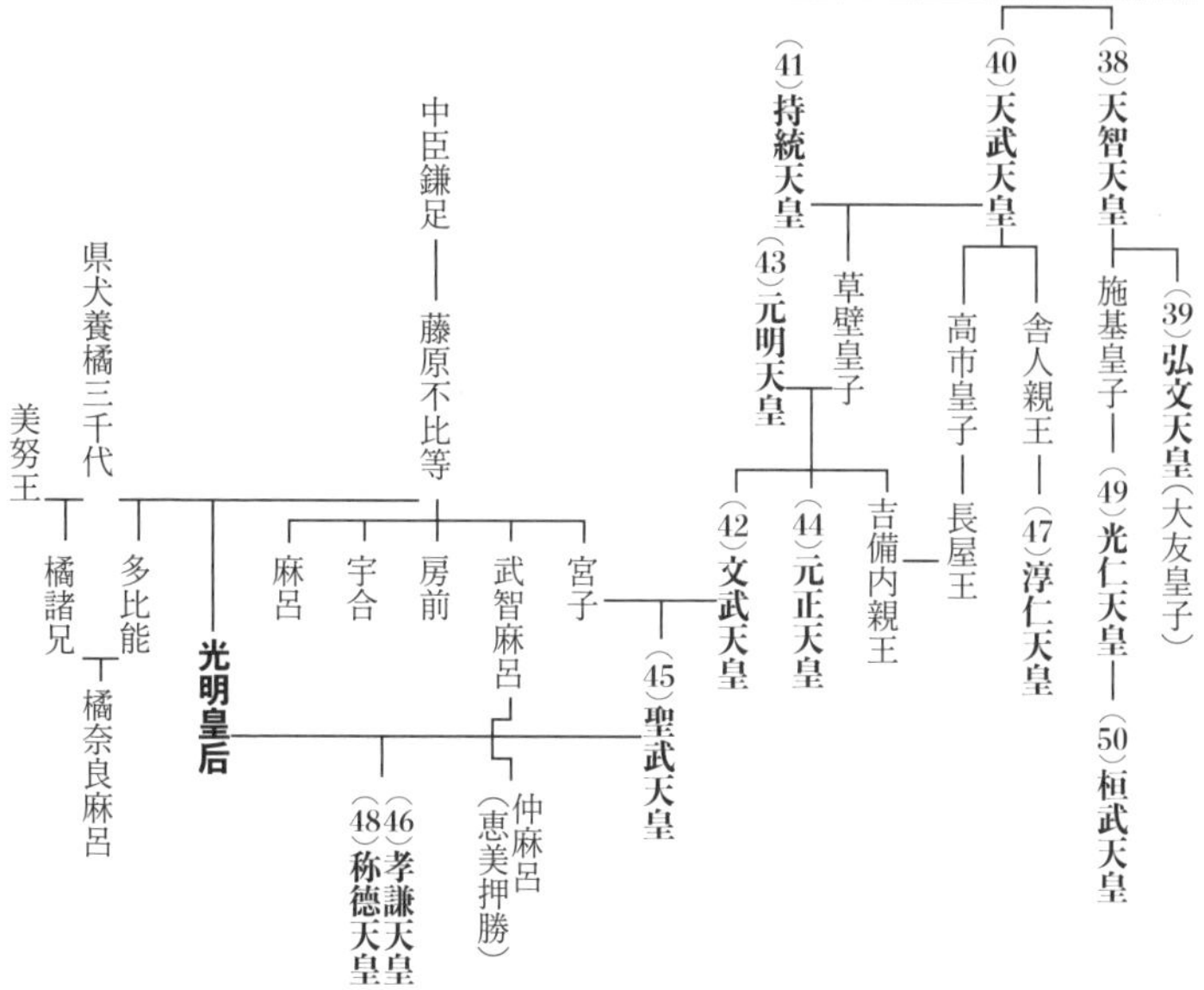

状況です。この「勝手にやっていい」が認められる条件が、年貢《ねんぐ》を納めることです。年貢を納める方法として考えられたのが「租庸調」でした。昔は日本に限らず、どこの国でも税金が入らなければ入らなくてもいいやと考えるぐらい、結構いい加減でした。なにしろ、通信と移動の手段がないので、通信と移動のコストを考慮すれば、多少税金が入らないのには目をつぶって、取れるところから取ろうとしたわけです。

　さらに、どうやれば税収が増えるかと考えます。公地公民なので、土地が自分の所有ではないから、それを自由化すれば税収が増えるのではないかと考えだされたのが、三世一身法です。自力で開墾した土地は、三代にわたって自分の財産としてよいとする法です。ただし、最後は返せよ、の意味が含まれています。ところが、これが既得権益化します。

二〇年後の天平《てんぴょう》一五（七四三）年に出された墾田永年私財法《こんでんえいねんしざいほう》は、三世一身法の既得権益化の確認です。二〇年で三代経っているわけがありませんが、多くの土地を開墾した者にとっては既得権です。寺や、敏達天皇の子孫である橘氏、そして藤原氏のような貴族が既得権の代表です。公地公民制が崩れ、荘園《しょうえん》、すなわち、私有地の始まりとなった出来事でした。

話をもとに戻して、神亀《じんき》元（七二四）年、光明子の夫・聖武天皇が即位します。

神亀四（七二七）年、聖武天皇と光明子とのあいだに、めでたく息子の基王《もといおう》が生まれます。基王は生後一カ月で皇太子に立てられたのですが、一年経つ前に亡くなりました。乳幼児死亡率が高い時代です。皇族であろうと事情は同じです。しかし、こうした出来事が起きたときには、誰かが呪《のろ》いをかけたとする噂が政治の武器になるのがこの時代でした。

基王が亡くなった同じ年、聖武天皇に安積親王《あさかしんのう》が誕生します。ただし、母は藤原光明子ではなく、県犬養広刀自《あがたいぬかいのひろとじ》です。県犬養広刀自は光明子の母・県犬養橘三千代の一族の出身です。藤原氏以外からの親王の誕生。このままでは、聖武天皇の唯一の親王・安積親王が皇位を継ぐ事態になります。そうなると排除される恐れのある藤原氏はここから政敵を倒しにいきます。

そのような状況のなか、天平元（七二九）年二月に起きたのが長屋王の変です。

藤原氏は光明子を聖武天皇の皇后に立て、将来、光明子から生まれてくるであろう男の子を天皇にしようと考えると、邪魔になるのは長屋王です。光明子の立后を阻止するのが予想されるからです。なぜなら、当時、皇后になれるのは皇族に限られていたからです。長屋王は謀反の疑いをかけられ、自死に追い込まれました。

その年の八月、光明子は皇后となりました。

光明皇后は個人的には兄たちとは違い、立派な人でした。天平二（七三〇）年、光明皇后は、貧しい人たちのために施薬院《せやくいん》や悲田院《ひでんいん》をつくります。施薬院は薬を分け与え、病人の治療をする病院です。悲田院は孤児、貧窮者、病人の救済にあたりました。奈良の法華寺《ほっけじ》にある「浴室《からぶろ》」も光明皇后が建てたと伝わります。また、光明皇后自ら千人の身体を流すなかで、千人目の人の身体は膿《うみ》にまみれていたのを、光明皇后が気にせず洗ってあげると、その人は阿閦如来《あしゅくにょらい》であったと伝えられています。

天平九（七三七）年、光明皇后の四人の兄たち・藤原四兄弟が、流行していた天然痘《てんねんとう》にかかって、次々と世を去ります。このときの疫病は帰国した遣新羅使が感染していて、平城京に持ち込んだのが都での流行、蔓延《まんえん》につながったと見られています。

天平一〇（七三八）年、男性の安積親王がいるにもかかわらず、藤原氏は強引に女性である阿倍内親王を立太子させます。

天平一二（七四〇）年から天平一七（七四五）年までの間、聖武天皇は国分僧寺《こくぶんそうじ》・国分尼寺《こくぶんにじ》を建て、遷都を繰り返します。極めつけに、奈良の大仏で知られる、東大寺の盧舎那仏《るしゃなぶつ》を建立します。天平一五（七四三）年、盧舎那仏の鋳造が命じられました。大仏がつくられたのはこのとき一回ではなく、遷都のたびにといっていいくらい大仏をつくり始めては途中でやめて、そのあとは〝ほったらかし〟です。

天平一六（七四四）年、安積親王が一七歳で突然亡くなります。死因は「脚の病」といわれていますが、あまりにも急な死に暗殺説もあるぐらいです。

天平一七（七四五）年、聖武天皇は都を平城京に戻しました。天平感宝元《てんぴょうかんぽう》（七四九）年、聖武天皇は天皇であることに飽きてしまい、皇太子になっていた娘・阿倍内親王に譲位します。天武系のなかで、藤原直系の血が入った天皇を継がせようと画策するわけです。

このときの、聖武天皇の譲位以降、譲位が常例になります。

七月、第四六代孝謙天皇が即位しました。大仏の事業も孝謙天皇に引き継がれます。

疫病が流行《はや》り、流行れば疫病退散のために、密室、密接、密着の〝三密〟で祈るのでよけいに疫病が流行るのです。加えて、大仏をつくるときは金を塗りたくります。水銀が発生します。平安を祈って大仏をつくったはずなのに、大仏建立のために平城京の空が水銀汚染され、ますます疫病が流行り、疫病退散を願って〝三密〟でお経をあげ、より事態が悪化しました。絵に描いたような悪循環です。

それでも天平勝宝《てんぴょうしょうほう》四（七五二）年、金を塗り終え、東大寺の盧舎那仏が完成し、開眼法要《かいげんほうよう》が営まれます。

天平勝宝八（七五六）年、聖武太上《だじょう》天皇が崩御します。聖武天皇の遺品が光明皇后によって正《しょう》倉院《そういん》に納められました。日本はシルクロードの終着点といわれています。日本から先は当時の人にとっては果てしなく海が続くばかりで、どこにも持っていくところがなかったからです。

光明皇后の晩年に、藤原氏と橘氏の対立が激しくなります。橘氏は光明皇后の母・県犬養橘三千代の一族です。権力闘争で藤原仲麻呂が三千代の息子・橘諸兄《たちばなのもろえ》に勝ちます。藤原仲麻呂は藤原四兄弟の長男・武智麻呂の次男であり、光明皇太后の甥《おい》にあたります。

天平宝字《てんぴょうほうじ》四（七六〇）年、光明皇后が崩御しました。

叔母である光明皇太后が亡くなり、藤原仲麻呂は多少難しい立場になったとはいえ、孝謙天皇の寵愛《ちょうあい》を受けているのは間違いありません。孝謙天皇が譲位し上皇になったあとは、今は第四七代淳仁《じゅんにん》天皇として知られる天皇のもとでも権力を振るいます。仲麻呂は淳仁天皇から恵美押《えみのおし》勝《かつ》の名を賜《たまわ》りました。

孝謙上皇が僧の道鏡《どうきょう》を信奉するようになり、権力抗争に変化が生じます。天平宝字八（七六四）年、恵美押勝の乱を起こすも、失敗し恵美押勝は一族郎党ともども捕らえられ斬首《ざんしゅ》されました。上皇は淳仁天皇を廃し淡路に配流し、自ら重祚し、第四八代称徳天皇として即位します。そこまではともかく、称徳天皇は何を血迷ったか、道鏡に皇位を譲ると言い出しました。

神護景雲《じんごけいうん》三（七六九）年、豊後国《ぶんごのくに》の宇佐八幡宮《うさはちまんぐう》が道鏡を皇位につければ天下は太平になるとの神託を称徳天皇に奏上します。

しかし、宇佐八幡宮は信憑性《しんぴょうせい》がないので有名だとか。その時々において、権力者におもねるような神託で政治に関与し、自己の利益を図ろうとするからです。そのような宇佐八幡宮なので、もう一度神託を聞くようにと和気清麻呂《わけのきよまろ》が遣わされ「皇位には皇族を立てよ」という神託を得て、上奏します。

和気清麻呂は道鏡に「別部穢麻呂《わけべのきたなまろ》」と名前を変えさせられ、大隅国《おおすみのくに》へ配流《はいる》になります。道鏡からすれば、あと一歩で皇位につけそうだったところを阻んだ清麻呂憎しの怒りです。さらに、道鏡は配流にした清麻呂に刺客を送るのですが、いのししが清麻呂を守っていたので殺せなかったと、なんとも間の抜けた話が伝わります。ちなみに、御祭神《ごさいじん》として和気清麻呂も祀られている和気神社だけは狛犬《こまいぬ》ならぬ狛猪《こまいのしし》が守っています。

一番大事なのは皇位継承の話です。結局、君臣の別があるから道鏡は天皇になれないと、藤原一族が道鏡を排除したわけです。

神護景雲四（七七〇）年に称徳天皇が崩御されたあと、六二歳になるアルコール依存症の老人を連れてきて皇太子に立て、そして皇位につけます。これが白壁王《しらかべおう》、第四九代光仁《こうにん》天皇です。天智天皇の孫であり、第五〇代桓武《かんむ》天皇の父です。白壁王は、周囲に危険な人物だと思われないように、酒浸りの生活をしていたのが、ここにきて皇位が巡ってきたとも伝わります。

七七〇年一〇月一日、光仁天皇が即位し、宝亀《ほうき》と改元します。漢字二字の元号に戻されました。聖武天皇の治世のとき、陸奥国《むつのくに》から日本で初めて金が産出されたのを祝して、七四九年に「天《てん》平感宝《ぴょうかんぽう》」と改元してから天平勝宝、天平宝字、天平神護、神護景雲と四字元号が続いていました。光明皇后が中国の則天武后《そくてんぶこう》を尊敬していた影響で、中国式に四字元号を使ったともいわれています。理由はともあれ、これも吉例ではないので、奈良時代の一時期に使われただけで、宝亀に改元してからは一度も四字元号は使用されていません。

戻ったのは元号の文字数だけではありません。皇位も天智朝に戻りました。

天武朝は壬申の乱以降、一〇〇年権力を握りましたが、最後は天智系に負けてしまいました。今の皇位は天智天皇の子孫に受け継がれています。一〇〇年ぐらいかけてどちらが勝ったのかがわかるのが、皇室の歴史です。

藤原氏がその後一〇〇〇年、朝廷で臣下第一の貴族となったのは、陰謀もやるのだけれども、貢献もしているからです。不比等もそう、藤原光明子もそうです。

光明子が皇后になったのは、最初は悪例でした。しかしその後、光明皇后の人道的な行為によって、人臣の皇后も悪い事例ではないとなりました。新儀《しんぎ》は無理やりやるものではないけれども、やってみて良ければその後の先例にしても良いのです。

奈良時代の出来事は、基本的に皇室の先例にはなっていません。先例には嘉例《かれい》と悪例《あくれい》があり、これらはことごとく悪例です。元明天皇、元正天皇になぜ皇位を継がせなければならないのかといえば、草壁皇子の子孫につなぐためだけの、単なるワガママですから。

空海――万能の文化人

空海《くうかい》は讃岐国《さぬきのくに》、香川県の豪族の子です。宝亀五（七七四）年生まれです。桓武天皇が平安京に遷都した延暦《えんりゃく》一三（七九四）年ごろ、京都に出て大学で学びます。中級官僚の家の子なので、役人になるための勉強でした。ところが、途中で大学を辞め、出家します。空海は語学も軽くできてしまい、中国語もさることながらサンスクリット語もでき、地頭もよければ受験脳も優れた人でした。

同時代で並び称される最澄《さいちょう》との違いは、遣唐使として派遣されたときにもはっきりと表れています。最澄はエリートなので二年で帰れる枠なのに、空海のそれは二〇年でした。ところが、空海は二〇年分の修行を二年でやり終え帰国しました。真言宗《しんごんしゅう》を二年で修めたのです。それがどれほどすごい事なのか。次の例から想像してみてください。

大正後期から昭和にかけての小説家で参議院議員も務めた今東光《こんとうこう》は、天台宗《てんだいしゅう》の僧侶で中尊寺《ちゅうそんじ》の貫首に上り詰めましたが、お経を一万巻読んだそうです。一万巻のお経を読むのがどれくらい大変か。単純計算で一日三冊読めば一年で約千冊。三年で千冊読むのを三〇年続ければ一万冊で、それだけやれば大学者です。空海はそれくらいのことを二年でやったのですから、大学者の一五倍すごいわけです。

量は言うに及ばず、質もすごかったのです。なにしろ、スーパーエリート枠で唐に渡り、天台

三筆

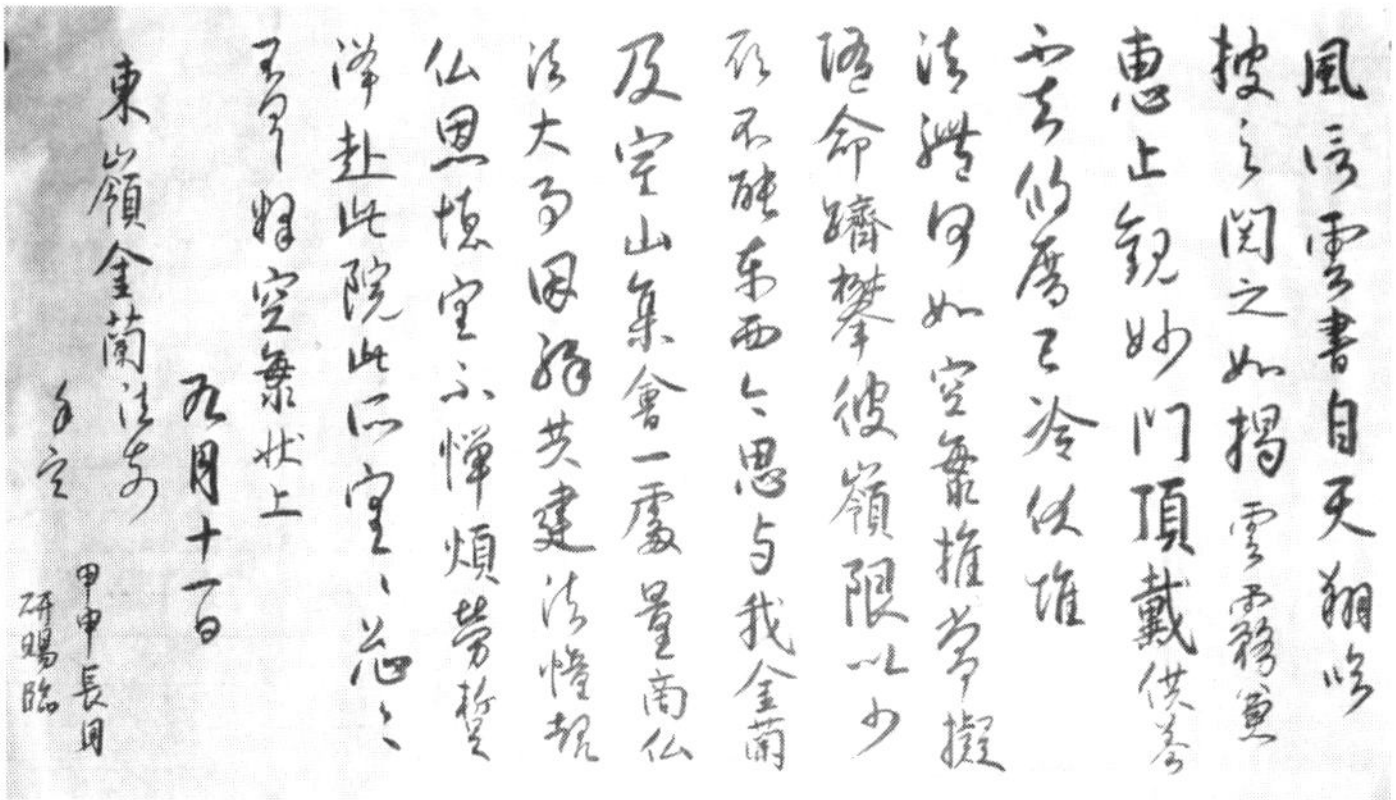

甲申長月　研賜臨空海風信帖《くうかいふうしんちょう》（2004年臨書）

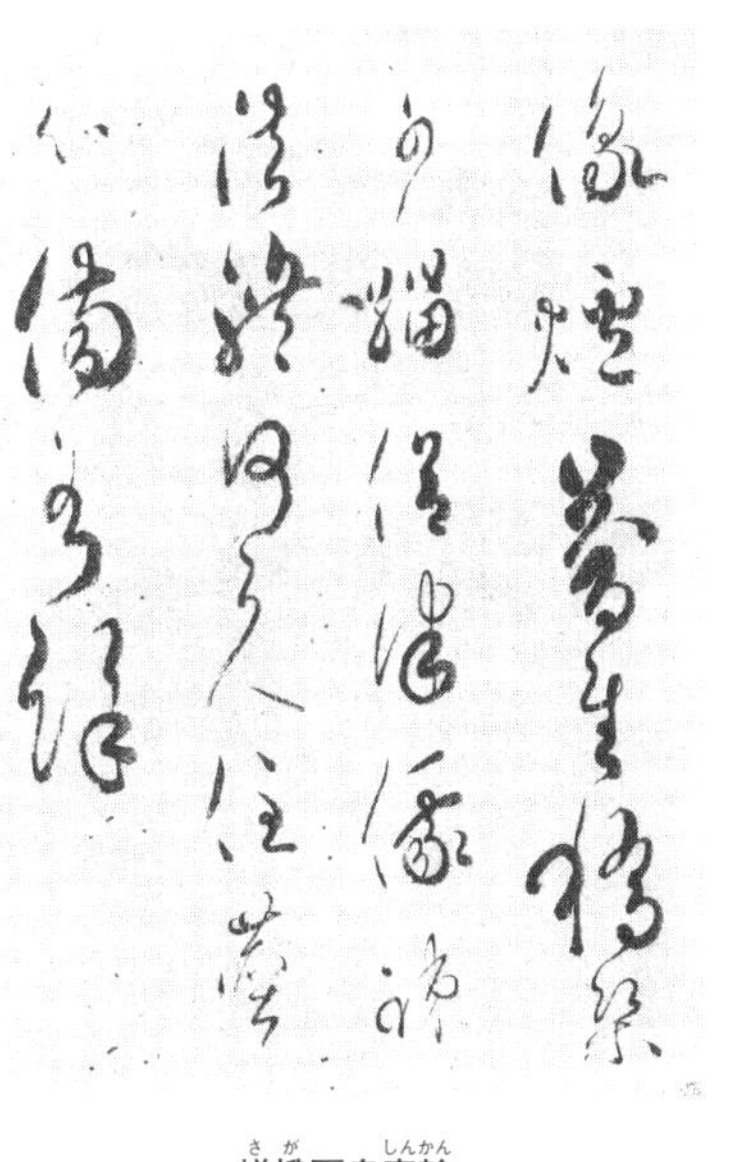

嵯峨《さが》天皇宸翰《しんかん》

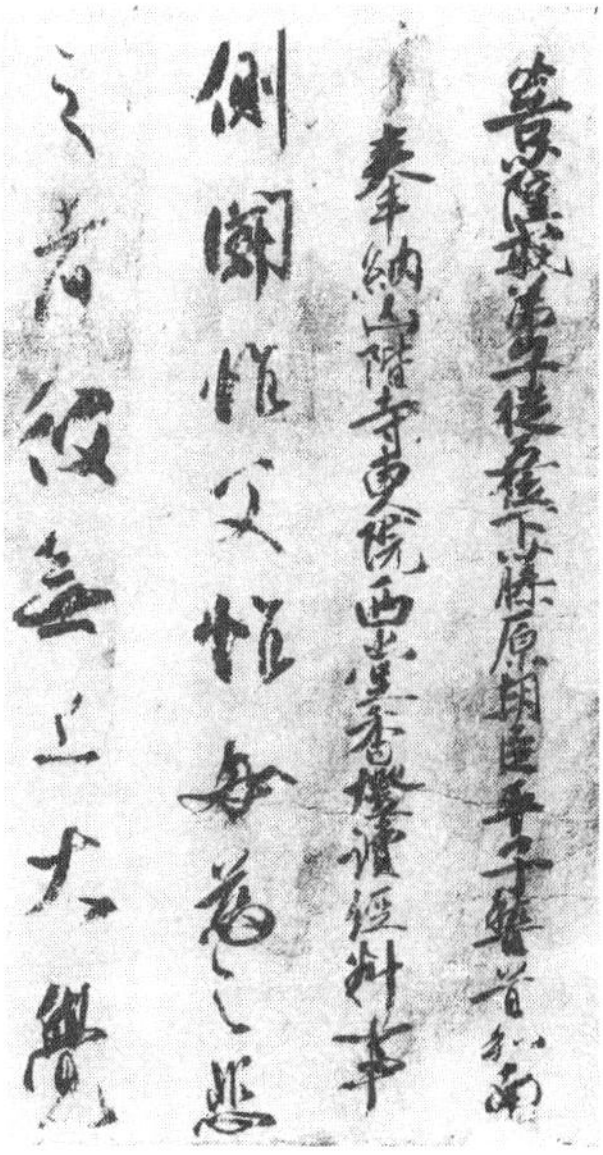

橘《たちばなの》　逸勢《はやなり》の書

宗を修め、八カ月で帰ってきた最澄が、一〇歳近く年下の空海に弟子入りするほどです。

空海は桓武天皇にも可愛がられ、第五二代嵯峨《さが》天皇の信望も厚く、人生の大半は嵯峨天皇のブレーンでした。嵯峨天皇のブレーンのもう一人が優れた武将であった坂上田村麻呂《さかのうえのたむらまろ》。桓武天皇のブレーンでもあった空海と田村麻呂の二人は嵯峨天皇の両腕です。

嵯峨天皇、空海、橘逸勢《たちばなのはやなり》は我が国の「三筆《さんぴつ》」、すなわち、特に優れた書家としても名を残しています。ちなみに、橘逸勢も最澄、空海と同じ時期に唐に渡り、唐の官人から「橘秀才」と称えられた逸話の持ち主です。

大同《だいどう》元（八〇六）年、空海が唐より帰国し九州に到着します。予定の二〇年を大幅に短縮して二年で帰って来たので、帰京の許可を得るまで、大宰府《だざいふ》にある観世音寺《かんぜおんじ》に滞在します。

嵯峨天皇が即位した大同四（八〇九）年、空海は嵯峨天皇の意向によって上京し高雄山神護寺《たかおさんじんごじ》に入ります。

翌、弘仁《こうにん》元（八一〇）年、九月に薬子《くすこ》の変が起こり、嵯峨天皇は三日で終結させました。人心を鎮《しず》め、国家安泰《こっかあんたい》のために、嵯峨天皇に認められた空海が神護寺で鎮護国家《ちんごこっか》の祈りを行いました。

一方、最澄が開いた延暦寺《えんりゃくじ》は京の都の鬼門《きもん》にあたる方角にあり、今も京都御所《きょうとごしょ》から見えます。延暦寺までは京都の人にとっては今も遠足の距離です。延暦寺は最澄が朝廷権力と結びつき、その後、織田信長《おだのぶなが》の焼き討ちまで日本国のお寺で最も格式が高い、今で言うなら東京大学のような存在になり、日本の宗教界の頂点の権威になるのです。ちなみに、鎌倉時代に起こる鎌倉新仏教はすべて、延暦寺で学んだ人たちが始めます。

超エリートコースをいく最澄と、空海は些細《ささい》な事からケンカ別れします。そして弘仁七（八一六）年、空海は権力から離れ、高野山《こうやさん》に籠もります。

各地を行脚《あんぎゃ》し、讃岐国《さぬきのくに》に溜池・満濃池《まんのういけ》を造ったのが弘仁一二（八二一）年です。香川県は気候がとてもいい所でありながら、水不足の地域です。空海は香川県中に溜池を造りました。四国といえば〝お遍路《へんろ》さん〟と親しまれる四国八十八ヶ所霊場巡《れいじょうめぐ》り。空海が修行したときに八十八の寺院を選んで、開いた霊場への巡礼です。これを作ったのは空海です。今に続く公共事業を行ったわけです。

空海（真言宗千光寺所蔵）

嵯峨天皇から京都の東寺《とうじ》を賜ったのが弘仁一四（八二三）年。ここを真言密教《しんごんみっきょう》の道場としました。超巨大なお寺で、後に足利尊氏《あしかがたかうじ》の五万の軍勢が宿営したとも言われます。

空海は雨乞《あまご》いも得意でした。天長《てんちょう》元（八二四）年もそれまでと同様の日照り続きでしたが、第五三代淳和《じゅんな》天皇の命により、空海が京都・神泉苑《しんせんえん》で雨乞いの修法を行うと雨が降ったと伝えられます。

空海は、天長五（八二八）年に京都に綜芸種智院《しゅげいしゅちいん》を建てました。庶民の教育が目的です。空海が子供たちに教えるときに用いたとされるのが「いろは歌」です。

いろはにほへとちりぬるをわかよたれそつねならむうゐのおくやまけふこえてあさきゆめみしゑひもせす

色は匂へど散りぬるを、我が世誰ぞ常ならむ、有為《うゐ》の奥山今日《けふ》越えて、浅き夢見じ、酔《ゑ》ひもせず

これがいろは歌です。当時日本語で使われていた仮名を、重複させずすべて使っています。また、七五調四句から成る「今様《いまよう》」と呼ばれた形式でリズムがよく、おまけに歌の内容が仏教の教えです。空海が作った歌だとも伝えられてきましたが、誰の作なのかはわかりません。しかし、「いろは歌」は人口に膾炙《かいしゃ》し、手習いはもとより順番を示すのにも使われ、明治になるまでは国語辞典も「いろは引き」が標準でした。明治になって、国語学者大槻文彦《おおつきふみひこ》が作った五十音引きの国語辞典『言海《げんかい》』を、福沢諭吉《ふくざわゆきち》に見せたところ顔をしかめて「寄席の下足札が五十音でいけますか」と言われたそうです（注3）。ちなみに、『言海』は近代国語辞典の最初だといわれています。

綜芸種智院では仏教や儒学が教えられていました。残念ながら綜芸種智院は空海の死後に廃止されてしまいます。

語学ができ、学んだ土木技術で溜池をつくり、〝お遍路さん〟をプロデュースし、書に秀で、雨を降らせ、学校を創る。なんでもできた人、空海。ほかにも、とても挙げきれない才能がありました。

空海は権力に近づこうと思えば近づけたのに、文化の発展こそが自分の使命だと生涯を捧げた人でした。

弘法大師《こうぼうだいし》とは空海の諡号《しごう》です。

諡号がありながら、高野山真言宗公式見解では弘法大師はまだ生きているとされ、承和《じょうわ》二（八三五）年三月二一日に弘法大師が入定《にゅうじょう》した高野山奥之院《おくのいん》では、入定後から今まで約一二〇〇年間毎日、一日二回、午前六時と一〇時半に「生身供《しょうじんぐ》」と呼ばれる食事が弘法大師に捧げられています。

紫式部——古代日本では女性の教養と地位はこんなに高かった

紫 式部《むらさきしきぶ》によって『源氏物語《げんじものがたり》』が書かれた一〇〇〇年前の日本は、どんな世の中だったでしょうか。

絶大な権威を誇った嵯峨上皇が承和九（八四二）年七月一五日に崩御すると、二日後に承和の変が起こります。藤原良房《ふじわらのよしふさ》が、伴 健岑《とものこわみね》と橘 逸勢《たちばなのはやなり》らを謀反の疑いで逮捕します。さらに皇太子恒貞《つねさだ》親王も廃太子にしました。良房は自分が望む道康《みちやす》親王を皇太子にしました。のちの第五五代文徳《もんとく》天皇です。ここから藤原氏は一五〇年かけて他氏を排斥し、皇族さえ押しのけ、言いなりになる天皇を据え続ける摂関《せっかん》政治を始めます。

政治の形としては、藤原氏が自分の娘をひたすら天皇の嫁に送り続けて、その子供を天皇に据え続ける時代が、摂関政治です。

もちろん、藤原氏内の権力闘争も起きます。藤原氏内の権力闘争を最終的に制したのが、藤原道長《みちなが》です。道長の時代は摂関政治の全盛期と言われる時代です。

そうした時代、文化は花開いていく時代を迎えました。輸入されて使っていた漢字から日本独自の文字である片仮名、平仮名が生み出されるのもこの時代です。日本人の教養は漢字文化に根差しています。しかし、漢字を使いこなした結果、固有の文字を発明した意義は計り知れません。

当時の日本にあっては、貴族の召使になるには読み書きができなければなりません。ヨーロッパでは一六世紀初頭には読み書きできる人は五パーセント以下で、一九世紀半ばになっても成人の約半数は読み書きができなかったといわれています。一八世紀半ばの地方貴族でさえ、本を自分では読めなかったそうです（注4、5）。文字や識字率《しきじりつ》の話をしたのは、紫式部が『源氏物語』を書いた時代を世界的にみたとき、いかにそれがすごいレベルなのかを比較を通して知ってもらいたいからです。

さて、ではその『源氏物語』はどんな作品なのでしょうか。全五四帖《じょう》の長編小説で、女性の手によって書かれた作品です。長保《ちょうほう》三（一〇〇一）年前後に書き始められ、長和《ちょうわ》二（一〇一三）年ごろまでに完成したと見られています。『源氏物語』とほぼ同じころどんな作家の、どんな作品があったのでしょうか。はずせないところを押さえます。

紫式部とともに、この時代を代表する作家といえば、当然、清少納言《せいしょうなごん》です。少納言の清原家の娘さんなので「清少納言」と言われます。本名は伝わっていません。

清少納言が書いた『枕草子《まくらのそうし》』はエッセーです。自由気ままに書きたいことを書くから、随筆です。全部で三二五段中七五段くらい（底本によって数が異なる）が、「○○なもの」とお題を挙げて、それと思われるものを挙げてコメントしていくスタイルで書かれています。「あさましきもの」（びっくりさせられるもの）で最初に「磨いている櫛《くし》の歯が折れたこと」、次に「転覆した牛車《ぎっしゃ》」を挙げます。櫛が壊れたのと交通事故の大惨事を同列にする感性に、読者のほうがびっくりさせられます。また、お寺に行ってイケメンのお坊さんのお経を聴くシーンがよく登場するのは、今でいうなら、友だちとコンサートに行っているのと同じです。まさに当時の「ＯＬ生活あるある」を書いていて、実に女性が楽し気です。

日本最初の物語だといわれる『竹取物語《たけとりものがたり》』の主人公であるかぐや姫は、考えてみれば超性格が悪い女です。結婚をエサに男たちに無理難題をふっかけ、命がけの冒険をさせた挙句に全員をフルのですから。当時の平安宮廷で繰り広げられていた恋愛騒動のパロディーです。

和泉式部《いずみしきぶ》はプレイガールとして有名で、自分の恋を赤裸々に語る『和泉式部日記』を残します。

『伊勢物語《いせものがたり》』の主人公は実在の人物、在原業平《ありわらのなりひら》を思わせる物語です。全国を旅しながら女をナンパしていきます。モデルになったといわれる在原業平は第五一代平城《へいぜい》天皇の孫で、父の代に臣籍降下した、元祖美男子です。

平安時代の日本人は自由で、楽し気で、呑気《のんき》でおおらかです。

紫式部が『紫式部日記』に清少納言を評して「漢詩文の知識をひけらかすイヤな女だ」と書き残しているので、二人はライバルだと思われています。また、我々から見れば同じ平安時代の人と思ってしまうのも仕方がありません。しかし、二人が宮廷に仕えた時期は微妙にズレていて、実際に顔を合わせた機会もなかったでしょう。

清少納言は第六六代一条《いちじょう》天皇の皇后定子《ていし》に仕えていました。定子が後から入内《じゅだい》した藤原道長の娘中宮彰子《しょうし》に権力闘争で負けた末に、若くして亡くなります。定子が亡くなるとすぐに、清少納言は宮仕えを辞し、宮中を去ります。紫式部が出仕したのは定子が亡くなってからでしたので。

皇后定子が亡くなったのは二五歳でした。平安時代の貴族の寿命は約三〇歳といわれています（注6）。稀に九〇歳ぐらいまで生きる人がいるにはいるのですが、平均寿命は短いのです。

特に、女性は衣服と髪が重く、おまけに水銀や鉛が入った白粉《おしろい》で化粧しているのですから、今の目から見ると、寿命が長くなるわけがありません。

紫式部は藤原氏の一族で、藤原北家につながる血筋なのですが、まったく出世できない中級貴族の藤原為時《ふじわらのためとき》の娘に生まれました。生まれたのは九七〇年代ではと考えられていますが、詳細はわかっていません。父・為時の官職名が式部丞《しきぶのじょう》だったので、そこから「藤式部《とうしきぶ》」と呼ばれていたようです。『源氏物語』を書いてからは、準主役の紫《むらさき》の上《うえ》にちなんで紫式部と称されました。

少女時代から才女だった紫式部のエピソードです。父・為時が弟に漢文を教えていたとき、そばで聞いていた紫式部のほうが先に覚えてしまい、「この子が男の子だったならなあ」と言ったと、『紫式部日記』に記されています。

父・為時が官職についたのは、永観《えいかん》二（九八四）年、第六五代花山《かざん》天皇が即位した時でした。そして二年後寛和《かんな》二（九八六）年、花山天皇が退位し、為時も職を失います。妃が死んで花山天皇が嘆き悲しみ出家を望んでいるときに、一条天皇の即位を目論む藤原兼家《ふじわらのかねいえ》の三男に「自分も一緒に出家するから」と言われ、結局、花山天皇だけが出家し、そのまま退位する羽目になったからです。そのとばっちりを受けて為時も失職。いつの時代も宮仕えのサラリーマンは、ついていく上司を間違えると大変な目に遭います。しかし、その上司を選べない場合が多いのです。

そんな不遇時代から一〇年後。長徳《ちょうとく》二（九九六）年、為時が越前守《えちぜんのかみ》になり、越前国《えちぜんのくに》（福井県）に赴任するのに、二〇代後半ぐらいの紫式部もついて行ったようです。この年、紫式部の後の上司となる藤原道長が左大臣になり権力を掌握します。

中央で出世できるのは藤原北家ら、ごく限られている人たちなので、それ以外で地方に赴任するのは決して悪い話ではありません。

貴族も三階級に分かれていました。すなわち、中央で出世する人、地方に行く人、中央で出世できない人です。このなかで、地方に行く人を国司《こくし》といいます。実力がなければ国司にはなれません。

芥川龍之介《あくたがわりゅうのすけ》の短編小説「芋粥《いもがゆ》」は、国司と中央で出世できない人を描いた有名な作品です。都の貧乏貴族が国司に一度遊びに来ないかといわれ、そんな僻地《へきち》にと思いつつも、芋粥を腹いっぱい食わせてくれるというのでついていき、地方に行くと贅沢《ぜいたく》ができるのを目の当たりにする話です。物語の時代設定が「元慶《がんぎょう》の末か、仁和《にんな》のはじめ」とあり、また人物設定の状況から、八七〇年代後半から八八〇年にかけてのころの貴族事情のようです。

都に税を納めてしまえば、あとは全部自分の収入になるのが国司です。ただし、いい気になってあまり阿漕《あこぎ》なやり方をすれば、領主も農民に訴えられ、クビになります。

長徳《ちょうとく》四（九九八）年、紫式部は一人で越前から京に戻り、藤原宣孝《ふじわらののぶたか》と結婚します。式部は二〇代後半三〇歳少し前ぐらいだと考えると、かなりの熟女婚です。今なら四〇代後半にさしかかったぐらいで結婚した感覚です。結婚相手の藤原宣孝は、紫式部にとっては父方のまたいとこ。ずいぶん年上でこのときすでに四五歳ぐらいだったと思われる、冴《さ》えない人でした。

翌年、娘・賢子《けんし》が生まれました。のち、母・紫式部の後を継いで一条天皇の皇后彰子に仕え、大弐三位《だいにのさんみ》と呼ばれる女性です。

長保《ちょうほう》三（一〇〇一）年、夫宣孝が病死します。紫式部が『源氏物語』を書き始めたのはこのころからだと考えられています。『源氏物語』の評判は藤原道長の耳にも入っていたようです。

寛弘《かんこう》二（一〇〇五）年、紫式部は藤原道長に認められ、一条天皇の中宮彰子に仕えます。彰子は道長の娘です。道長は彰子のために、紫式部をはじめ、和泉式部、赤染衛門《あかぞめえもん》、伊勢大輔《いせのたいふ》などをスカウトしたので、彰子のまわりは文学サロンでした。

寛弘五（一〇〇八）年、道長は『源氏物語』の続きを早く読ませろと式部の部屋に入ってくるような振る舞いをするようになっていました。入っただけでなく、『源氏物語』の草稿本を持ち去りました（注7）。いくら道長が乱暴な人であったとしても、何も関係のない女性の部屋に入ってくるのはあり得ません。部屋に出入りできるのですから、道長と紫式部は恋人関係にあったといわれていますし、あったとしても少しも不思議ではありません。

道長はすぐに暴力を振るうような、極めて野蛮な人でした。平安貴族といえば、上品でおとなしい人を思い浮かべるかもしれませんが、実態は大違いです。すぐに人を殴り、ケンカしている相手の家に軍勢を率いて殴り込みをかけ合うような人たちばかりなのです（注8）。

唯一例外といっていいのが、道長の息子・藤原頼通《ふじわらのよりみち》です。極端におとなしい人と目されていて、あまりにもおとなしいので、父道長に「お前は男のくせに、一生一人の妻で終わらせる気なのか。愚かな」と説教されたと、赤染衛門《あかぞめえもん》の『栄花物語』に記されています。

貴族が野蛮だったと認識しておくのは、紫式部を知るうえで、非常に重要な意味を持ちます。『源氏物語』の主人公光源氏《ひかるげんじ》は天皇の子供に生まれた超高級貴族です。その光源氏が義理の母と不義を犯すところから始まり、いろいろな女性と浮名《うきな》を流し、いろいろな人に憧《あこが》れられながらもことごとく捨てていきます。そして紫の上を自分の理想の女性にして独り占めしようと幼女のころから育てるのですが、紫の上に出家され、後に残されてしまいます。光源氏は皇室の家長である治天の君になり、その後は後継者たちの歴史になって終わります。

ちなみに『源氏物語』は回転寿司のように次から次へと登場する女性をつまんでは次の皿へ手を伸ばすように、恋愛を繰り返すだけの話に見えます。今の時代からすれば「回転寿司エロ小説」とでも呼びたくなる物語に思えますが、実は「少女マンガ」なのです。少女マンガに登場する男性が、女の子の理想を描いているのと同じように、紫式部は当時の女性の理想を描いていたのです。少女マンガのあの目の大きさが象徴的です。目が顔の半分もあるような人間は実際にはいません。しかし、女の子の目にはそう見えるのです。それが理想像なのです。同じように紫式部の時代の人にとっても光源氏は理想像なのです。歴史を見るときは、その時代の価値観を見て取らねばなりません。

中宮彰子に仕え始めてからしばらくして、寛弘七(一〇一〇)年、式部は『紫式部日記』を書き終えています。『源氏物語』もこのころ、あるいは長和《ちょうわ》二(一〇一三)年ごろまでに完成したのではないかとみる説もありますが、異説もまたあり、はっきりとはわかりません。

長和二(一〇一三)年ぐらいには、紫式部は宮仕えを辞したようです。そして、長和三(一〇一四)年に、式部はこの世を去ったと見られていますが、よくわかりません。

紫式部が亡くなったとされる翌々年、長和五(一〇一六)年、藤原道長が摂政となり絶頂期を

天皇の系図・平安時代中期（60代から71代）

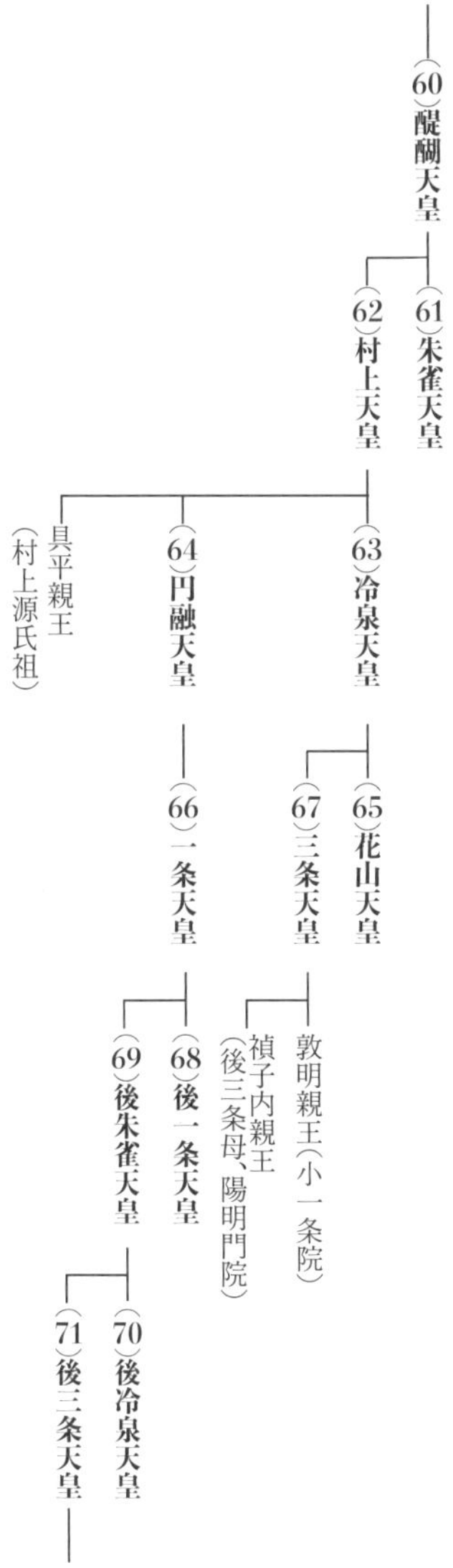

迎えます。

道長は摂政になる前は甥の藤原伊周《ふじわらのこれちか》との権力争いに勝ち、誰一人逆らえない絶対的な権力を握り、天皇すらいじめて廃位に追いやりました。そして、『源氏物語』にもすさまじく陰湿な権力闘争が書かれているのです。

図（七三頁）に示した皇室の系図で確認します。第六二代村上《むらかみ》天皇のあと、同母兄弟である第六三代冷泉《れいぜい》天皇の血筋と第六四代円融《えんゆう》天皇の血筋のあいだで皇位の奪い合いが行われ、それぞれの血筋が交互に皇位に就く、両統迭立《りょうとうてつりつ》なのです。

第六七代三条《さんじょう》天皇は藤原道長が外戚《がいせき》ではありません。三条天皇の母超子《ちょうし》は藤原兼家の娘であり、中宮藤原妍子《けんし》は道長の娘でしたが、三条天皇とのあいだには内親王が生まれただけで、親王がいなかったからです。三条天皇は外戚関係にない道長からいじめられます。周りの者全員が道長側につきます。孤立した三条天皇はストレスが高じて失明し死んでしまいます。

この話は、『源氏物語』でも描かれます。失明して亡くなる天皇が「朱雀帝《すざくてい》」と、名前を変えて登場します。紫式部は表向き朱雀帝を悪玉《あくだま》のようにしていますが、事実はそのまま残しています。

なお、『源氏物語』が現在進行形で書かれているときの推定読者数は一〇〇人です。手書きで写し、回し読みしてはまた写します。

藤原道長は三条天皇が譲位したあと、皇位に就いた第六八代後一条《ごいちじょう》天皇に自分の娘威子《いし》を入内させます。威子は入内した同じ年寛仁《かんにん》二（一〇一八）年一〇月に中宮になりました。中宮になった道長の娘はこれが三人目です。一つの家から三人も皇后が立てられるのは前代未聞の出来事です。寛仁二（一〇一八）年一〇月一六日、威子が立后された知らせが届いた日の饗宴《きょうえん》で道長は臨席していた長老である藤原実資《ふじわらのさねすけ》のところにやってきて、「歌を詠もうと思う、あらかじめ用意した歌ではなく即席なので、返歌をするように」と言って歌を披露します。

この世をば我が世とぞ思ふ望月の欠けたる事も無しと思へば

これを聞いて、実資は「いやあ、あまりにもすばらしいので、これは返歌できません。この歌を皆で唱えましょう」と、皆揃ってわざわざ二回唱えました。道長の「この世をば」の歌が伝わり有名になったのは、実資がその日記『小右記《しょうゆうき》』に事の詳細を書いていたからなのです。藤原実資は唯一、道長に物が言えた人でした。

満月も翌日から少しずつ欠けていくように、藤原氏の権勢も少しずつ後退していきます。

三条天皇の女系の孫である第七一代後三条《ごさんじょう》天皇の時代に藤原氏の摂関政治が終わります。崩御された時に、「後三条」の諡《おくりな》がなされました。藤原氏は三条天皇をいじめ殺しましたが、孫の後三条天皇によって力を奪われました。「後三条」の諡は、その象徴です。

日本人は、誰かが悪い事をすれば、その歴史を覚えている民族なのです。そのときの権力は握れたとしても、どんな権力者も歴史は変えられないという意識がある民族です。ですから、現在、権力があるから、富を、人気をもっているからと威張っても馬鹿にされるだけなのです。

第三章　武者の世に

平清盛──民の世を切り拓いた武将

この本ではじめて民《たみ》の政治家が登場します。

平清盛《たいらのきよもり》も遡《さかのぼ》れば皇族に起源を持つ人ではあるのですが、皇室を離れているので臣下、すなわち「民《たみ》」です。藤原氏のような特権階級でもありません。何より、平清盛は民の世を切り拓《ひら》いた、最初の英雄です。

長く続いた藤原氏の摂関政治が、第七一代後三条《ごさんじょう》天皇の登場によって終わります。後三条天皇の母が藤原氏の娘ではないので、藤原氏が外戚《がいせき》でなくなりました。摂関政治は自分の娘を天皇の妃にし、天皇とその娘のあいだに生まれた男の孫を皇位に据え続けるしか方法がありません。なぜなら、皇位の男系継承が絶対の掟《おきて》になっていて、しかも、この時代には女帝が禁止になっていたからです。

治暦《じりゃく》四（一〇六八）年、後三条天皇が践祚《せんそ》する少し前に、外戚になる可能性がなくなった藤原《ふじわらの》頼通《よりみち》は、諦めて関白の地位を退きました。

天皇になった後三条天皇は、自分をいじめた頼通の息子たちをいじめ返すどころか、むしろ重用しました。自分をいじめた相手を許してあげたので、相手も感謝して天皇に尽くしたのです。後三条天皇は寛大な心と待遇で、いじめの連鎖を断ち切ったわけです。

ところが、後三条天皇が若くして崩御したあと、グダグダな院政が続いてしまいます。

摂関政治の発生と仕組み

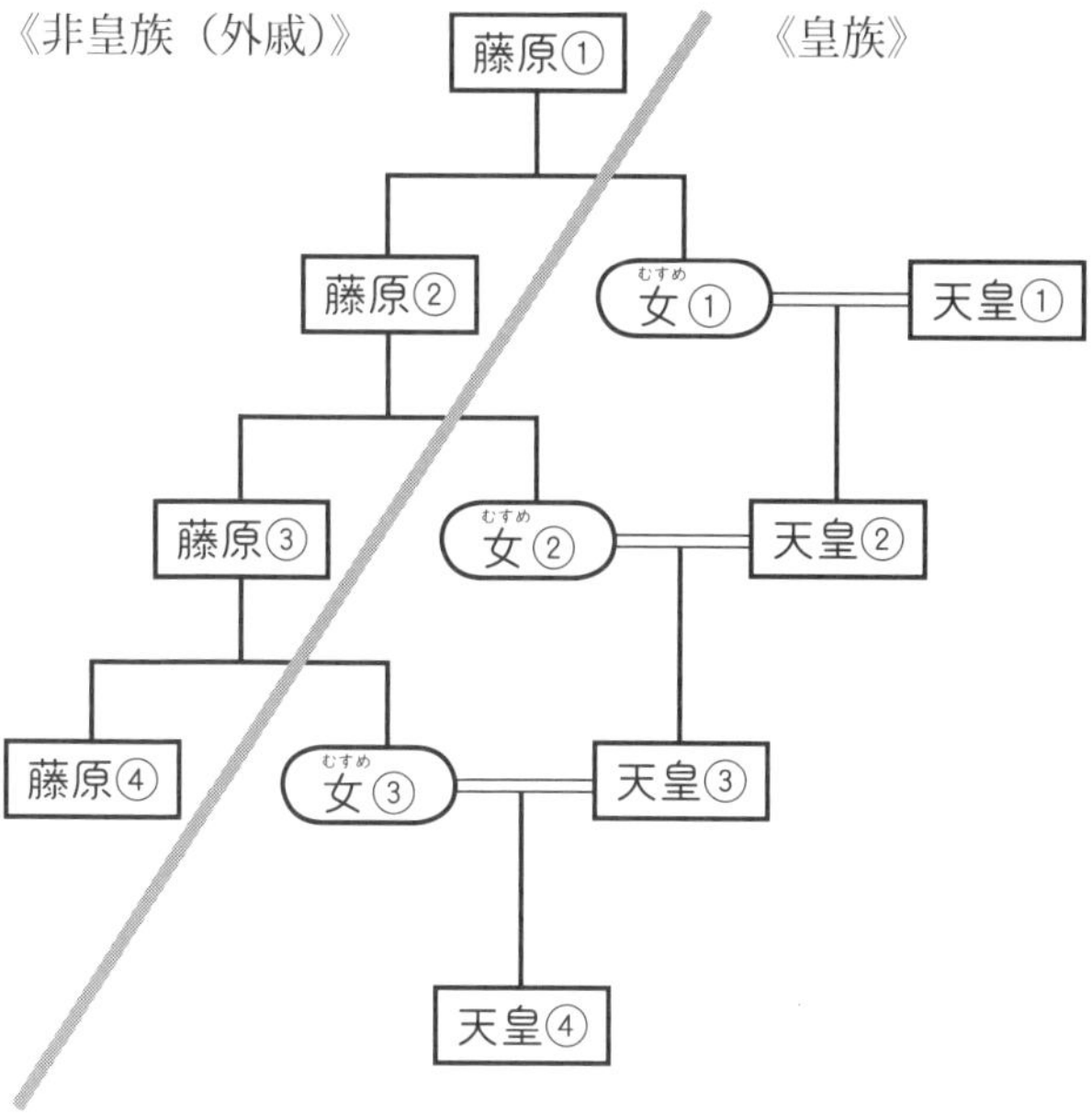

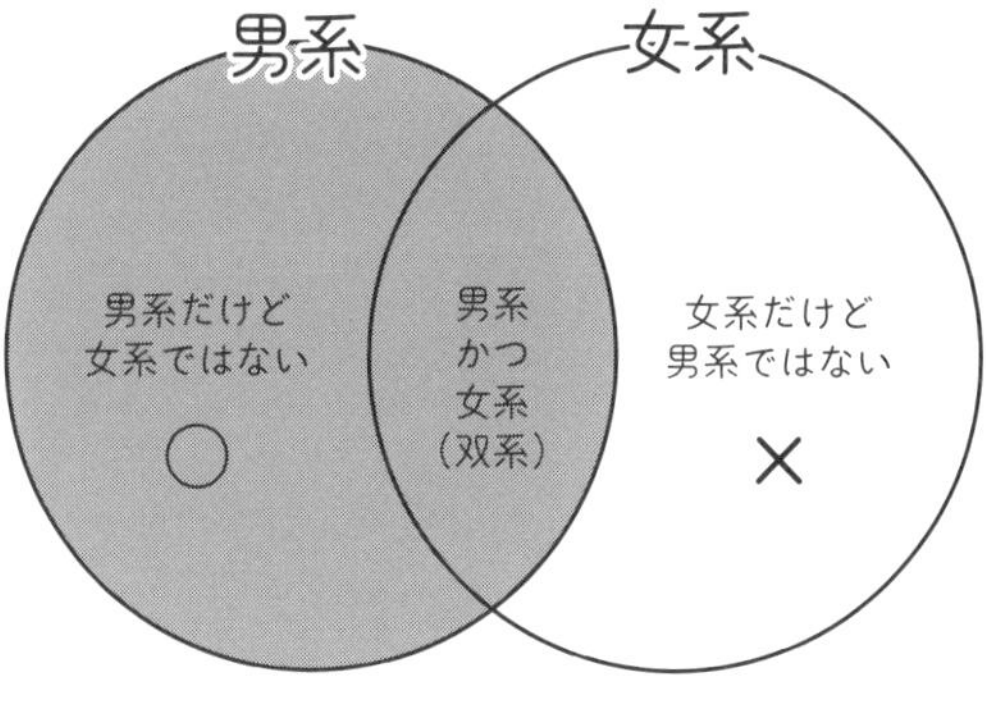

出典：倉山満、平井基之『理数アタマで読み解く日本史』ハート出版

延久《えんきゅう》四（一〇七二）年、後三条天皇は皇太子貞仁《さだひと》親王（第七二代白河天皇）に譲位します。後三条天皇は「いずれは、女御源基子《にょうごみなもとのきし》とのあいだに生まれた実仁《さねひと》親王、次いで輔仁《すけひと》親王に皇位を継がせるように」と遺言しました。

白河天皇の皇太子になった実仁親王は皇位に就くことなく、応徳《おうとく》二（一〇八五）年に若くして亡くなりました。すると、翌年、応徳三（一〇八六）年、白河天皇は自分の八歳の息子善仁《たるひと》親王を皇太子に立て、同じ日に譲位し、皇太子に践祚させました。かくして、未成年の第七三代堀河《ほりかわ》天皇が皇位につきました。院政の始まりです。

堀河天皇が二九歳の若さで崩御し、息子の第七四代鳥羽《とば》天皇が五歳で皇位に就きます。鳥羽天皇は保安《ほうあん》四（一一二三）年、息子の第七五代崇徳《すとく》天皇に譲位させられますが、大治《だいじ》四（一一二九）年に白河法皇が崩御すると、それからは治天の君としてやりたい放題です。

鳥羽上皇は崇徳天皇に譲位を強要します。鳥羽上皇は崇徳天皇を〝叔父子《おじこ》〟と呼んでいました。「叔父である子」という意味です。鳥羽上皇の皇后であり、崇徳天皇を生んだ藤原璋子《しょうし》は白河法皇の養女でしたが、法皇とは愛人関係にありました。鳥羽上皇の后となったあとも白河法皇との愛人関係が続いていて、生まれた崇徳天皇は白河法皇の子だったというのです。それが本当なら鳥羽上皇にとって崇徳天皇は〝叔父〟です。だから叔父子です。

鳥羽上皇は崇徳天皇を譲位させ、わずか二歳の自分の息子（第七六代近衛《このえ》天皇）に践祚させました。しかし、近衛天皇は一七歳の若さで、皇太子も立てないまま崩御します。

鳥羽法皇は崇徳上皇が自分の息子を天皇にしたいというのを聞き入れません。崇徳上皇とは同母弟である第四皇子・第七七代後白河《ごしらかわ》天皇を皇位に就けます。

ここまで、皇位が後三条―白河―堀河―鳥羽―崇徳―近衛―後白河と継承されるのを確認しました。学校で習う歴史では、なぜか白河、鳥羽、後白河の暗君三人だけを覚えさせられます。まともな人のあとに暗君が出るのを繰り返し、そしてなぜかまともな人は短命で、暗君は長生きします。後白河天皇に至っては、本人は暗君だけど息子に継がせるから、皆我慢しようと思えば、期待していた息子のほうが先に死んでしまいます。

摂関政治が続いていたとき、藤原氏は皇族ではなくあくまでも人臣でした。一番強い人であるかもしれないけれど、一番偉い人ではないのです。

それに対して、院政の治天の君は一番強く、かつ一番偉い人です。それゆえ、たとえ横暴な振る舞いをしても、誰も止められず、何も止める方法がありません。

それなのに、よりにもよって、白河、鳥羽、後白河の暗君三人が三人とも長生きし、長期政権を築いてしまい、三人で約一〇〇年ものあいだ、権力を握り続けたわけです。

そうした時代の最後に登場するのが、平清盛です。

平清盛が生まれた永久《えいきゅう》六（一一一八）年は、鳥羽天皇の治世です。平氏《へいし》の棟梁《とうりょう》である、平忠盛《たいらのただもり》の長男として誕生します。

平清盛には白河天皇の御落胤説《ごらくいんせつ》があり、当時から信じられていました。真偽はともかく、清盛はかなり早い出世をしていきます。スピード出世で、仁平《にんぴょう》三（一一五三）に父忠盛が亡くなると、清盛は三六歳で跡を継ぎました。

この時代は、治天の君に誰がなるかで争っている時代です。治天の君になりさえすれば、この世のすべてが手に入るわけですから、皇族どうしの争いが激化します。

その結果、保元《ほうげん》元（一一五六）年に起きたのが、崇徳上皇と後白河天皇が争った保元《ほうげん》の乱《らん》です。同母兄弟の上皇と天皇による戦いです。

清盛は源義朝《みなもとのよしとも》とともに後白河天皇に味方し、勝利します。

それから三年余り。平治《へいじ》元（一一五九）年、第七八代二条天皇のとき今度は平治《へいじ》の乱《らん》が起きました。上皇となっていた後白河の側近たちの権力争いです。後白河上皇を筆頭に、平清盛、信西《しんぜい》入道らが主流派です。信西は、世俗の名は藤原通憲《ふじわらのみちのり》です。藤原氏としては全然、出世が望めない家柄の人だったのですが、妻が後白河上皇の乳母《うば》だったので、後白河上皇に取り入り、権力を振るっていました。

保元の乱で活躍した源義朝はその後の待遇に不満を持っていました。お人好しの義朝は、後白河上皇側近の非主流派の藤原信頼《ふじわらののぶより》にそそのかされてクーデターを起こし、信西を自害に追い込みはしたのですが、平清盛らに返り討ちに遭います。

後白河上皇は人望がない人だと認識するのが大事です。そもそも皇位に就くはずがなかった人なのです。父の鳥羽法皇が〝叔父子〟と呼んだ崇徳上皇の系統に皇統の直系を移したくなかったばかりに力ずくで後白河天皇を立てたのが始まりでした。まわりは後白河天皇を、後白河天皇の息子第七八代二条《にじょう》天皇に皇位が継承されるまでの我慢だと考えていたのです。後白河天皇はさっさと上皇にさせられ、人望がないので治天の君にはなれません。後白河上皇を支える人は貴族社会のなかでは少数派です。ならばと、武士である平清盛を取り立てて、平治の乱に勝利しました。

平治の乱で勝った翌年、永暦《えいりゃく》元（一一六〇）年、平清盛は武士で初めて公卿《くぎょう》になり、その後は義理の妹を皇室に嫁がせ閨閥《けいばつ》を築きます。

藤原豪信『天子摂関御影』の平清盛
（南北朝時代の絵巻。宮内庁三の丸尚蔵館所蔵）

清盛はその後もとんとん拍子で出世して、仁安《にんあん》二（一一六七）年には、これもまた武士で初めての太政大臣になりました。これは単純に横紙破りです。のちの室町時代に室町幕府第三代将軍足利義満《あしかがよしみつ》が太政大臣になるときに「平清盛は先例にあらず」と言われてしまいます。先例にも嘉例と悪例があるの典型です。もちろん、清盛の太政大臣就任は悪例です。

そもそも新儀は不吉であり、不吉から始まった新儀がのちの先例になる場合もあります。しかし、そうした事例が必ずしも先例となっていいわけではありません。どの先例を大切にするかが皇室における歴史を語る立場であり、日本人の歴史観なのです。

後白河上皇と平清盛の二人三脚で朝廷を掌握しました。

平清盛が軍事力だけで権力を握ったのではありません。後白河上皇の引き立てと、後白河上皇のあまりの人望のなさがあったから可能だったのです。

もし仮に、後白河上皇に少しでも人望があったならば、平清盛は太政大臣になるまでの出世はできなかったはずです。朝廷で最大派閥の藤原氏が面従腹背《めんじゅうふくはい》だったからです。本来ならば、平清盛を太政大臣にする必要はどこにもないのですが、いかんせん後白河上皇を支える人が他にいなかったのです。

後白河上皇が権力を把握したのは、自分が治天の君であるのと、それを支える平清盛だけの力によるものでした。この事情が理解できないと、のちの時代もわからなくなってしまいます。

平清盛は日本最大の武力を持っていますが、暴力を独占しているわけではありません。藤原氏や延暦寺も兵を持っています。彼ら貴族は土地を持ち、経済力を使って兵を集める力を持っています。平家は日本国の過半数の土地を占めますが、それだけでは圧倒的な力ではありません。さらなる力を銭に求めました。そして日宋《にっそう》貿易に力を入れます。

平清盛は日宋貿易の拠点とするために、大和田泊《おおわだのとまり》と呼ばれた兵庫県の神戸港を宋船が入港できるよう修築しました。

仁安三（一一六八）年、後白河上皇の第七皇子が第八〇代高倉《たかくら》天皇として即位します。同じ年、清盛は病気になったのを機に出家しました。

承安《じょうあん》元（一一七一）年、清盛の娘徳子《とくこ》が高倉天皇の妃として入内《じゅだい》します「平家にあらずんば人にあらず」とは、平時忠《たいらのときただ》の言葉です。時忠は清盛の妻時子《ときこ》と後白河院妃の建春門院滋子《けんしゅんもんいんしげこ》の兄にあたる人で、平氏政権下で重要な地位にあった人です。いかに平氏が我が世の春を謳歌《おうか》し、驕《おご》り高ぶっていたかがうかがえます。

平家の支配が実際にどんなものだったかといえば、国司もいれば、全国六六カ国中、全盛期には三〇カ国の知行国《ちぎょうこく》を持っていました。知行国とは国司以外の特定の者に行政、支配の権利を与えて、その収益を得させる制度です。知行国の知行主、国司は公権力であり、大使館のごとく治外法権の連中です。知行主や国司になって赴任国一帯の荘園を除いた部分を支配し、そこからの上がりを蓄えます。同時に私有地である荘園も持っています。平氏一族は二本立ての経済力を持ち、最大勢力になっていきました。当然、貴族や寺社など、他を圧倒するようになり、平氏以外の人たちは反感を持ちます。反感を持っている人たちが後白河法皇のところに集まり、逆クーデターを企てました。

鹿ケ谷《ししがたに》の陰謀です。ここで、後白河上皇と平清盛の蜜月《みつげつ》が破綻《はたん》します。治承《じしょう》元（一一七七）年、後白河派が平氏を討とうと計画します。ところが、集まった連中のなかには酒を入れる瓶子《へいし》をパーンと転がして「これで平氏《へいし》をぶっ倒したぜ」と興じる輩《やから》がいました。集まりに加わりこれを見ていた多田行綱《ただゆきつな》という武士が「こんな連中とはいっしょにやってられん」と清盛側に密告したので、逆クーデターは事前に発覚し失敗しました。

同じ年、入内《じゅだい》していた、清盛の娘徳子が高倉天皇の中宮に昇りつめ、治承二（一一七八）年には、高倉天皇の皇子（のちの第八一代安徳《あんとく》天皇）を生みます。

さらにその翌年治承三（一一七九）年、清盛が後白河法皇を幽閉する事件が起こります。

そんな状況下の治承四（一一八〇）年、わずか三歳の安徳天皇が即位します。もちろん、外戚は平清盛です。しかし、急激な平氏の権力増大に、平氏を潰そうとする動きが出てきます。

平氏を討つべしと令旨《りょうじ》が全国に発せられ、反平氏勢力が挙兵します。令旨《りょうじ》を発したのは以仁王《もちひとおう》。後白河法皇の第三皇子でありながら、親王にはなれずに恨みを抱いていた皇子です。とはいえ、圧倒的な力を持つ平氏にはかないません。以仁王も、ともに挙兵した源《みなもとの》頼政《よりまさ》も討ち取られてしまいました。

しかし、流れは平氏滅亡へと動いていきます。

同じ年に、清盛の主導で兵庫の福原《ふくはら》に遷都しますが、半年もせずに戻ってくる事態になります。当然でしょう。京を一歩出て、須磨まで行けば嵐にさえこの世が終わるかと思う時代の人たちです。福原とて同じこと。

そして、のちに「源平合戦《げんぺいかっせん》」と呼ばれるようになる一連の戦いが起きていきます。

以仁王の令旨に呼応した源《みなもとの》頼朝《よりとも》が挙兵し伊豆で反乱を起こしたのをはじめ、いろいろな源氏が反乱を起こします。奈良の東大寺や興福寺《こうふくじ》も暴れ回り、平氏側に焼き討ちされます。このとき、東大寺の大仏が燃えました。

養和《ようわ》元（一一八一）年、平清盛が熱病で亡くなります。大仏を焼いた祟《たた》りだなどといわれました。以降、「驕《おご》る平氏久しからず」と語り継がれていくわけです。

平清盛は政治家、軍人として卓越していました。藤原氏のような貴族ではないところから出て、民の世を切り拓きながらも、貴族になってしまった過渡期の英雄です。

その英雄とともに、まさに春の夜の夢のごとく、あっという間に平家は消えてしまいました。

源頼朝――世界史の奇跡、「革命なき革命」を成し遂げた人

源頼朝は久安《きゅうあん》三（一一四七）年、源義朝の嫡男として生まれます。三男だったのですが、母の身分が高かったために嫡男とされました。

当時の政界は、治天の君、すなわち実力のある上皇が皇室の家長として権勢を振るい、天皇を皇太子扱いし、他の上皇や有力貴族は権力に取り入ろうと陰湿な派閥抗争を繰り広げていたのは、ここまで見てきたとおりです。平氏や源氏は朝廷の上層部に入っていたとはいえ、最下層です。上層の有力貴族に犬のように使われている存在でした。

保元元（一一五六）年の保元の乱で、崇徳上皇と後白河天皇が戦いました。源義朝と平清盛がついた後白河天皇側が勝利します。義朝の一族の多くは崇徳上皇側につき、その後源氏は衰退し

ていきました。

その後の平治元（一一五九）年、平治の乱で、義朝は平氏ばかりが優遇を受けるのに不満を抱く非主流派に与《くみ》して戦い、平清盛に殺されてしまいます。

このとき初陣《ういじん》だった一三歳の頼朝は平氏に捕らえられ、殺される寸前でした。しかし、頼朝は殺されず、伊豆へ流されます。頼朝が助かったのは、平清盛の継母池禅尼《いけのぜんに》が頼朝の助命を願ったからだと伝えられますが、なぜ清盛がそれに応じたのかはわかりません。ただ、清盛が大甘《おおあま》だったのは確かです。

このとき、義経の母常盤御前《ときわごぜん》は清盛の妾にさせられました。戦いに敗れれば、男は妻を奪われ命も奪われ、女は自分の夫を殺した男の愛人になることで、自分も子供も生き延びる、そんな時代でした。

治承元（一一七七）年、鹿ケ谷の陰謀が発覚したころ、伊豆では頼朝が北条政子《ほうじょうまさこ》と結婚しています。しかも、駆け落ち婚でした。北条時政《ほうじょうときまさ》は、娘の政子を伊豆の平氏の役人・山木兼隆《やまきかねたか》の嫁にしようとしていました。頼朝は平氏に捕らわれ伊豆に流された身です。平氏を恐れ、時政は頼朝と政子の仲に反対します。しかし政子は、夜中に嵐のなかを頼朝のもとへと逃げ出しました。ただし、そんな大恋愛の末に結ばれたのに、頼朝の浮気は止まりません。

流された伊豆で、女遊びをして楽しく暮らしていた頼朝は政治に関心がありませんでした。ところが、情勢がにわかに変わります。治承四（一一八〇）年、以仁王が出した平氏打倒の令旨が、伊豆の頼朝にも届きます。実は、頼朝は挙兵する気がなかったらしいのですが、存在そのものが危険視されました。何もしないと暗殺されかねません。

頼朝は決起、勝ったり負けたりを繰り返しながら源氏に味方する関東の武士を集め、鎌倉に入ります。

頼朝を討つために、西国より攻め上ってきた平氏軍を富士川で破り、圧勝しました。富士川の戦いです。頼朝はこの勢いで京を目指して進撃しようとしましたが、武士団の反対で断念し、勢力を整えるために鎌倉に戻ります。賢明な判断でした。もし、そのまま京まで攻め進んでも、補給が続かなかったでしょう。

頼朝は鎌倉で侍所《さむらいどころ》を置くなど、軍事政権を整えていきました。平氏に不満を持つ武士が集まり、弟の源義経《みなもとのよしつね》も馳《は》せ参じ、軍に加わります。

養和《ようわ》元（一一八一）年、平清盛が病死しました。

寿永《じゅえい》二（一一八三）年、頼朝、義経の従兄の源義仲《みなもとのよしなか》が、越中《えっちゅう》と加賀《かが》の境にある砺波山《となみやま》の倶利伽羅峠《くりからとうげ》で平氏を破り、京を目指して攻め上ります。義仲は、軍事能力は高くても、政治能力がなかったので朝廷から嫌われました。朝廷は頼朝に義仲追討を命じ、頼朝に上洛《じょうらく》を求めます。しかし、頼朝は上洛を断り、代わりに義経らを差し向け、元暦《げんりゃく》元（一一八四）年、義仲を討ち取りました。

義経は一《いち》の谷《たに》の戦いで平氏を破って京から平氏を追い払ったあと、文治《ぶんじ》元（一一八五）年に屋《や》島《しま》の戦いでも平氏を破り、続く壇《だん》ノ浦《うら》の戦いで義経が平氏を一気に滅ぼしてしまいました。

義経らの急襲を受け、八歳の安徳天皇が祖母の二位尼《にいのあま》に抱かれて入水《じゅすい》してしまいます。安徳天皇の母徳子も一緒に海に身を投げましたが、助けられ、京に戻り出家し最期まで一門の菩提《ぼだい》を弔いました。

安徳天皇の入水のとき、三種の神器のうちの一つである草薙剣《くさなぎのつるぎ》も壇ノ浦に沈み、それきり浮かんできませんでした。

義経の大失態でした。義経は兄の頼朝が何をしたいのか、まるでわかっていませんでした。頼朝の考えは朝廷に対して武士の自立を認めさせ、武士が貴族に犬のように使われるのではなく、自分の所領が守れるように裁判の公正を取り戻し、日本全国に秩序をもたらすことでした。平家打倒など、二の次です。

あげく、義経は朝廷から勝手に官位をもらいます。後白河法皇の兄弟分断策にまんまと乗ってしまいました。自分の頭越しに武士に命令をされたら、武家の棟梁《とうりょう》である頼朝の立場がありません。頼朝は大軍を京に差し向けて圧力をかけ、法皇から義経追討の院宣《いんぜん》を出させます。頼朝は義経の捜索を名目に、全国に武士の拠点を作っていきます。

文治《ぶんじ》三（一一八七）年、義経は奥州の藤原秀衡《ふじわらのひでひら》に匿《かくま》われます。しかし秀衡死後、その嫡男《ちゃくなん》である泰衡《やすひら》に衣川《ころもがわ》で追い詰められ、自害しました。そして文治五（一一八九）年、これを待ってい

「教科書から消えた源頼朝像」
神護寺保有のこの肖像画は、あまりにも有名だが、別人という説が有力。

たかのように頼朝は藤原泰衡を討ち、奥州を平定しました。東国は頼朝の傘下に入りました。

　頼朝は東国の支配者としての地位を朝廷に要求しました。しかし、後白河法皇は頼朝に、最後の最後まで征夷大将軍《せいいたいしょうぐん》の位を与えませんでした。そんな、頼朝に「日本国一の大天狗《おおてんぐ》」と呼ばれた後白河法皇も六六歳、建久《けんきゅう》三（一一九二）年三月一三日に崩御します。その直後の七月、頼朝は征夷大将軍に任じられます。鎌倉幕府の開幕です。

　征夷大将軍とは有事の戦場において天皇に代わって軍隊を指揮する最高権力、すなわち、統帥権《とうすいけん》を行使する職です。幕府とは征夷大将軍がいる所です。本来は臨時に設けられる征夷代将軍と幕府が常設されます。このときから約七〇〇年間、慶應《けいおう》三（一八六七）年に徳川慶喜《とくがわよしのぶ》が征夷大将軍を返上して江戸幕府が滅びるまで、武家政治が続きます。

　源頼朝がやったことは、世界史の奇跡です。なぜなら「革命なき革命」だからです。

革命には二つの意味があります。一つは、君主制度を倒すこと。もう一つは、社会構造を根本的に変えてしまうことです。頼朝は皇室を滅ぼすことなく、社会構造を根本的に変えてしまいました。だから「革命なき革命」です。

征夷大将軍を任命するのは天皇です。征夷大将軍は天皇の権威を前提にしています。

君主である天皇は権威として君臨し、実質的な最高権力は征夷大将軍が行使します。権威と権力の分離です。もし将軍の権力が揺らいで動乱の世の中になった場合は、政治的な決着がついた段階で天皇が勝者を認定する仕組みです。こうした仕組みは世界に誇っていい、日本の発明品です。

なぜ世界に誇れるのか。それは、日本の歴史には君主制を暴力で廃止した革命の悲劇がないからです。中華王朝が繰り返してきた易姓《えきせい》革命、フランス革命、ロシア革命などなど、思いつく二、三の革命だけを見てもどれだけの血が流れ、どれだけ地獄の苦しみを味わったことか。多くの国では君主が政治のプレーヤーなので、新たな権力者によって倒されてしまうのです。それに対して日本では君主はアンパイアです。頼朝自身が、天皇の地位を奪おうとしませんでした。日本では当たり前のことも、世界の歴史では稀有です。天皇は後々までアンパイアとして存在したので、プレーヤーたちの殺し合いを止める地位にいられたのです。だから日本の歴史において、殺し合いが悲惨にならなかったのです。

日本のオリジナルである「幕府」を考え出したのは、頼朝のブレーン集団でした。その筆頭が大江広元《おおえのひろもと》です。広元は下級貴族出身の官吏でした。頼朝に招かれ鎌倉に下向し、頼朝の側近となった人です。学問や法律に詳しい広元のような人の提言があり、頼朝にも十分な識見と、耳を傾ける態度がありました。ただし、ブレーンにはできない政治家の仕事があります。人の心を摑《つか》むことです。そして実行することです。そして頼朝だけが、この世で誰も見たことがない幕府を、実現しました。

源頼朝は、日本人が誇るべき偉大な政治家です。

北条政子——日本史上最高の演説政治家

二〇二二年のNHK大河ドラマ『鎌倉殿の13人』で女優の小池栄子《こいけえいこ》が北条政子《ほうじょうまさこ》を演じるそうです。一九七九年の大河ドラマ『草燃える』の岩下志麻《いわしたしま》を越えられるかどうか、楽しみではありますが……。それはさておき、政子の実像をとらえておきます。

北条政子は保元二（一一五七）年、伊豆の有力武士・北条時政の長女として生まれました。源頼朝の、ちょうど一〇歳年下です。大恋愛の末、頼朝のもとに走り、結婚したとき、政子は二〇歳ぐらいだったようです。当時としては晩婚です。政子は当時としてはかなり豪快な人だったのですが、嫉妬深《しっとぶか》い一面もありました。

頼朝の女遊びは、政子との結婚後も続きます。政子は嫉妬で怒りが爆発。怒りは本気の「後妻《うわなり》打《う》ち」になって表れます。「後妻打ち」とは、自分の男を寝取って後妻になった女のところに殴り込みをかけ、相手の食器や家財などを打ち壊す行動を指します。基本的に浮気されたほうが勝たなければならないので、多分に八百長《やおちょう》的なところがあるのですが、政子は八百長破りで本気で相手の家を破壊しています。

北条氏は伊豆では有力な武士であっても、田舎者《いなかもの》です。政子が頼朝の寵愛《ちょうあい》をなくしてしまえば、何の価値もない一族なのです。政子が嫉妬深いのも、もちろん女性としての感情もあるでしょうけれど、頼朝に袖《そで》にされれば一族の浮沈にかかわるといった一面は見逃せません。

謀略家としての北条時政が知られますが、買いかぶりすぎです。単に娘が頼朝の嫁だというだけで、頼朝が最初に付き合っただけの無能者です。だからこそ頼朝をずっと支え続け、心が離れないようにしていたのです。幸い、政子は後に鎌倉幕府第二代将軍になる頼家《よりいえ》、同じく第三代将軍になる実朝《さねとも》を生んでいます。この時代、男の子を生んだ正妻の発言力は高まります。政子は頼朝に直言できる立場にありました。

源義経は兄頼朝と対立した末に、愛妾《あいしょう》の静御前《しずかごぜん》を伴い、逃げて行きました。ところが、二人は途中で別れ別れになり、静御前は捕らえられて鎌倉に送られました。鶴岡八幡宮《つるがおかはちまんぐう》で、白拍子《しらびょうし》の舞いを披露するようにと命じられた静御前は、義経を恋う歌をうたいます。それを聞いた重鎮の梶原景時《かじわらかげとき》や大江広元たちまでもが涙し、「許してやってください」と言っても頼朝は聞き入れません。そこで政子が「静の思いは、あのときの私の思いと同じ。あなたが石橋山で負けたとき、私がどんな気持ちだったかおわかりですか」と、静御前の歌に怒った頼朝をなだめました。頼朝は挙兵したとき石橋山の戦いで敗れ、命からがら逃げ回っていました。そのときのことを持ち出されては、ぐうの音も出ません。本当にあった話なのかどうかはわかりませんが、そう伝えられています。

正治《しょうじ》元（一一九九）年、源頼朝が亡くなり、同時に政子は髪をおろして尼になりました。

二人の間に生まれた長男頼家が家督を継ぎます。しかし、頼家は一八歳と若いうえに、無能でした。そこで、政子は一三人の有力者による、話し合いで物事を決める合議制を敷きました。合議制に加わったのは北条時政、北条義時《よしとき》親子、大江広元、広元の兄中原親能《なかはらのちかよし》、三善康信《みよしのやすのぶ》、二階堂《にかいどう》行政《ゆきまさ》、三浦義澄《みうらよしずみ》、八田知家《はったともいえ》、安達盛長《あだちもりなが》、足立遠元《あだちとおもと》、和田義盛《わだよしもり》、比企能員《ひきよしかず》、梶原景時の一三人です。時政、義時親子の二人が北条から入っているのは、彼らは人畜無害なので、派閥のバランスを考えての人選です。

尼将軍と呼ばれた北条政子（安養院所蔵）

　まず梶原景時は、六六人の御家人連判状《ごけにんれんぱんじょう》で糾弾され鎌倉を追われ、殺されてしまいます。このとき、連判状に北条時政が入っていないから、景時弾劾の黒幕だと勝手に決めつける人がいます。しかし、北条時政は、梶原景時、大江広元といった頼朝側近グループです。北条時政にとって、同じ派閥にいた梶原景時の失脚は、次は自分の失脚になりかねない事態なので、時政が黒幕になるはずがありません。

鎌倉幕府は頼朝と側近グループ、そして実力御家人らがいて、頼朝は個人的なカリスマで御家人たちを統御していました。御家人たちは御家人たちで、自分たちの力で頼朝は将軍になれたのだという思いと、あの人は貴種だから自分たちとは違うとの思いが半々でした。当然、頼朝に対しては尊敬があっても、反動で側近には反感しか抱かないものです。では、どうしたらみんなが満足するか。

武士たちが求めていたのは裁判の公正でした。武士たちからすれば、平清盛は自分たち平氏が権力を独占しただけでした。でも、頼朝は皆に土地を分け与えて、公正な裁判をやってくれた大恩人です。

頼朝が行ったのは裁判の公平です。征夷大将軍の権力は、有事は統帥権《とうすいけん》であり、平時は司法権です。頼朝の時代のような前近代においては、裁判は行政の中心です。裁判の公正が保たれている限り武士たちは満足するのですが、頼家には無理でした。

建仁《けんにん》二(一二〇二)年、源頼家が正式に将軍になり、妻の実家の比企氏を重用します。翌年、比企氏が権力を独占するのを恐れ、時政と政子は比企氏を滅ぼしました。比企合戦です。そして、政子は頼家を出家させ、伊豆の修善寺《しゅぜんじ》に幽閉してしまいました。

建仁三（一二〇三）年、源実朝が征夷大将軍に任命されると時政が執権となり、政子は後見役《こうけんやく》になります。執権とは、政所《まんどころ》の別当《べっとう》のことです。要するに、会社で言えば経理部長です。

元久元《げんきゅう》（一二〇四）年、伊豆に幽閉されていた頼家が亡くなりました。暗殺されたとも伝えられます。

元久二（一二〇五）年六月、時政と後妻の牧《まき》の方《かた》が、頼朝の重臣だった畠山重忠《はたけやましげただ》を一家ともども殺します。さらに閏《うるう》七月には、時政と牧の方が将軍実朝を暗殺し、娘婿《むこ》の平賀朝雅《ひらがともまさ》を将軍に据えようとする計画が発覚します。政子は時政の邸《やしき》にいた実朝を救い出しました。「牧氏《まきし》事件」「平賀朝雅の乱」とも呼ばれるこの事件で、政子は父時政と牧の方を伊豆に幽閉しました。

この時代の前も後も、父親追放は大罪《たいざい》です。しかし、それで政子が許されるぐらい、いかに時政に人望がなかったかを物語っています。時政のあと、義時が執権に就きました。

このあとも、鎌倉で血みどろの派閥抗争が繰り広げられます。建暦《けんりゃく》三（一二一三）年の和田合戦では和田義盛が殺され、一三人の御家人が一人ずつ潰されていきます。

幕府が動揺しているのを見て、このころから後鳥羽《ごとば》上皇は奪権闘争を挑んできます。

建保《けんぽう》六（一二一八）年、政子は上洛し、朝廷との和解のため、実子のいない実朝の後の将軍として鳥羽上皇の皇子を鎌倉に迎え入れたい旨を伝えます。これに後鳥羽上皇は、実朝への位打《くらいう》ちで応じます。位打ちとは官打《かんう》ちともいい、その人の能力に合わない高い冠位を与え、最終的に自滅させる手段です。当時の公家のあいだでは、位打ちに遭うと早死にすると信じられていました。実朝の官位をどんどん上げれば早死にするぞとばかりに上げていったところ、本当にそうなってしまいます。

承久《じょうきゅう》元（一二一九）年、将軍源実朝が公暁《くぎょう》に殺害されます。公暁は頼家の子であり、実朝にとっては甥です。直後に公暁も殺されました。実朝には子供がなかったので、源氏の直系が絶えてしまいました。北条氏のほうも自分たちの支えがなくなったわけですから、大打撃です。

実朝暗殺までもが、義時が黒幕だったなどとする愚かな考え方がありますが、公暁は義時をも殺す予定だったのです。ところが、義時は殺されそうになる直前に「おなかが痛い」などと言って逃げ出し、九死に一生を得ます。また、実朝暗殺直後の公暁は、三浦義村《みうらよしむら》の屋敷に駆け込んでいます。北条派の実朝を三浦派の公暁が殺した。しかし、直後に公暁は三浦に見捨てられた。誰がどう考えても、そのような結論しか出ないはずですが……。

皇族を後継将軍に迎えたいと願い入れた件は拒否されていたので、困った北条義時は九条《くじょう》家から男の子を迎え入れます。九条家は頼朝の遠縁にもあたり、もともと頼朝とも仲が良かった家です。迎えたのは二歳の三寅《みとら》、のちの九条頼経《よりつね》です。何の実権もないどころか、儀式も務まらない赤子《あかご》です。実朝が殺されてから七年間、次期将軍予定者はいても、将軍不在の状況が続きます。

しかし、ここは政子のカリスマで支えます。「尼将軍《あましょうぐん》」と呼ばれるほどのカリスマです。政子のカリスマのもとで、弟で執権の北条義時、大江広元、三善康信など、旧頼朝側近グループで切り盛りします。

鎌倉幕府の大半が「なんであいつが仕切っているのだ」と思いながらも、「でも、ま、いいか」となるのは、裁判の公正があるからです。

承久三（一二二一）年、いよいよ、後鳥羽上皇が執権北条義時の追討の院宣を全国に出します。承久《じょうきゅう》の乱《らん》です。

後鳥羽上皇は本当に何でもできた人です。和歌などにすぐれた文化人だけでなく、自ら弓馬の達者な武人でもありました。そして、権力を取り戻したいという意思がありました。しかし、権力を取り戻したあと日本をどうするのか、未来への意志、ビジョンが何もありませんでした。自分が権力を握れば昔ながらの朝廷が復活すると考えただけです。でも、それでは裁判の公正をどうやって保つのか。摂関政治、院政、平氏と、裁判の不公正がまかり通る世の中に武士たちが不満を抱き、そこに頼朝が現れたから鎌倉幕府が成立したのです。社会のどこに根本的な問題があるのか、後鳥羽上皇は何も理解していませんでした。

しかも、後鳥羽上皇が権力を取り戻したいと起こした承久の乱の原因が「裁判で自分の妾《めかけ》に贔屓《ひいき》しろ」です。日本史上、最もくだらない理由で起こった戦乱です。

さりながら、後鳥羽上皇が義時を朝敵に認定したのですから、誰もが動揺します。しかし、鎌倉幕府は勝利します。日本史において、明確に朝敵と認定されて、最初から最後まで朝敵のまま勝った唯一の戦いです。では、なぜ勝てたのか。承久の変をもう少し詳しく見ておきます。

九条家から後継将軍に二歳の三寅を迎え、北条氏が何の正当性もないのに形を取り繕った気になって仕切っていると見て、後鳥羽上皇はこれなら勝てると思い挙兵しました。後鳥羽上皇の出した院宣は「北条義時さえ討伐すればよい、鎌倉幕府を潰《つぶ》す気はない」と解釈できるような文面です。武士たちの心は離れ、義時は窮地に陥ります。

その時に出てきたのが、日本史最大の演説政治家・北条政子です。政子は涙ながらに大演説をぶちました。「上皇が義時さえ潰せば、お前たちは皆、それで自分は安泰だと思っているかもしれません。しかし、その瞬間にお前たちの土地は取り上げられ、犬のようにこき使われていた昔の時代に戻ってしまうのです。頼朝公がそうした時代を終わらせてくれました。その恩は山よりも高く、海よりも深いのです。それでも、義時一人を見殺しにするのですか」と訴えます。「最期の詞《ことば》」と呼ばれる大演説です。

それを聞いた武士たちは、ここで義時を見殺しにしてしまえば、自分たちの土地が保障される鎌倉幕府の公平な裁判が、なくなってしまうかもしれないのだと納得します。

政子の演説に一致団結した武士たちでしたが、進撃の具体案になると二つに意見が分かれます。朝廷軍を関東で迎え討つのか、あるいは、京都にこちらから進撃するのかと。

この時、大江広元が「いち早く京に攻め上れ」と最強硬論を進言します。お公家さんなので、普段は軍事に関しては口を出さないのですが、朝廷軍を相手に時間をかければかけるほど、せっかく一致団結した武士たちが天皇を恐れ、寝返ってしまいかねないと考えたのです。「泰時《やすとき》一人だけでも京に向かえば、皆はあとからついていく」と、泰時の先駆けを強く進言しました。

結果、一九万と称する圧倒的な大軍が京都に攻め込み、鎧袖一触《がいしゅういっしょく》で官軍を粉砕しました。なお、後鳥羽上皇は側近に責任を擦《なす》り付けましたが許されるはずもなく、あえなく島流しとされました。

北条泰時――人格者にして、名将にして、実務家にして、大学者

歴史上の偉人で、これほどドラマの主人公に向かない人はいないと思ってしまうのが、鎌倉幕府第三代執権・北条泰時です。その理由を大きく四つほど並べてみます。

その一、揉《も》め事が少なすぎです。少ないのは、起きる前に片づけてしまうからです。

その二、映像映えするような派手さがありません。地味な仕事を黙々とこなしていただけですから。

その三、文武両道《ぶんぶりょうどう》で人格者。あり得ないくらいの人格者エピソードしかありません。そこまで書かれるのは、聖徳太子か泰時かというレベルです。

その四、その偉大さが理解できません。業績がわかりにくく、しかも大きすぎるのです。

南北朝時代の南朝の後醍醐《ごだいご》天皇に仕えた公家・北畠親房《きたばたけちかふさ》は『神皇正統記《じんのうしょうとうき》』で、「凡《およそ》保元・平治よりこのかたのみだりがはしさに、頼朝と云人もなく、泰時といふものなからましかば、日本国の人民いかがなりなまし」とまで絶賛します（岩佐正校注『神皇正統記』岩波文庫、一九七五年）。

頼朝と泰時がいなければ、日本はどうなっていたか、です。

南朝にとって鎌倉幕府は敵です。南朝の北畠親房がこれほどまでに褒める、鎌倉幕府執権北条泰時がどのような人物だったのかをみておきましょう。

泰時が生まれたのは、寿永二（一一八三）年。壇ノ浦の戦いで平氏が滅亡する二年前です。北条義時の長男として生まれました。北条時政は祖父、北条政子は叔母です。

幼いころから聡明《そうめい》で穏やかな泰時は、源頼朝にとても可愛がられ、期待をもって見守られていました。

泰時が一三歳で流鏑馬《やぶさめ》の射手《いて》に頼朝によって選ばれたエピソードは、泰時の武士として秀でた資質と、頼朝の期待を伝えます。泰時も生涯、頼朝を尊敬します。頼朝が始めた「道理と公正」の政治は、泰時において完成し、歴代武家政権に模範として引き継がれていくことになります。

第二代将軍頼家が飢饉《ききん》や大嵐で鎌倉が大きな被害に遭っているときにもかかわらず、災害対策はそっちのけで蹴鞠《けまり》に没頭するのを、泰時は側近を通して諫言《かんげん》しています。泰時は蹴鞠そのものがダメだと言ったのではありません。将軍が今このときにすべきは蹴鞠ではなく、人々を助ける策を講じることだと言ったわけです。

泰時の正義感と理に叶《かな》った意見は遠慮なく父の義時にも向かいます。義時が建保六（一二一八）年に大倉薬師堂《おおくらやくしどう》を建てようとしたときも、費用がかさみ人々に負担を強いることになるからと反対しました（注1）。

第三代将軍実朝が若い学識のある御家人を集めて学問所番を設置したとき、泰時はその筆頭です。学者としての資質も備えていました。

泰時は比企合戦、和田合戦と、父の義時が御家人を討つ戦に参加します。しかし、泰時が執権になってからは、御家人の粛清はなされません。御家人たちの殺し合いが日常茶飯事だった鎌倉時代では、泰時の時代だけが例外でした。

承久の乱では、泰時が京都に向かって進軍する総大将です。戦いは鎌倉方の圧勝でした。ただし、楽勝ではありませんでした。京都突入を目前に上皇軍の抵抗に遭い、鎌倉方は宇治川《うじがわ》を渡れません。部下を失った泰時は自分も責任をとって宇治の激流に突撃しようとしたほどでした。総大将ともあろう者が血迷ったともいえる、責任感の裏返しでもありました。

義時の戦後処理は過酷を極めます。乱の首謀者である後鳥羽上皇は隠岐島へ、順徳《じゅんとく》上皇は佐渡島へ島流し。乱を止められなかったと自ら配流を望んだ土御門《つちみかど》上皇も土佐国へ配流。そして、幼帝を廃位します。幼帝は廃位後、「九条半帝《くじょうはんてい》」「九条廃帝」などと呼ばれました。践祚《せんそ》はしたけれど即位しないまま、廃位されたからです。六四九年後、明治三（一八七〇）年になってからようやく「仲恭《ちゅうきょう》天皇」と諡号されました。第八五代の天皇です。

承久の乱の直接のきっかけになったのが、後鳥羽上皇の「土地裁判で俺の妾に依怙贔屓《えこひいき》せよ」との理不尽な要求でした。もしそのような要求を認めてしまえば、それは一つの所領に一族の命を懸ける「一所懸命」の武士の存在意義を否定します。政子が説いたのもその道理なら、義時の処置も同じ道理です。道理に逆らう者は、たとえそれが治天の君であっても謀反人です。承久の乱は「主上御謀反《しゅじょうごむほん》」でした。ただし、謀反人は罰しても、皇室そのものは絶対に廃さない、日本独特の法原理です。

泰時は京に入りそのまま京に残り、設置した六波羅探題《ろくはらたんだい》の役に就きました。京都で朝廷を監視する所が六波羅探題です。叔父の北条時房《ほうじょうときふさ》とともに、京都で戦後処理・治安維持・行政の安定化に努めました。中世の日本における最重要な行政とは土地をめぐる訴訟です。泰時は時房と協力し、京都を中心に西日本一帯に鎌倉幕府の影響力を強めていきました。

元仁《げんにん》元（一二二四）年、父義時が死に、執権の座をめぐって跡目争いが起きかけました。かつて時政の後妻の牧の方が目論んだのと同じような事がなされようとしていました。義時の後妻である伊賀《いが》の方が、義時と自分のあいだに生まれた政村《まさむら》を執権に就け、女婿《じょせい》を将軍にしようとしたのです。伊賀氏の変とよばれます。北条政村は義時の五男で、泰時にとっては異母弟です。政子の裁定で泰時が義時の跡を継ぎ、第三代執権に就きました。

政権を掌握した泰時は北条宗家《そうけ》に執事のような役目を果たす家令《かれい》をおき、自らの手足となる側近制度を充実させました。この制度は後年の得宗《とくそう》専制を支える御内人《みうちびと》の原型です。得宗とは北条氏の嫡流を指し、御内人とは得宗家の家来を指します。

嘉禄《かろく》元（一二二五）年、六月には頼朝以来鎌倉幕府最高の頭脳であった大江広元が、そして、七月には〝尼将軍〟と呼ばれた政子が相次いで死去します。実力者が次々と亡くなるので何か起きるかと思えば、何も起きません。泰時が事前に手を打っていたからです。

泰時はあえて独裁を避け、最高文書には叔父時房の連署《れんしょ》を求めました。執権泰時の署名に続けて、時房も署名するやり方です。ここから時房は「連署」と呼ばれるようになり、実質的な副執権の役目を担います。

また、「評定衆《ひょうじょうしゅう》」を設置しました。集団指導体制によって裁判を効率化するのが目的です。一二月には評定衆による評定が始まりました。

北条泰時（「柳庵随筆」日本随筆大成第２期第９巻）

嘉禄二（一二二六）年、前の年に元服した三寅、改め藤原頼経《ふじわらのよりつね》が正式に征夷大将軍になりました。将軍は儀式を行う存在にすぎませんが、頼朝の後継者である「鎌倉殿《かまくらどの》」として尊重します。朝廷にはできない公正な裁判を行う者こそが鎌倉殿なのです。鎌倉幕府は「頼朝の理想を受け継ぐ政府」なのです。泰時は他の御家人に対して、自分が「鎌倉殿」になるのではなく、あくまでも同輩中の首席として振る舞いました。

貞永《じょうえい》元（一二三二）年、「御成敗式目《ごせいばいしきもく》」を定めます。「貞永式目」とも言います。

泰時は執権就任以来毎朝、自ら律令を研究するのを日課にしていました。評定衆のなかから特に学識に優れた者たち、特に法に通じている者をブレーンとして、長年にわたり研究を重ねていきました。ブレーンには太田康連《おおたやすつら》、矢野倫重《やのともしげ》、斎藤浄円《さいとうじょうえん》、佐藤業時《さとうなりとき》らが名を連ねています。泰時は武士の世の中の現実に合わなくなった律令に代わって、社会情勢の変化に対し、現実に即した法体系を成文化すべきと考え、研究していました。

そうして作ったのが五一条の法典、御成敗式目です。

御成敗式目の精神は「頼朝公以来の先例と道理」です。歴史のなかに蓄積された先例のなかに紛争解決の知恵を求め、同時に新しい社会に対応できる知恵として、常識や道理を重んじる精神で貫かれた五一条なのです。

その精神はのちの世にも受け継がれていきます。

足利幕府は御成敗式目による秩序を理想とし、建武式目《けんむしきもく》を政権発足時に発します。建武式目は御成敗式目の追加法です。江戸幕府の武家諸法度《ぶけしょはっと》も御成敗式目の後継法です。現代の民法にも御成敗式目に遡《さかのぼ》る考え方があります。「権利の上に眠る者は保護されない」の原則がまさにそれです。

御成敗式目は普段の暮らしのなかで当たり前のように存在しました。江戸時代の寺子屋《てらこや》では御成敗式目が習字の手本として使われていました。江戸時代の子供たちは男女の区別なく初等教育で御成敗式目を通して、国語、道徳、そして歴史を同時に学んでいました。

御成敗式目には時代の流れのなかでも耐えるだけの哲学と実用性が存在していたのです。それは、北条泰時その人が哲学のある実務家であったからにほかなりません。

この節の締めくくりとして、数字に着目しておきます。

日本国の最高法典は一七の倍数です。

聖徳太子憲法は一七条でした。律令は律が六巻で令が一一巻。御成敗式目は一七の三倍。建武式目は一七条。禁中並公家諸法度も一七条。大日本帝国憲法は全文こそ七六条ですが、第一章天皇は一七条。しかも無理やり一条増やして一七条に揃えています。

ところが、唯一の例外が日本国憲法で、一〇三条です。補則の一条でも削れば一〇二条で一七の倍数になったのに、無理やり日本の伝統とかけ離れたものにしたのか、あるいは、このような日本の伝統とかけ離れた憲法など、そう遠くない未来に捨て去るべきだとの暗号なのかと考えさせられます。

仁治《にんじ》三（一二四二）年、泰時は穏やかに世を去ります。

北条時宗──世界最大の帝国を二度も撃退した青年宰相

一三世紀にユーラシア大陸の東西にまたがるモンゴル帝国が登場したときから世界史が始まるとの見方があります（注2）。ならば、モンゴルに二回も勝った北条時宗《ほうじょうときむね》を抜きにしては、世界史は語れません。

北条時宗は建長《けんちょう》三（一二五一）年、第五代執権北条時頼《ときより》の次男として誕生しました。父時頼は北条泰時の孫です。時頼は祖父の泰時に育てられたのが大いに影響したのか、名政治家でした。

時頼にはすでに男の子が誕生していました。時宗にとっては異母兄になる、北条時輔《ときすけ》です。しかし、母の身分の違いから時輔は庶子《しょし》、時宗は嫡子《ちゃくし》として育てられました。

ユーラシア大陸では、チンギス・ハーンが率いるモンゴル帝国は領土をどんどん拡張していました。一二三五年にはモンゴル帝国の「世界征服計画」が立てられ、さっそくヨーロッパへの殴り込みが開始されます。通ったところは軒並み征服しながら、西へ西へと進撃し、一二四一年、ポーランドまで達しました。ポーランドと神聖ローマ帝国の連合軍が立ち向かいましたが、連合軍はモンゴル軍に惨敗でした。後世、この戦いはドイツ語で「死体の山」を意味するワールシュタットの戦いと呼ばれ、モンゴルに対する強烈な恐怖が語り継がれていきます。

正嘉《しょうか》元（一二五七）年、北条時宗は数え年七歳で元服します。今の満年齢でいえば六歳です。小学校入学と同時に成人式を迎えたのです。

時宗は元服も早ければ、結婚も早く、弘長《こうちょう》元（一二六一）年、一一歳で、有力御家人である安達泰盛《あだちやすもり》の妹と結婚しました。

弘長三（一二六三）年、時宗の父時頼が三七歳で死去します。さらに、文永《ぶんえい》元（一二六四）年、第六代執権の長時も死去します。そこで時頼の大叔父《おおおじ》の政村が第七代執権に就き、一四歳の時宗は連署となりました。伊賀氏の変の際には執権に就けなかった政村ですが、この人もまた名政治家です。

このころから、フビライ・ハーンの国書《こくしょ》が日本に届くようになります。一二六六年から一二七四年までのあいだに、計六回も国書を送ってきます。正確にいうと、フビライが出した最初の国書は日本には届かなかったので、実際届いたのは五回です。

フビライの国書の文面は「仲良くしようぜ」と書いてあります。でも、文字面《もじづら》を信じると大変な目に遭います。そのすぐ後ろに、見えない字で「子分になれ」と書かれているのですから。外交辞令は心の目で、書かれていない事を読むのが肝要です。時宗は五回の国書をことごとく無視します。

元寇を退けた北条時宗（満願寺所蔵）

文永《ぶんえい》五（一二六八）年、フビライからの国書が鎌倉幕府まで届きます。受け取った執権政村は、これに対処できるのは若い時宗だと、執権を時宗に譲り、自分は連署となって時宗を支える体制にします。このとき、時宗は一八歳。現代的感覚でいうならば、一八歳の総理大臣です。

文永六（一二六九）年には、フビライ・

ハーンの国書が二回ももたらされますが、いずれも、使者が来たのは対馬《つしま》までで、引き返していきます。緊迫する情勢のなか、時宗は戦争準備を進めていきました。

文永七（一二七〇）年、朝廷から迎えていた皇族の将軍、惟康王《これやすおう》が臣籍降下し、源氏の姓を賜りました。四人目の源氏将軍、「源 惟康《みなもとのこれやす》」です。これも時宗の準備の一環です。源氏将軍を戴き、戦う姿勢を鮮明にしたわけです。

一二七一年、フビライ・ハーンが国号を変えました。自分が治めるユーラシア大陸のチャイナ部分を「大元《たいげん》」と改めます。またしても届くフビライの国書、今度は使者が筑前国今津《ちくぜんのくにいまづ》まで来ました。しかし、京には入れません。

時宗は北九州沿岸の警備のために、異国警固番役《いこくけいごばんやく》を設置。防衛体制を固め始めます。

文永九（一二七二）年、反対派の一斉粛清がなされた二月騒動《にがつそうどう》が起きました。京では異母兄・北条時輔を、鎌倉では北条氏庶流の名越時章《なごえときあきら》、教時《のりとき》兄弟を、謀反を企てたとして討伐しました。フビライの元と戦う前に、味方の中の裏切り者を殺さなければ敵とは戦えません。モンゴルの必勝法が、はじめに敵の中に裏切り者を作っておく間接侵略だからです。モンゴルに支配されたところは、この手でやられています。日本にとってはこの二月騒動こそが、文永の役の勝因と考えるべき事件です。

三月には、フビライからの最後の国書がもたらされ、使者は大宰府《だざいふ》まで来ました。

一二七三年、元は朝鮮半島の高麗《こうらい》を完全に支配下におさめました。モンゴルが初めて高麗に侵攻したのが一二三一年。それから一二五四年までのあいだに六回、侵攻しては蹂躙《じゅうりん》するのを繰り返してきました。これで高麗は完全に元の属国です。

文永一一（一二七四）年一〇月、文永の役《ぶんえいのえき》が勃発《ぼっぱつ》します。蒙古襲来《もうこしゅうらい》ともいいますが、襲来したのはモンゴル単独ではなく、属国になった高麗も多く加わっているとの史実から、元寇《げんこう》と呼ぶのがより正確なようです（注3）。

モンゴル軍は対馬、壱岐《いき》、松浦《まつら》を襲い蹂躙します。特に、対馬、壱岐では惨状を極め、日本側はほぼ皆殺しにされました。モンゴル軍はさらに北九州、博多湾に現れ、分散して上陸しました。日本側が一方的に負け込んだわけではなく、互いに苦戦していたのが実情です。そもそも、日本軍が重装騎兵であるのに対して、モンゴル軍は軽装歩兵ですから。モンゴルが圧倒的に優位な訳がありません。

日本軍はモンゴル軍に負けたと思い、態勢を立て直すために大宰府まで引き返し、一方のモンゴル軍は日本軍が意外に手強《てごわ》いので、博多湾沖合に停泊させた船に引き揚げます。モンゴル軍は

モンゴル軍で、日本に負けたと思ったのです。

一夜明けると、モンゴル軍が船ごと消えていました。そして撤退している最中に暴風雨に遭い、モンゴル軍の船の多くが沈んでしまいます。

ここで大事なのは物事が起きた順序です。

暴風雨が起きたためにモンゴルが撤退したととらえると、「神風が吹いたから、日本が勝利し

た」となってしまいます。日本側が勝ったのは、神風が吹いたからではありません。日本の勝利は執権北条時宗の決断で、挙国一致体制を築き、戦うことができたからです。なお、文永の役は日本がモンゴル軍を〝水際撃滅〟した戦いでした。

ただし、モンゴルは一回の撤退で日本への侵攻を諦《あきら》めたりはしません。一回の撤退など気にしないのがユーラシア大陸の戦い方です。

文永の役が終わった瞬間から、時宗の新たな備えが始まりました。異国警固番役の勤番制を整え、九州だけではなく、長門《ながと》（山口）の警備にもよりいっそう力を入れます。

文永の役から半年も経たないうちに、フビライ・ハーンの降伏勧告を伝えにやってきた元の使者五人を全員処刑しました。使者を処刑するのは防諜《ぼうちょう》活動、カウンターインテリジェンスです。

時宗は積極的に朝鮮出兵を考えていました。対馬や壱岐が文永の役のときのような凄惨《せいさん》な被害を受けないように朝鮮半島に出て防衛するのと、武士たちに与える恩賞の土地を獲るためです。しかし、朝鮮出兵策は日本には不利です。「防者優勢《ぼうしゃゆうせい》」といって、守るほうは無限に近い補給を得られるので有利だからです。時宗は日本での守りを固める決断をし、さらに防御策を講じます。

モンゴル軍の上陸を防ぐために、石を積み上げて石築地《いしついじ》を博多湾に沿って築きました。わずか半年のうちに約二〇キロメートルにわたる石築地が完成します。今も残るこのときの石築地は「元寇防塁《げんこうぼうるい》」と呼ばれています。

弘安二（一二七九）年、また対馬までやってきた元の使者を博多に送り、斬首《ざんしゅ》します。このとき、逃げ帰れた者がいてフビライに一部始終を報告し、前回の使者が処刑されたのも、フビライの知るところになり、フビライは激怒します。

フビライは一二八〇年に「征日本行省《せいにほんこうしょう》」を設置し、日本侵略に本気の構えです。行政機関の名称が「日本を征服しま省《しょう》」です。ふざけています。

対する日本の挙国一致体制は、皇室から民衆まで一丸となっています。

当時の治天の君は、院政を敷いていた亀山《かめやま》上皇です。第九〇代亀山天皇個人は相当ハチャメチャな人です。亀山天皇在位のときに、日本に天皇が必要かどうかを決める国民投票などというのがあれば、かなり危ない結果になっていたのではと想像してしまうくらいのどうしようもない天皇です。実の妹と近親相姦《きんしんそうかん》で、兄の後深草《ごふかくさ》上皇（第八九代後深草天皇）と奪い合うような有様でした。

そんな亀山上皇でさえ伊勢神宮に「我が身はどうなってもよいから、この国と民をお守りください」と祈っているのです。高麗の王がモンゴル軍の侵略に、いち早く脱出して自分とほんのひと握りの周りの者だけで安全地帯に逃げ込んだのとは全然違います。

時宗は六波羅探題を増強して、天皇、皇太子を京都で守り、二人の上皇には鎌倉に御動座《ごどうざ》いただいて鎌倉で守る作戦でした。

弘安四（一二八一）年に弘安《こうあん》の役《えき》、二度目の元寇がやってきます。モンゴル軍は前回同様、対馬、壱岐を襲い、占領してしまいます。

しかし、博多湾に向かったモンゴル軍の上陸を、今回は石築地が阻みます。さらに、モンゴル軍に上陸させまいと日本軍が艦隊決戦を仕掛けていたところ、大風が吹き、モンゴル軍は撤退していきます。そこに日本軍が追撃を加え、モンゴル軍はほぼ壊滅状態でした。

モンゴル軍の被害を、朝鮮の史料『東国通鑑《とうごくつがん》』には一四万人中一〇万人が元に帰らず、高麗には六六〇〇余人が帰らなかったと記され、中国の正史の一つ『元史《げんし》』に至っては一〇万人中、帰れたのは「三人」と記しています。正確な数字はわかりません。元が大惨敗だったのは確実です。

弘安の役は日本の大勝利で終わったのです。

弘安の役の翌年、弘安五（一二八二）年、時宗は南宋《なんそう》で戦火をくぐり逃れた僧無学祖元《むがくそげん》を開祖に、元寇で亡くなったすべての人々の供養のための寺を建てました。鎌倉の円覚寺《えんがくじ》です。藤沢市の片瀬の常立寺《じょうりゅうじ》には文永の役後に日本に来て、処刑された元使が手厚く葬られています。

弘安七（一二八四）年三月末、北条時宗が突然倒れ、四月四日に三四歳で亡くなりました。元寇を防ぐためだけに生きたような人生でした。

日蓮――愛国者だからこそ、命がけで政府を批判した新興宗教の開祖

宗教は新興宗教であるうちが最もエネルギーがあるという法則があります。

奈良仏教、平安仏教、鎌倉仏教と、いずれもが新興でなくなった瞬間に腐敗し、また新たな、新興宗教が出てきました。

もとをたどれば、第五〇代桓武《かんむ》天皇にいきつきます。桓武天皇は奈良仏教が腐敗しているので京都に遷都して、平安京の鬼門の守りとして比叡山延暦寺を最澄につくらせたのが、日本の総本山になりました。その後、比叡山延暦寺は日本の宗教利権勢力の総元締めになっていきました。

のみならず、比叡山延暦寺は歴代政権を悩ませる「強訴《ごうそ》」を行い、宗教を盾に逃げ込むくせに世俗に対して利権を要求する、困った人たちです。強訴とは、宗教を背景とした威光を笠《かさ》に着て徒党を組んだ衆生《しゅじょう》が、朝廷や幕府に対して力ずくで訴えたり、要求を迫ったりする行動をいいます。

それでも比叡山は最高学府であり、鎌倉新仏教の六つともが、比叡山延暦寺の卒業生によってつくられました。鎌倉新仏教とは、開宗、あるいは布教開始の順に、法然《ほうねん》の浄土宗《じょうどしゅう》、栄西《えいさい》の臨済《りんざい》宗《しゅう》、親鸞《しんらん》の浄土《じょうど》真宗《しんしゅう》、道元《どうげん》の曹洞宗《そうとうしゅう》、日蓮《にちれん》の日蓮宗《にちれんしゅう》（俗称として法華宗《ほっけしゅう》）、そして一遍《いっぺん》の時宗《じしゅう》です。

日蓮の日蓮宗は鎌倉時代にできた新興宗教です。権威や正統があって、そこに異端や新興が出てくるわけです。文化は異端や新興とされているときのほうが、創造力があり、そのなかに後世に残る要素があって、それが定着したときにはまた、それを破壊しよう、乗り越えようとするものが出てきて、また新しい文化が生まれていきます。そして、宗教もそれは同じです。

宗教とは、この世のすべてを説明する体系です。この世はいつ始まり、いつ終わるのか、宇宙はどうなっているのかとの説明なのです。

たとえば、数の単位です。一から大きいほうへ、十、百、千、万……無量大数《むりょうたいすう》という単位で表される数字があるわけです。概念として無量大数より大きな数字はどのように表すのか、途中まではあるけれども、この世はいつまでいっても人間には計り知れないものがあるというのが仏教の基本です。大きなほうだけでなく、逆に小さなほうへも、割、分《ぶ》、厘《りん》、毛《もう》……とどんどんミクロに進んでいきます。

これが幼稚な宗教だと世界の果ては崖になっていて、それより先は船が落ちますというような説明がなされます。でも、誰も当時はそんなところには行かないので、その説明ですまされていました。

仏教はこの世を因果律《いんがりつ》で説明します。原因と結果に一定の法則性があるという考え方です。良いことをすれば極楽に行き、悪いことをすれば地獄に行き、そして生まれ変わりを繰り返していると考えるのです。

さて、日蓮です。日蓮はほかの宗教家とは違い、妥協しません。正しいと思ったことは一歩も、何があろうとも絶対に引かない人です。

日蓮は貞応元《じょうおう》（一二二二）年、安房国《あわのくに》、すなわち千葉県の漁師の息子として生まれますが、よくわかりません。

天福元《てんぷく》（一二三三）年、一二歳のときに親元を離れ、天台宗清澄寺《せいちょうじ》で修行を始めました。ここで日蓮は、本当のお釈迦《しゃか》様の教えとは何かを徹底的に考え、研究します。

暦仁《りゃくにん》元（一二三八）年、一七歳で鎌倉に勉強しに行き、仁治《にんじ》三（一二四二）年、いったん、清澄寺に戻ってから、今度は比叡山延暦寺に勉強にでかけていきます。修行は一〇年以上に及びました。高校生ぐらいのときに大学院の博士課程のような勉強をしています。

そして、建長《けんちょう》五（一二五三）年、現代でいえば大学院博士課程を修了する平均年齢とだいたい同じ三二歳のときに、法華経だけが唯一の本物の教えなのだと会得し、「南無妙法蓮華経《なむみょうほうれんげきょう》」と題目《だいもく》を唱えれば救われると説きます。名を日蓮と改め、自分の名を冠した日蓮宗を開きました。

題目とは「南無妙法蓮華経」を指し、念仏とは「南無阿弥陀仏《なむあみだぶつ》」を指します。題目、念仏とい

上が日蓮・波木井の御影（身延山久遠寺蔵）
下が日蓮のお題目

えば、自分で努力しないお祈りといったニュアンスが日本語にはありますが、誤解です。

では、どんな意味の言葉なのでしょうか。どちらにも入っている言葉「南無」は「あなたに私のすべてを委《ゆだ》ねます」の意味です。題目のなかの「妙」は「尊い」、そして「法蓮華経」は「法華経」の意味です。ですから「南無妙法蓮華経」とは「尊い法華経にすべてを委ねます」と祈っているのです。それに対して念仏は阿弥陀仏を思い浮かべて「阿弥陀仏にすべてを委ねます」と祈ります。仏を思い浮かべるから「念仏」です。

日蓮は「尊い法華経にすべてを委ねます」と祈れば救われると説きました。ほかは全部偽物だから、学《がく》がない者は題目を唱えろ、学ぶべき者は学べと教えています。

法華経だけが本物だとする日蓮は、偽物の仏教を徹底的に排撃しないと気が済まなくなります。仏教は宗派によって唱える念仏が多少違っても、「南無阿弥陀仏」と唱えるのは日本中の仏教徒が一緒にできるそうです。日蓮宗以外は。ただし、「南無阿弥陀仏」は一緒に唱えられない日蓮宗も含め、仏教徒も神道の人も一緒になって言えるひと言が「聖徳太子は偉い」なのです。

日蓮宗が「聖徳太子は偉い」と言えるのは、日蓮自身が聖徳太子の著した『三経義疏《さんぎょうぎしょ》』の一つ『法華義疏』を読み込んでいたからでしょう(注4)。

日蓮は、建長六(一二五四)年ごろから、鎌倉へ行き辻説法《つじせっぽう》を始め、日蓮宗が正しいと広める一方で、平気で他宗派に戦いを挑んでいきます。このときだけでなく、後々までの日蓮宗の特徴です。

康元《こうげん》元（一二五六）年には鎌倉の大洪水、正嘉《しょうか》元（一二五七）年には正嘉の大地震、正嘉二（一二五八）年には大暴風雨による不作、そして正元《しょうげん》元（一二五九）年は飢饉と疫病の流行で死者が続出、と毎年、大きな災害が起きました。ちなみに、今は一二五八年の初めころに赤道付近のどこかで大規模な火山噴火があったと考えられていて、その影響で日本のみならず欧州や中東にも同じような被害が出ていた事実が知られています（注5）。こうしたときにも、日蓮は他宗の悪口を言いまくっていくので、嫌われまくります。しかし日蓮は、自分だけが正しいと思っているので、妥協できません。

日蓮は九州では愛国者の象徴なのですが、関東では反体制の象徴です。

まさに反体制の象徴とされるのが、文応《ぶんおう》元（一二六〇）年に日蓮が書いた『立正安国論《りっしょうあんこくろん》』です。よく見ると「安国」です。国のためなのです。法華経を信じないと蒙古が攻めてくるぞと警告します。日蓮は仏典の勉強をするだけではなく現代情勢も勉強し、学問と現実情勢の両方を学ばなければ国のためにならないのだと教えているのです。

日蓮は『立正安国論』を、このときにはすでに執権を辞していた北条時頼に呈上します。内容は明らかに政権批判です。日蓮は国のためを思えばこそ政権批判をするのです。

北条時頼は賢い人なので、「島流しで許してやれ」と計らい、弘長《こうちょう》元（一二六一）年、日蓮は伊豆に流されました。弘長三（一二六三）年、許されて鎌倉に戻ります。ところが、まったく懲りないのが日蓮です。

文永《ぶんえい》五（一二六八）年、モンゴルのフビライ・ハーンからの手紙が鎌倉に到着したのを日蓮は外国が日本を侵略する前触れだとし、『立正安国論』が説くところを執権に就任した北条時宗をはじめ、一一人の有力者に送りつけます。

文永八（一二七一）年六月、大旱魃《だいかんばつ》で飢饉が起こりました。時宗は雨乞いの命を出します。極楽寺の忍性《にんしょう》良観《りょうかん》が雨乞いの祈禱《きとう》をいくら行っても雨は降りません。ところが、日蓮が池のほとりで祈ると、たちまちのうちに雨が降り出したと伝えられています（日蓮聖人祈雨旧跡の碑文）。

雨乞いの祈りをした同じ年、他宗への排撃の激しさに、佐渡への島流しのために日蓮は捕らえられました。そして、鎌倉の龍ノ口《たつのくち》で今にも斬首されそうになります。しかし、そのとき、振り下ろされた刀に〝輝くものが飛んできて〟刀を三つに折ってしまったので、死刑は免れ、佐渡に島流しとなった、という伝説があります。眉唾《まゆつば》にもほどがある話ですけど。日蓮宗系のあらゆる宗派はこれを史実として扱っています（日蓮宗ＨＰ「日蓮聖人の生涯」より https://www.nichiren.or.jp/buddhism/nichiren/09.php）。

文永一一（一二七四）年の文永の役のときに、許されて鎌倉に戻ります。

日蓮は文永の役で自分の正しさが証明されたので、あとは静かに暮らします。

弘安《こうあん》五（一二八二）年、日蓮は死去します。文永の役、弘安の役で祖国が救われたのを見届けるかのようでした。

第四章　乱世の英雄たち

足利尊氏——日本史最大の動乱期に登場した超能力者《カリスマ》

足利尊氏《あしかがたかうじ》が登場するのはどのような時代だったのでしょうか。話は、弘安《こうあん》の役で元《げん》を退けたあとからです。

モンゴルを撃退した後に残されたのは、政治の不在と社会の混乱でした。武士たちは勇敢に戦ったにもかかわらず、貧乏になっていきます。恩賞となる領地がなかったからです。

社会の複雑化も拍車をかけました。もともと、この時代の相続の仕方に矛盾した原理がありました。男女平等分割相続です。いくら所領を増やしても限界があります。世界征服をしても、その時点で終わりなのですから、最初から無理があります。

貨幣経済の浸透によって武士たちの生活が不安定になっていたところに、元寇《げんこう》での恩賞もなく、相続もままならないままに武士たちが困窮する事態に直面していても、それに対処できない政治の不在が、社会をますます大混乱にしていったのです。

弘安七（一二八四）年に北条時宗《ときむね》が亡くなると、息子の貞時《さだとき》が第九代執権に就きました。貞時は、最初は傀儡《かいらい》、独り立ちすると名君、晩年は酒色におぼれて暗君となりました。貞時が執権《しっけん》になった翌年に霜月《しもつき》騒動で北条得宗家の内管領《うちのかんれい》の平頼綱《たいらのよりつな》が安達泰盛《あだちやすもり》を殺し、幼少の貞時を差し置いて専制を振るいます。しかし、正応六（一二九三）年四月の平禅門《へいぜんもん》の乱で頼綱を粛清してから、北条貞時は強力な権力を持ちます。困窮する御家人の救済のために出した永仁五（一二九七）年の永仁《えいにん》の徳政令が善政だと言われます。しかし、嘉元《かげん》の乱《らん》をきっかけに政治への意欲を失くしてしまいます。

結果、政治は全御家人のせいぜい三パーセントの特権階級が、残り九七パーセントの御家人を搾取するといった矛盾した社会になります（注1）。

貞時の息子の一四代執権の高時《たかとき》のころには、北条本家（得宗家）、得宗家の実力者（御内人《みうちびと》）の代表の内管領である長崎氏、有力御家人代表の安達氏らが権力を独占しつつも、その権力の主導権をめぐって暗闘を繰り広げていました。あげく、鎌倉幕府には政権担当能力がなくなり、裁判の当事者の双方から賄賂《わいろ》を取って判決を出せない惨状となります。公正な裁判をできないのであれば、鎌倉幕府の存在意義はありません。しかし、百数十年も権力を握っている幕府の権力は、まだまだ強く、誰も逆らえません。

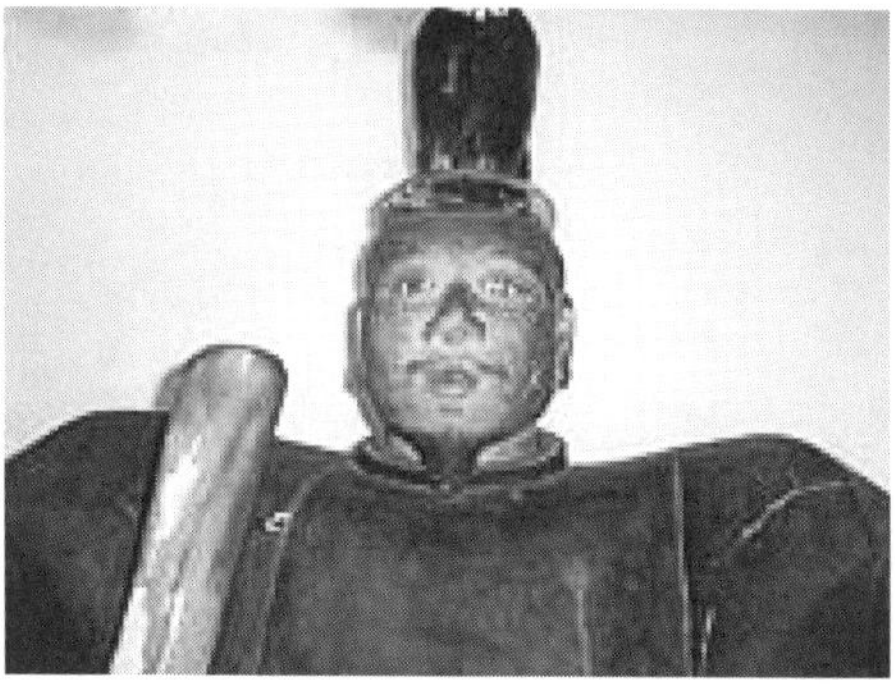
足利尊氏木像（等持院霊光殿所蔵）

混沌《こんとん》としていたのは武士の社会だけではありませんでした。朝廷のなかに、一番多いときで六人もの上皇がいて、治天の君が決められない状態が続いていました。朝廷に実権がないので、たとえ治天の君になったところで、権力は制限されます。

足利尊氏はそうした時代に登場しました。

尊氏は嘉元《かげん》三（一三〇五）年、足利貞氏《さだうじ》の子として生まれました。尊氏の上に嫡男の兄・高義《たかよし》がいたので、尊氏は結構、のほほんと気楽に暮らしていたようです。今も残る、足利氏の菩提《ぼだい》寺《じ》・等持院《とうじいん》の霊光殿《れいこうでん》に安置されている尊氏像の顔は〝ええとこのぼんぼん〟です。ちなみに、霊光殿には一五人の歴代足利将軍のうち第五代義量《よしかず》、第一四代義栄《よしひで》を除く、一三人の肖像彫刻の坐《ざ》像《ぞう》が置かれています。

兄高義が早く亡くなったので、尊氏は元応《げんおう》元（一三一九）年、一五歳の元服を機に嫡男として扱われます。

足利氏は北条氏の粛清を逃れた、数少ない御家人です。特権階級の三パーセントの中に入っているのか入っていないのか、すれすれの人たちです。同時代の新田義貞《にったよしさだ》の新田氏は完全に九七パーセントのほうです。尊氏の盟友佐々木道誉《ささきどうよ》の佐々木氏は三パーセントの中の末端です。つまり、政権主流派の末端です。

尊氏の子供時代には二つの大事件がありました。一つが嘉元三（一三〇五）年の嘉元の乱、もう一つが、文保《ぶんぽう》元（一三一七）年の文保の御和談《ごわだん》です。

嘉元の乱とは、鎌倉幕府内の大事件でした。既に執権を退いていた貞時の命令で、時の連署北《ほう》条時村《じょうときむら》が殺されます。しかも、貞時は粛清を間違いであったと言い出し、殺害を実行した一一人を斬首《ざんしゅ》します。

もう一つの事件、文保の御和談です。

　第八八代後嵯峨《ごさが》天皇のあと、皇位に就いた第八九代後深草《ごふかくさ》天皇の系列・持明院統《じみょういんとう》と、弟で第九〇代亀山《かめやま》天皇の系列・大覚寺統《だいかくじとう》のあいだで、皇位継承をめぐってもめているところへ、いつもは介入しない幕府が入って、両統迭立《りょうとうてつりつ》となった協議です。御和談では一〇年ごとに天皇を交代する、と約束したとされます。本当に一〇年ごとに行っているわけではありませんが、両統で交互に天皇を出す約束は守られます。

　ちょうどこのころ、正応《しょうおう》三（一二九〇）年、第九二代伏見《ふしみ》天皇を殺害しようとする賊が宮中に入り込む大事件、浅原八郎《あさはらはちろう》事件が起きています。背後関係を探ると危なすぎる事件に、犬猿の仲の二人の上皇が手打ちした話もありました。このころも、もし「天皇制やめますか？」などと多数決がとられたなら、間違いなく通りそうな、日本史の中でも怖い時期でした。皇室の歴史も二六〇〇年あるのですから、いついかなるときも清廉潔白なわけではないし、外国の王室が今もやっているようにスキャンダルまみれで、世間から呆《あき》れられるときもあるわけです。

　そうした世の中を正そうと思ったのが、第九六代後醍醐《ごだいご》天皇です。まじめに政務に取り組んでいます。後醍醐天皇が、大覚寺統の中の天皇になれない傍流であるのも大きな理由です。両統迭立で、天皇の直系を持明院統と大覚寺統の二つに割り、さらに、それぞれの中でまた二つに割れて、四統になりました。後醍醐天皇は傍流である大覚寺統の、そのまた傍流です。後醍醐天皇は傍流の中の反主流派なので、自分が在位しつづけるためには「今の天皇は徳があるから、ずっと続けてほしい」と言ってくれる大衆の人気に頼るしかありません。そのために、〝京都市長〟として頑張ります。天皇は本気でやろうと思えば、今でいえば、京都市長の仕事はできるのです。なお、『太平記』が伝える、元亨《げんこう》二（一三二二）年の飢饉《ききん》のときの後醍醐天皇のまじめぶりです。

朕《ちん》が不徳あらば、天予一人《われいちじん》を罪《つみ》すべし
蒸民《じょうみん》何の咎《とが》あつてかこの災《わざはひ》にあへる
（朕《ちん》に不徳のところがあるならば、天は私一人を罰するがよい。
庶民はいったいどういう咎《とが》があって、このような災難に遭わなくてはならぬのか）
（長谷川端校注・訳『太平記①』新編日本古典文学全集、小学館、一九九四年）

そして、倒幕に走ります。公式記録によると、後醍醐天皇は二度にわたり、鎌倉幕府を倒すために変を起こそうとしました。一度目は正中《しょうちゅう》元（一三二四）年の正中の変。二回目が元弘《げんこう》元（一三三一）年の元弘の変です。

正中の変は事前に発覚しますが、幕府による事後の処置も緩やかでした。元弘の変も密告により事前に発覚します。さすがに、二回目は許されず、討伐軍として乗り込んでいき、後醍醐天皇の倒幕軍を鎧袖一触《がいしゅういっしょく》します。このとき、一〇万の兵が集まるわけですから、まだまだ鎌倉幕府は強いのです。尊氏もその中の一人でした。

幕府は、光厳《こうごん》天皇を立てます。しかし後醍醐天皇は、これを認めません。元弘二（一三三二）

年、天皇は隠岐《おき》に流されますが、その間に息子の護良《もりなが》親王がゲリラ戦を始め、他の武士たちが決起するまでの時間を稼ぎます。護良親王に呼応した楠木《くすのき》正成《まさしげ》、赤松円心《あかまつえんしん》らは九七パーセント側です。

元弘三（一三三三）年、幕府が大軍を投下し鎮圧しようとしても、倒幕軍の抵抗は強く、さらに燎原《りょうげん》の火のごとく広がります。特に、楠木正成《くすのきまさしげ》には苦戦を強いられます。『太平記』は幕府軍一〇〇万対楠木軍一〇〇〇と記しますが、そんな数字はあり得ません。ただ数字はともかく、幕府の大軍がせいぜい一〇〇〇人の兵隊相手に、いくら要塞戦《ようさいせん》とはいえ、最後まで勝てないのです。

そこに「後醍醐天皇、隠岐脱出」の報が飛び込んできました。

護良親王のオルグの効果で、反鎌倉幕府の武士たちが各地で決起します。

そして突如として、足利尊氏が鎌倉幕府を裏切ります。西日本に鎌倉幕府が送り込んでいた大軍は、尊氏の裏切りで一瞬にして壊滅状態となります。

東では、貧乏御家人の新田義貞が一五〇人で決起すると、次から次へと人が集まりはじめます。さらに、足利尊氏の四歳の息子義詮《よしあきら》が合流すると雲霞《うんか》のごとく大軍になり、鎌倉に攻め込んで勝ってしまったのです。新田義貞が鎌倉の稲村ケ崎《いなむらがさき》で黄金の太刀を祈りながら下ろすと潮が引き、そこから突撃して勝ったと語られますが、演出です。新田は当然、鎌倉の潮の満ち引きを知っているので。

鎌倉幕府がなぜ潰《つぶ》れたかの説明はいろいろあります。裁判の公平性がなくなった、御家人たちの経済的困窮に対処できなくなったなどなど、それらのすべては本当でしょう。ただ、絶対の事実として言える潰れた直接の原因が二つあります。一つは後醍醐天皇の不屈の意志。そしてもう一つは足利尊氏の裏切り。特に、足利尊氏が裏切ったのが決定的でした。

なお、それまでは北条高時から一文字をもらって足利高氏と名乗っていましたが、後醍醐天皇の諱《いみな》・尊治《たかはる》から一文字をもらうと「尊氏」と名乗るようになります。

長らく、後醍醐天皇は恩賞に不公正であったといわれてきましたが、最近の研究によると、むしろ、大盤振る舞いしすぎているくらいです。それで、武士たちも感謝しているので、後年まで後醍醐天皇を裏切って悪いことをしたとの思いがあるのでしょう。足利一族全体で見れば、源頼朝に恩賞をもらった当初の北条氏ぐらいはもらっているのです。足利氏はその後数年で、鎌倉執権ぐらいの地位になっているそうです（注2）。

ただし、人間は恩賞をもらうとさらにもらいたくなり、くれなければ、ケチだといって逆恨みする生き物です。

後醍醐天皇は親《みずか》ら政治を行う、建武の親政を始めます。治天の君は不要、上皇は政治をしない、摂政や関白は置かない、太政大臣や左大臣は天皇の補佐役、幕府も廃止。律令、摂関政治、院政、幕府と積み上げられた多くの制度を整理しました。しかし、後醍醐天皇は「京都市長」としては優秀でしたが、「総理大臣」の能力はありませんでした。

当時、後醍醐天皇の偽綸旨《にせりんじ》が流行《はや》ります。二条河原《にじょうかわら》の落首《らくしゅ》に「此比《このころ》都ニハヤル物　夜討《ようち》強盗《ごうとう》謀綸旨《にせりんじ》」と詠まれるくらいでした。後醍醐天皇の命令が本物なのかどうか信用ならないのです。たとえば、護良親王が武士を味方に付けるためにバラ撒《ま》いた「この土地をやる」との証文を、後醍醐天皇が認めないといった事態が起こりました。後醍醐天皇は邪魔になった護良親王を粛清することとなります。かくして、本物の命令が突如として派閥抗争で偽物になる状況なのです。これから法を打ち立てようというときに、権力闘争によって法が決まるのでは信頼できません。

そんな矛盾が重なり、命令書すら、本物の法律すら通達されないところに、「紙幣を発行しよう」などと言い出します。紙幣は信用の象徴です。紙幣の実物がないので、計画倒れに終わったのではないかとの説がありますが、紙幣をやるとの記録が残っているのは確かです。一事が万事この調子です。

そして後醍醐天皇は苦し紛れに、「朕《ちん》が新儀《しんぎ》は後世《こうせい》の先例たるべし」と、公家社会では絶対に言ってはならない一言を発してしまいます。後醍醐天皇は武家からも公家からも見放されて、建武の親政は挫折《ざせつ》しました。

そうした状況に、建武二（一三三五）年、鎌倉では北条高時の遺児北条時行《ほうじょうときゆき》ら北条氏の残党が反乱を起こします。尊氏は「征夷大将軍」に任命してほしいと後醍醐天皇に要求するも却下され、勝手に出撃していきました。後醍醐天皇は尊氏を「征東大将軍」に任命するような中途半端なことをやるだけでした。

この年の足利尊氏の移動がすさまじい距離です。京都からいきなり鎌倉に攻め込み、北条時行

足利尊氏の移動距離（1335〜36年）

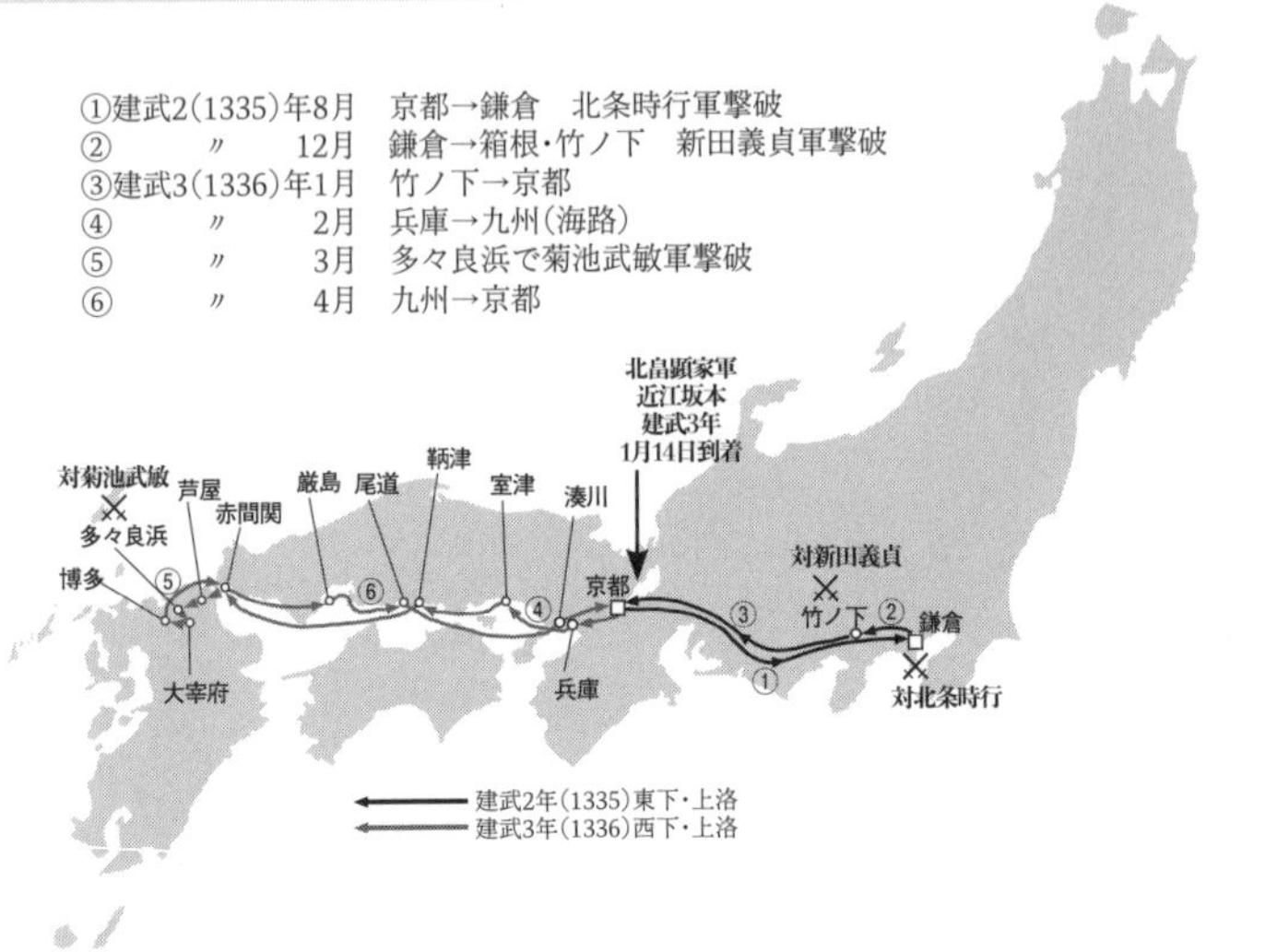

出典：峰岸純夫、江田郁夫編『足利尊氏再発見』所収（吉川弘文館）をもとに作成

をやっつけ、後醍醐天皇の帰京命令も無視し、攻めてきた新田義貞を迎え討ち、そのまま京に戻ろうとしているところを、後ろから追いかけてきた朝廷側の北畠《きたばたけ》顕家《あきいえ》に京都で追いつかれたので、尊氏は西日本を北九州まで落ち延びます。北九州で南朝《なんちょう》方の菊池軍を破り、京都に戻ります。この間、約八カ月。尊氏は日本史上、最も大軍で日本列島を移動した人物でもあります。

このとき、尊氏は北畠顕家に背後を突かれ負けていたときは、逆賊でした。しかし、後半は北朝《ほくちょう》の光厳天皇から院宣をもらっているので逆賊ではなくなります。

尊氏が勝って京都を占領すると、後醍醐天皇は京都を出て、奈良の吉野に逃げ込み、南《なん》北朝《ぼくちょう》の動乱が始まりました（以後、北朝の元号による）。

尊氏が考えたのは、鎌倉幕府の焼き直しです。

武士たちは鎌倉時代、元寇以降の五〇年の矛盾の中で自分たちの土地が守れず、そしてそれを解決しようとした後醍醐天皇もやはりダメでした。恩賞をもらった者はもっと欲しいし、もらえない者は当然不満だからです。そうした状況のなかで、権力闘争に勝った足利尊氏がまとめ上げたのです。しかし、尊氏も恩賞のバラ撒きをやって、あとでその収拾が大変になります。

建武三（一三三六）年、足利尊氏は突如として、京都の清水寺《きよみずでら》でセミリタイアしてしまいます。清水寺に尊氏自筆の〝願文《がんもん》〟なる謎の文書が残っています。「この世は空《むな》しいから、私は仏道修行に励み、すべて弟直義《ただよし》に譲ります」と、本当に半引退してしまいます。出家はしないけれど、突然仏道修行を始め、政務はすべて直義が握るようにしてしまいます。しかも、暦応《りゃくおう》元（一三三八）年、セミリタイアの状態で征夷大将軍《せいいたいしょうぐん》に任官されます。この過程で、楠木正成、北畠顕家、新田義貞ら南朝の有力武将をことごとく討伐してしまいます。暦応二（一三三九）年、南朝は抵抗しているのですが、後醍醐天皇の崩御で、室町幕府が確立しました。

貞和《じょうわ》三（一三四七）年、〝小楠公《しょうなんこう》〟と呼ばれる楠木正成の息子楠木正行《まさつら》が、逆襲に立ち上がりました。実権を握っている足利尊氏の弟足利直義の武将の、細川顕氏《ほそかわあきうじ》と山名時氏《やまなときうじ》を相手に連勝します。これで、直義派ではダメだというので、貞和四（一三四八）年に尊氏の側近高師直《こうのもろなお》が出て行ったところ、楠木正行を四条畷《しじょうなわて》の戦いで倒しました。

貞和五（一三四九）年、高師直と足利直義の対立が激化し、その権力闘争のなかで、高師直がいきなり執事の地位をクビになります。すると、今度は師直が直義の邸を囲みます。直義は尊氏の邸に逃げ込み、直義は引退に追い込まれます。公称五万人が尊氏の邸を囲んだそうです。これを「御所巻《ごしょまき》」といいます。

直義の引退で妥協したのですが、観応《かんのう》元（一三五〇）年、直義が突如として南朝方の後村上《ごむらかみ》天皇に降伏し軍勢をあげると、尊氏と師直に勝ってしまいました。

観応二（一三五一）年、尊氏は直義と和議を結びますが、高師直が殺されてしまいます。直義はこれで気が済んだと思いきや、尊氏の息子足利義詮が直義に戦いを挑みます。観応の擾乱《じょうらん》です。

ところで、「室町幕府」の名称についてです。

観応の擾乱の最中、足利直義が政務を執っていたのは三条坊門《さんじょうぼうもん》と呼ばれた場所でした。義詮が勝ったときに直義を追い出して、義詮・師直コンビが三条坊門に居座りました。それからの観応の擾乱の三年間は、どちらが三条坊門を取るかの争いとなります。最終的に尊氏、義詮が勝ってから、義詮も第二代将軍になってからも三条坊門で政務を執っています。

初期足利幕府は場所の名称で言うなら「三条坊門幕府」です。義詮の子供第三代足利義満《よしみつ》が権力を獲得したとき室町《むろまち》に移りました。義満の代から室町で、それまでは三条坊門だったのです。象徴的な違いです。義満以降は〝室町殿《むろまちどの》〟といえば、将軍を意味し、歴代権力者を指します。応仁《おうにん》の乱《らん》以降、細川、大内、三好《みよし》、松永、織田《おだ》と、最高権力を持つ人が変わりますが、そのうちだれも〝室町殿〟と呼ばれた人はいません。尊氏、義詮が将軍のときを「室町幕府」と呼んではいけない理由がないわけではないのですが、そう呼んではダメだとする主張にも根拠があるという話です。

さて、観応の擾乱は尊氏が直義を殺し、終結しました。しかし、動乱は終わらず、尊氏は死ぬまで戦い続けます。

尊氏は不思議な人で、戦《いくさ》に何度も負けていますが、どんなに負けても人が付いてきて次の戦では必ず勝ちます。観応の擾乱で戦に負けた尊氏を笑おうと直義派の武将が屋敷を訪ねると「降参人が将軍に面会できるなどと思うな」と一喝、あまりの威厳にそのまま尊氏派に寝返りました。切腹を覚悟して鎧《よろい》を脱いだ瞬間に援軍が駆けつけることも数知れず。だいたい、五万の大軍に囲まれて、無傷で出てくるなど、謎のカリスマとしか言いようがありません。同じ状況で織田信長は「是非に及ばず」と諦《あきら》めて自決しましたが、尊氏は部下らを一喝して終了です。

混乱の時代を象徴する人物です。

なお南北朝の動乱は、尊氏の死後も吉野の南朝が抵抗するので終わりませんが、観応の擾乱で寝返った武将が幕府に帰参することで大勢は決します。

明徳《めいとく》三（一三九二）年、尊氏の孫で三代将軍の義満が「皇位は両統迭立にする」などと甘言で釣り、三種の神器を南朝からだまし取ることで、形式的には南北朝の動乱は終結します。

足利義教——世界で最初に絶対主義を実現した超権力者

日本でヨーロッパに先駆けること二〇〇年、世界初の「絶対主義」を完全無欠に実現したのが、第六代将軍足利義教《あしかがよしのり》です。将軍のもとに権力を集中させて国を一つにまとめようとしました。そのためにはあらゆる改革が必要でした。

足利義教は、応永《おうえい》元（一三九四）年、足利尊氏の孫第三代将軍足利義満の三男として生まれました。幼名は春寅《はるとら》。義満の方針で嫡男義持《よしもち》以外の男子は皆、お寺に入れられました。

春寅も元服前の数え年一〇歳のときに青蓮院《しょうれんいん》（現在の京都東山区）に入れられ、僧名を義円《ぎえん》と称します。聡明《そうめい》な義円は一五歳で青蓮院の門跡、二六歳で比叡山延暦寺の頂点であり、仏教界の最高位である天台座主に昇り詰めます。義円は当時の延暦寺で「最澄以来の天才。六〇〇年に一度の天才」といわれる英才でした。義円は縁故ではなく、本人の実力で天台座主《ざす》に就いたのです。

そのころは第四代将軍足利義持の治世でした。義円の兄です。世間の評判だけは良いけれど、無力でくだらない政治家でした。義持はなぜか父義満に嫌われ、足利家当主は義満の大のお気に入りの息子義嗣《よしつぐ》が継ぐのではないかと見られていたほどでした。しかし義満の死後、義持は守護大名たちの支持を受け、足利家当主の座に就きました。要は、扱いやすい人物と見られていたのです。そんな人物が有力守護大名たちに逆らえるはずがありません。将軍に任命された義持は何事も有力守護大名たちとの談合で事を進め、皆の同意がなければ何も決められません。有力者の既得権益を守るので、もめごとはほとんど起きません。息子の五代将軍義量《よしかず》が早死にした時も、別に将軍がいなくても誰も困らないと後継を決めないデタラメでした。あげく、死ぬ間際にさえ後継者を決められない無責任さでした。

そして、足利当主と将軍後継者を石清水八幡宮《いわしみずはちまんぐう》の御神託によって、つまり籤引《くじび》きで決めることになりました。後継者候補は、義円を含む義持の弟四人。四人とも僧籍です。

義円は数え年三五歳で人生を決心します。未来のために戦い続けると。

義円がくじを引き当てます。もちろん、これは「神意」を強調して義持のような傀儡《かいらい》にならないための演出です。義円を超える後継者候補なんかいないのですから、当たり前です。

義円は還俗《げんぞく》して、元服し「義宣《よしのぶ》」を名乗ります。

第三代将軍義満の時代にずっと押さえつけられてきていた朝廷は、権威奪回のチャンスとばかりに、時の後小松《ごこまつ》上皇が義宣に闘争を挑んできます。義宣は朝廷の綱紀粛正の名分のもとにこれを退けます。そして、自らの名を「世を忍ぶに通じる」として捨てました。本音では朝廷からもらった名を捨てたのです。後小松上皇は沈黙しました。そして、自ら名を「義教《よしのり》」と付けました。ただし、義教は尊皇家でした。上皇の意向を汲《く》み、第一〇二代の天皇に後花園《ごはなぞの》天皇を擁立します。将来を見据えての計《はか》らいでした。

義教は後花園天皇の教育に心を砕き、成功します。義教は後花園天皇に武家の歴史を勉強させました。後花園天皇が読んでいたのは『応永記《おうえいき》』など、鎌倉幕府がなぜ滅び、南北朝の動乱がどのようで、義満の時代に反乱は何が起きたかなど、鎌倉の動乱から室町動乱を書いた当時の近現代史でした。およそ天皇の教育で読むような本ではない本を読んでいたのです。当時の近現代史を学んだ後花園天皇は、ただの天皇ではありません（注3）。

義教が行った改革の主な成果は、五つです。

第一は、王権神授《おうけんしんじゅ》です。神意により将軍に選ばれた身であるのを強調し、地上のあらゆる者には跪《ひざまず》かないとの姿勢で、朝廷、守護大名、寺社など既得権益の抵抗勢力に対峙《たいじ》しました。

第二は、官僚機構の整備です。奉行衆《ぶぎょうしゅう》です。当時は裁判と行政と陳情処理の区別が希薄で、そこに複雑怪奇な利権構造の体制がありました。それに対処し、統治が行える官僚を養成すべく、義教は官僚機構を整備しました。

義教が築いた強固な官僚制によって、その後の応仁の乱でも幕府は滅びず、第一五代将軍足利義昭《よしあき》の時代まで約一二〇年も永《なが》らえたのです。戦国時代の歴代権力者は、京都で政権を維持するために、奉行衆との協調に腐心します。

第三は、常備軍の整備です。将軍の御馬回衆《おうままわりしゅう》を制度化、常備軍化し、親衛隊である奉公衆《ほうこうしゅう》を確立しました。

奉公衆には、有力大名の次男、三男などを取り立てます。彼らは家を継がず、働く場もなかったからです。その中から実力のある者を養成して、政権基盤としました。当時の諸大名の常備兵力は二千から三千人。義教の奉公衆は一万人。大名一人が反乱を起こしても、足利将軍の自前の軍だけで潰せる規模でした。

当時の世界を見渡しても、こうした常備軍は、室町幕府の奉公衆とオスマントルコ帝国のイエニチェリぐらいでした。なお、イエニチェリは征服した異民族からなる歩兵。他に有力貴族からなるシパーヒーが、オスマン帝国の常備軍でした。奉公衆は、シパーヒーとイエニチェリを併せたような存在でした。

第四は、信用経済の促進です。先代の義持が中止していた明《みん》との勘合貿易《かんごうぼうえき》を再開させました。重商主義にのっとり、貨幣経済を浸透させ、商人を富ませ、その上がりを室町幕府の財源としたのです。為替のような信用経済が発達したのも、室町時代だったのです。

「万人恐怖」で恐れられた足利義教像
（愛知県一宮市妙興寺蔵）

第五は、諸侯と宗教勢力の弾圧です。増長していた有力守護大名には家督相続に介入するか、当主の粛清で容赦なく臨みました。細川・斯波《しば》・畠山・山名・一色《いっしき》・赤松・京極《きょうごく》・土岐《とき》・大内とすべての大名が屈服し、公家も容赦なく綱紀粛正の対象となり、「万人《ばんにん》恐怖」と呼ばれました。

また、南朝撲滅宣言を発します。義満に三種の神器をだまし取られてからも、南朝の残党は抵抗を続けます。後南朝《ごなんちょう》です。義教は公式に文保の御和談の破棄を宣言、後南朝を壊滅状態に追いやります。

関東の一〇国を統括する鎌倉公方《かまくらくぼう》も例外ではなく、将軍家に対して独立国のように振る舞ってきた足利持氏《もちうじ》を討伐します。永享《えいきょう》一〇（一四三八）年の永享の乱《えいきょうらん》です。

永享一二（一四四〇）年には、下総《しもうさ》の結城氏朝《ゆうきうじとも》が、義教が討伐した鎌倉公方足利持氏の二人の遺児を擁して室町幕府に抗するのを討ち、持氏の残党を粛清しました。結城合戦です。

比叡山延暦寺も強訴《ごうそ》などで歴代政権を悩ませてきた存在でした。鎌倉公方との共謀疑惑浮上をきっかけに、義教は古巣を追い詰め、焼き討ちにしました。焼き討ちといっても、義教が火をかけたのではなく、比叡山延暦寺の山法師である山徒《さんと》の首を刎《は》ねた義教に抗議して、ほかの山徒が火を放ったのですが。

こうした改革を進め、義教は将軍就任から一三年で、北は青森から南は沖縄までの日本を統一しました。平清盛、源頼朝、足利尊氏を越えた、日本最大版図の実現です。義教はそれを豊臣秀吉や徳川家康よりも不利な、マイナスからスタートして成し遂げたのです。

嘉吉《かきつ》元（一四四一）年、謀反を起こして逃亡していた異母弟の大覚寺義昭《だいかくじぎしょう》を討伐したとして、島津忠国《しまづただくに》に対して琉球《りゅうきゅう》を褒美として与えます。それまでも琉球は実質的に日本だったのですが、「嘉吉元年島津忠国宛足利義教御教書《みぎょうしょ》」により公文書によって形式的にも日本となりました。

この年、義教は粛清を恐れた家臣の赤松満祐《あかまつみつすけ》に暗殺されます。赤松の家で開かれた宴席での出来事でした。この最期の一日で「公方犬死」などと言われ続けることとなります。

なお、足利義教と義教に憧れた信長には似たところがいくつもあります。

富士山遊覧、比叡山延暦寺を焼き討ち。どちらも二人がやったことです。義教は将軍に就任したのが満三五歳。そして家臣赤松満祐《みつすけ》に殺されたのが満四七歳。織田信長もほとんど同じで、天下布武《てんかふぶ》を目指し上洛《じょうらく》したのが満三五歳。そして、家臣明智光秀に殺されたのが満四七歳です。

おまけに、「あ」で始まる苗字、「み」で始まる名前の人に殺されているところまで同じです。

二人の違う点は、信長は天下統一の志半ばでしたが、義教は日本統一を成し遂げました。

「天才」「超人」と称される信長が憧れた義教こそは、日本史に残る真の「天才」「超人」だったのです。

義教の死後、強力な将軍は幕府には現れなくなります。それどころか戦国時代に突入します。しかし、日本が滅びることはありませんでした。

嘉吉三（一四四三）年、皇位の証の三種の神器が後南朝の残党に持ち去られます。そして一〇年以上も取り返せません。しかし、三種の神器を所持する後南朝を正統だとは誰も言いません。正統は、後花園天皇だと誰もが思っています。現実の朝廷は京都に存在しますし、三種の神器がないだけで、すべての儀式を行っています。南朝など後醍醐天皇の時代はともかく、三種の神器を有するだけで、何の儀式も行えないのです。ましてや、この時代の後南朝など、単に三種の神器を盗んでいっただけです。何より人徳と学識が優れた後花園天皇が正当な天皇だと疑う者はいないのです。

応仁元（一四六七）年からは応仁の乱が起こります。八代将軍、足利義政《よしまさ》は怠惰な性格で、目の前で大名たちが殺し合いをして民が苦しんでいるのに、何もしません。そうした将軍を後花園上皇がたしなめます。

戦乱の中で多くの公家が地方に疎開しますが、各地の大名たちに記紀万葉や和歌などの伝統文化を説きます。日本国は天皇の国だと教え、大名たちも天皇の権威を認めます。将軍の威信が低下するのと反比例し、天皇の権威は復活していきます。

長らく失墜した朝廷の権威を回復させたのが後花園天皇であり、その天皇を育てたのが足利義教だったのです。

織田信長――凡人が努力してなれる頂点

鳴かぬなら　殺してしまえ　ホトトギス　　織田信長
鳴かぬなら　鳴かせてみせよう　ホトトギス　　豊臣秀吉
鳴かぬなら　鳴くまで待とう　ホトトギス　　徳川家康

有名なホトトギスの句です。この中に天才が一人いますが、誰でしょうか。

秀吉です。「鳴かせてみせよう」は「工夫《イノベーション》」。才能が必要です。

信長の「殺してしまえ」は「決心」。そして家康の「鳴くまで待とう」は「根性」です。決心や根性に才能は要りません。ただし、家康の「根性」は妻と子供を殺せますかといった次元の根性で、常人ができないことではありますが。

信長のすごさは、自身が超人じみた能力を持っていたことではありません。自分より優れた人たちを相手に努力と工夫で立ち向かい、生き抜いたことです。

信長は、天文《てんぶん》三（一五三四）年、尾張守護代《おわりしゅごだい》の家老・織田信秀《のぶひで》の長男として誕生します。幼名は吉法師《きっぽうし》。守護の斯波《しば》家がいて、その家来の織田家は三つの家に分かれ、三奉行と呼ばれていました。信秀はその三奉行の末席でした。

吉法師は、日本にポルトガル人が鉄砲を伝えたころ元服し、織田三郎信長《さぶろうのぶなが》と名乗ります。若いころの信長は、鉄砲や弓などの武術、相撲などの格闘技、馬術や水泳などの実戦に必要な運動に励んでいました。民衆のなかに入って生きた経済を学び、親衛隊となる若者を集めていきます。和歌など教養としての勉学も一通り学びますが、将来、家を継いだときに必要な統治術を中心に学びます。

天文二〇（一五五一）年、信秀の死去で、家督を継ぎました。持ち前の才覚で周囲の敵をなぎ倒し、永禄《えいろく》二（一五五九）年に尾張を統一します。母が偏愛した弟の信行《のぶゆき》には二度も裏切られ、最後は自らの手で信行を殺すなど、血みどろの戦いを繰り広げました。

息つく暇もなく永禄三（一五六〇）年、東の大大名で駿河《するが》・遠江《とおとうみ》・三河《みかわ》の三国を領する今川義《いまがわよし》元《もと》が大軍を率いて攻めてきました。その数、約二万五千。対する信長は数千。本当は軍勢が一万人ほど尾張にはいるのですが、前年にようやく従ったような連中が信長の敗北は必至と離反したので、兵が集まらなかったのです。実際、国境を突破され、次々と砦《とりで》が落とされていきました。ジリ貧、劣勢です。

この状況で信長は雷雨に乗じて、突撃をかけました。結果、今川の本陣を突くことに成功、義元を討ちとりました。桶狭間《おけはざま》の戦いです。以後、今川家は衰退の一途をたどります。今川の支配下にあった松平元康《まつだいらもとやす》（徳川家康）は独立し、信長と同盟します。織田家は、東の脅威を取り除きました。信長が偉かったのは、桶狭間の戦いのような奇襲を、死ぬまで二度と行わなかったことです。言ってしまえば、ヤケクソで突撃したらマグレで勝っただけです。以後の信長は、常に準備を怠らず、大軍で敵と戦うように心がけます。

信長は、西の美濃《みの》を支配する、斎藤家と対決します。信長は斎藤道三《さいとうどうさん》の娘と結婚しましたが、その道三は息子の義龍《よしたつ》に殺されました。親子決戦のとき、信長は援軍に駆け付けましたが間に合いませんでした。道三は信長を高く評価しており、義龍と信長は極めて険悪な仲でした。生前の道三は美濃を信長に譲るとまで言っていました。今川義元なき今、信長と義龍の対立は必然でした。ただ、義龍は桶狭間の戦いの翌年に死亡し、その息子（道三の孫）の龍興《たつおき》と信長が対決することとなります。

ただ、龍興は若く、相手になりません。信長は慎重に斎藤家に従う土豪を調略していきます。

結果、永禄一〇（一五六七）年に美濃全土を制圧しました。

このとき、織田信長三五歳。人生五〇年時代の、七割です。尾張と美濃は肥沃《ひよく》な土地で、江戸時代の石高《こくだか》に直すと一一一万石。加賀前田家は一〇三万石でしたから、江戸時代の大名の中に放り込めば最大の大名です。ここで信長には、「守りに入って平和に暮らす」という選択肢があり

ました。実際、中国地方の雄である毛利元就《もうりもとなり》などは、そうしています。ところが信長は、「天下《てん》布武《ふぶ》」の理想を掲げ、死ぬまで戦いの人生に身を投じます。

天下布武とは、「日本の中心である京都を中心とした近畿地方を平和にする」との意味です。

有名な信長肖像画（三河・長興寺所蔵）

なぜ、そんなことをするのか。信長は義理堅い人でした。

第一三代将軍足利義輝《よしてる》は、家臣の三好氏と松永氏に殺されました。三好と松永は、第一四代将軍に足利義栄《よしひで》を担ぎます。これに対し、義輝の弟の義昭《よしあき》は自らが将軍になろうと各地の大名を頼っていました。これに信長は応じます。一度は兵を率いて上洛しようとしたのですが、龍興に阻まれます。その斎藤家を滅ぼした今、障害はありません。

永禄一一（一五六八）年、信長は六万の大軍を率い、足利義昭を擁して上洛します。このときの動員数は、本

来の信長の実力の三倍です。ではその兵はどこから来たのか。借金をして、かき集めました。

上洛戦は、将軍義栄に義昭が挑む戦いです。武士の頂点を決める戦いです。信長は義昭の一人の武将にすぎません。しかし、誰もが目に見えて驚くような大軍を率い、圧倒的な勝利をもたらしたとしたら、信長の力を無視できません。信長は人生最大の大勝負に、勝ちました。松永久秀《ひさひで》は早々と馳《は》せ参じ、三好一党は駆逐されます。義昭は晴れて第一五代将軍に就任しました。

しかし、義昭も信長も敵だらけです。瞬く間に「信長包囲網」が敷かれてしまいます。あげく、同盟者だった妹婿の浅井長政《あざいながまさ》まで敵に回ってしまいます。三好、朝倉、浅井といった大名たち、それに比叡山延暦寺や石山本願寺のような仏教勢力が敵に回りました。

信長は義昭に周旋してもらい、第一〇六代正親町《おおぎまち》天皇の仲介で和議に持ち込みました。信長は朝倉らに土下座して詫《わ》びたとも伝わります。信長のすごいところは、生き残るためなら小さなプライドなど平気で捨て去れることです。

元亀《げんき》二（一五七一）年、比叡山延暦寺を焼き討ちします。信長に追い詰められた朝倉・浅井の兵を匿ったからです。信長は中立を守り一方に加担しないよう要請しましたが、延暦寺は無視しました。伝統のある自分たちには手出しできないと舐《な》めた態度でした。これに怒った信長が焼き討ちにしたのです。

これをきっかけに第二次信長包囲網が構築されます。中心は、戦国最強と目される武田信玄《たけだしんげん》。黒幕は足利義昭で、三好・朝倉・浅井の他、松永など多くの大名が応じました。味方は徳川家康ただ一人です。その信長が元亀三（一五七二）年の三方ヶ原《みかたがはら》の戦いで信玄に敗れ、信長が袋のネズミのごとく潰されるのは時間の問題と思われました。

しかし、信玄が急死、武田の軍勢が引き上げていきます。ここで信長は好機を逃さず、足利、朝倉、浅井、三好を次々と撃破していきます。松永は降伏します。

戦いが続くさなかの元亀四（一五七三）年に、天正《てんしょう》と改元されました。信長が望んだ元号に朝廷は応えました。天正とは、「天に代わり世を正す」との意味です。信長の理想を表しています。

天正三（一五七五）年、信長と家康の連合軍は、長篠《ながしの》の戦いで武田勝頼《かつより》を破ります。鉄砲を効果的に使って守りに徹し、武田軍の切り込み隊長である山県昌景《やまがたまさかげ》の狙撃《そげき》に成功するや一気に攻め込み、追撃戦で信玄以来の重臣の内藤昌豊《まさとよ》や馬場信春《のぶはる》を討ち取りました。信長の名は天下に轟《とどろ》きます。

これに待ったをかけたのが、軍神と恐れられた上杉謙信《うえすぎけんしん》です。謙信は戦国最強の信玄が常に二倍の兵力で戦った、別格の大名です。「謙信起つ」の報に武田勝頼、石山本願寺、松永久秀、それに毛利輝元《てるもと》らが応じます。第三次信長包囲網です。そして信長が差し向けた大軍は、手取川《てどりがわ》の戦いで謙信に無残に叩きのめされました。

ところが、またしても奇跡が起きます。謙信が急死しました。上杉家は謙信の後継をめぐり、深刻な内乱に陥ります。またたくまに包囲網は瓦解《がかい》。天正五（一五七七）年に松永久秀は自刃、武田、本願寺、毛利は一挙に劣勢と化します。

天正八（一五八〇）年、一〇年も信長に抵抗し、多くの織田一族を殺した本願寺が、和議を受け入れました。石山本願寺は全国に信徒を持ち、大名以上の実力を持つ宗教団体でしたが、信長の力の前に屈しました。同時代のヨーロッパなど、宗教団体の特権を取り上げるのに血みどろの殺し合いを何百年も続けています。一〇年で宗教勢力を屈服させた信長は、世界的に見れば異常なまでに早いのです。

天正一〇（一五八二）年、天目山《てんもくざん》の戦いで武田勝頼は敗れ、自刃。武田氏は滅亡します。このころになると、全国の大名が信長に臣従を誓うようになりました。信長配下の武将が、他の大大名と同等の力を持つまでになっていました。そこで信長は五大武将の内で四人を全国に派遣し、従わない大名と戦っていました。

北陸方面軍司令官は柴田勝家《かついえ》、上杉景勝《かげかつ》と戦っています。関東方面軍司令官は滝川一益《かずます》。武田攻めの後の東国を任されていました。関東地方の雄である北条氏政《うじまさ》は、信長に誼《よしみ》を通じてきています。四国の長宗我部《ちょうそかべ》元親《もとちか》とは長年の友好関係にありましたが、信長は元親の伸長を喜ばず、丹《に》羽《わ》長秀《ながひで》を差し向けました。長秀は四国方面軍司令官ではなく、信長の三男の信孝《のぶたか》が形式的には総大将です。そして中国方面軍司令官は羽柴秀吉《はしばひでよし》。毛利の領土を削り取っています。

そして五大武将の内で、明智光秀《あけちみつひで》は近畿方面軍司令官。すなわち、近衛師団長です。

武田を滅ぼしてから半年もたたない天正一〇（一五八二）年六月二日、本能寺の変で信長は、その明智光秀に殺されました。最高権力者がどてっぱらを広げて寝ていたら信頼する側近や近衛師団長に殺されるのは、よくある話です。それまで信長は光秀に全幅《ぜんぷく》の信頼を置いていました。信長は本能寺にわずかな供回りを連れて泊まっていましたが、光秀が守ってくれるという安心感です。それまでの光秀は信長に忠誠を尽くしていましたし、そこまでの信頼がなければ謀反など成功するわけがありません。

信長は常に戦い続けましたが、最後の最後は、一番信頼していた側近に裏切られました。必死に努力して生き抜いたけれども失敗した。人間的なところが今でもなお多くの人に愛される、信長の魅力です。日本人は努力して報われなかった人に同情する民族ですから。

豊臣秀吉——日本で一番出世した人

近代日本において、豊臣秀吉は日本で最も人気がある歴史上の人物でした。明治の日本人が模範とした人でもあります。秀吉は立身出世し、朝鮮出兵を行いました。徳川幕府がなくなり、身分に関係なく出世できる世の中になったので、日本の向学心のある男の子に希望を与えます。さらに、朝鮮半島からやってくる大陸の脅威と戦うために明治維新をやった当時の人にとっては、秀吉は偉いのです。

では、豊臣秀吉はどのような人だったのでしょうか。

秀吉が尾張国の農民の子として生まれたのは間違いなさそうです。生年はいくつか説があっても、天文五（一五三六）年ころのようです。幼少のときの名前も正確には、わかっていません。

日吉丸とも言われていますが。若いころは、秀吉は諸国を流浪しているうちに織田信長の家来になります。天文二三（一五五四）年でした。

永禄四（一五六一）年、秀吉二五歳のころ、一四歳の嫁をもらいます。のちの北政所《きたのまんどころ》、ねね（おね）です。このころから「木下藤吉郎秀吉《きのしたとうきちろうひでよし》」と名乗っていたようです。

秀吉のエピソードには注意が必要です。たとえば、永禄九（一五六六）年、信長の命令を受けて、墨俣城《すのまたじょう》を短期間で完成させた「一夜城」の話が伝わります。しかし、この城のおかげで斎藤氏を滅ぼしたとの話は、秀吉が天下を取ったあとのプロパガンダです。老人の自慢話なので真《ま》に受けてはいけません。

他にも、信長が朝倉義景《あさくらよしかげ》を滅ぼそうと攻め込んだけれども、背後から浅井長政に襲い掛かられて命からがら逃げ帰る元亀元（一五七〇）年の金ケ崎《かねがさき》の戦いも、大ウソまみれです。窮地に陥った仲間を逃がすために、秀吉は殿《しんがり》を自ら申し出て、多くの犠牲を出しながら何とか自分も生きて帰り、信頼を得た、と吹聴されてきました。申し出るも何も、今すぐ逃げねばならない戦場で、悠長な軍議などできません。先鋒《せんぽう》がそのまま殿になるに決まっています。秀吉はたまたま先鋒だったので、退却戦ではそのまま殿になっただけです。

秀吉の真面目は、浅井氏の攻略です。秀吉は浅井方の土豪たちを、次々と調略していき、信長が浅井氏を滅ぼすのに貢献しました。結果、城持ち大名となりました。このころから、羽柴秀吉と名乗るようになります。天正元（一五七三）年のことです。

ご購読ありがとうございました。今後の出版企画の参考に
致したいと存じますので、ぜひご意見をお聞かせください。

書籍名

お買い求めの動機

1　書店で見て　2　新聞広告（紙名　　　　　　）
3　書評・新刊紹介（掲載紙名　　　　　　）
4　知人・同僚のすすめ　5　上司・先生のすすめ　6　その他

本書の装幀（カバー），デザインなどに関するご感想

1　洒落ていた　2　めだっていた　3　タイトルがよい
4　まあまあ　5　よくない　6　その他（　　　　　　）

本書の定価についてご意見をお聞かせください

1　高い　2　安い　3　手ごろ　4　その他（　　　　　　）

本書についてご意見をお聞かせください

どんな出版をご希望ですか（著者、テーマなど）

郵便はがき

料金受取人払郵便

牛込局承認

9410

差出有効期間
2021年10月
31日まで
切手はいりません

162-8790

東京都新宿区矢来町114番地
神楽坂高橋ビル5F

株式会社ビジネス社

愛読者係行

ご住所 〒 TEL: ( ) FAX: ( )			
フリガナ お名前		年齢	性別 男・女
ご職業	メールアドレスまたはFAX メールまたはFAXによる新刊案内をご希望の方は、ご記入下さい。		
お買い上げ日・書店名 年 月 日 市区町村 書店			

天正五（一五七七）年一〇月、秀吉は毛利攻めを任されます。秀吉は五年ぐらいかけて、チンタラと進んでいきます。播磨《はりま》の三《み》木城《きじょう》なども落とすのに二年かけています。なぜなのか。

天正六（一五七八）年三月一三日、絶対無敵の上杉謙信の死去で、信長は怖いものなしになってしまいました。信長に対抗できる人が日本に一人もいなくなる事態の出来《しゅったい》です。秀吉は自分が用済みになれば殺されるかもしれないと危惧《きぐ》し、用済みにならないように「優秀すぎず、無能すぎず」の立場を取り始めたからです。敵を寝返らせる調略をしつつ、自分の兵を無駄死にさせないために長期包囲戦の戦いをしながら西に進んでいきます。

豊臣秀吉画像（佐賀県立名護屋城博物館所蔵）

天正一〇（一五八二）年、本能寺の変が勃発《ぼっぱつ》します。最も京に帰ってくる可能性があったのは、北陸にいた柴田勝家です。一番優勢に戦いを進めていたからです。そして、最もその可能性が低かったのが、目の前に大軍を抱えていた秀吉でした。もし秀吉が京都に帰ろうとしても、毛利が追撃してきたらひとたまりもありません。現に滝川一益は、昨日までの友邦の北条氏に襲い掛かられて、大軍が壊滅しています。四国攻めの準備をしていた丹羽軍も、兵の逃亡が相次ぎ、崩壊です。

しかし、秀吉はこの状況を逆用しました。

長らく、「信長が光秀に討たれたのを毛利に知らせる使者が、間違えて秀吉の陣地に入った」と伝わってきました。ただ、常識的にほぼあり得ません。秀吉はなんらかの理由で信長の死去を知ったのでしょう。秀吉は気まぐれな信長の命令に対応できるよう、京都の政権中枢の情報を常に把握していたからだと考えられます。だから、変をいち早く知ることができたので、準備ができたとするのが自然です。

秀吉は信長の死を隠し、毛利に「今なら有利な条件で降伏を許す」と交渉し、和議をまとめました。そして、「大返し」により、一目散に帰還します。備中《びっちゅう》（岡山県）から、居城の姫路城（兵庫県）まで約九〇キロを三日で駆け戻りました。鎧《よろい》など重装備で、現代の自衛隊と同じ速度での移動です。

ところで、毛利軍は秀吉が帰還を始めてから信長の死を知ったと誤解されていることも多いのですが、違います。秀吉は和議がまとまった後に正直に信長の死を伝え、主君の敵討ちに向かうのを同じ武士として見送ってほしいと伝えます。当然、毛利の中にも「今まで侵略された土地を奪い返す絶好の機会だ」と和議の破棄と追撃を主張する吉川元春《きっかわもとはる》のような人もいましたが、小早《こばや》川隆景《かわたかかげ》という人が「裏切って負ければ何も残らない」と主張し、秀吉の大返しを見送りました。秀吉が奪った土地のほとんどが吉川領だったので、元春はこの決定に怒って隠居してしまいます。一方の隆景は、後に秀吉の政権下で主君の毛利輝元と対等の厚遇を受けます。

大返しは、最初は様子見ぐらいの距離を移動し、次の二日は尋常ではない距離を一気に進み、

秀吉の中国大返しの行程

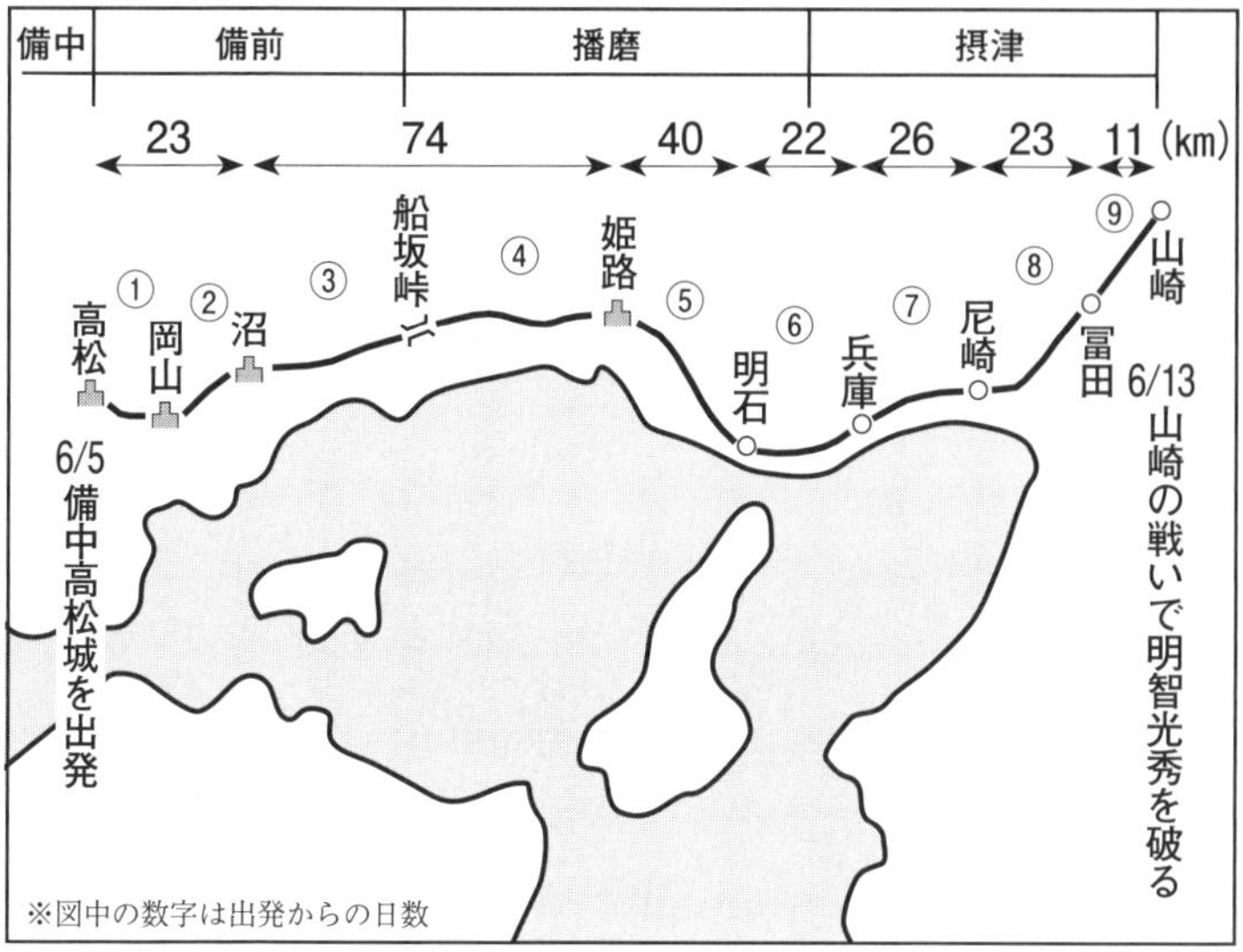

出典：播田安弘『数字で検証する、豊臣秀吉「中国大返し」のリアルな難易度』
https://gendai.ismedia.jp/articles/-/76069?page=2

後は十分な休息もとりながら短い距離を行きます。備前《びぜん》（岡山）の沼城《ぬまじょう》から姫路城に移動するときが最も長く、七四キロメートルを一日で移動しています。

姫路城に着くと、蓄えていたすべての食料と財宝を兵士に分け与えています。これが決定的でした。勝っても負けてもここには帰らないとの意思表示です。負ければ死ぬだけ、それで終わりです。勝てばすべてが手に入るのですから、ここにある物などは全部くれてやってかまわない。秀吉の決心に、兵士たちの士気は上がります。

さらに、「信長公は生きている」とウソをばら撒《ま》いて日和見《ひよりみ》の武将たちを動揺させて、味方を付けて進んでいきます。

秀吉の神速の帰還は、光秀に対して奇

襲効果がありました。

そして、秀吉と光秀は山崎《やまざき》の戦いでぶつかります。

山崎の地は摂津《せっつ》・河内《かわち》方面から京都盆地に向かう、天王山《てんのうざん》と淀川《よどがわ》に挟まれた隘路《あいろ》にあります。秀吉は摂津衆に命じて天王山を占拠しました。そのとき明智軍の姿は頂上にはありませんでした。明智軍は総勢一万六千。天王山に布陣するほどの人員がいなかったようです。

天王山の東を流れる円明寺川《えんみょうじがわ》を挟んで西に秀吉軍、東に明智軍が陣取り対峙《たいじ》します。摂津衆中川清秀《なかがわきよひで》が率いる二五〇〇が天王山を駆け下ると、明智軍の右翼が渡河し反撃を加えます。激しい攻防が繰り広げられる中、一時は優勢になった明智軍ですが、手薄になった左翼を秀吉軍に突かれ、そこから総崩れとなり、光秀は勝龍寺城《かつりゅうじじょう》に退却。その夜、光秀はわずかな供廻《まわ》りだけで本拠地坂本城《さかもとじょう》を目指します。しかし、途中の小栗栖《おぐるす》の竹藪《やぶ》で落武者《おちむしゃ》狩りの領民に槍《やり》で突かれ落命しました（注4）。

本能寺の変から山崎の戦いまでの状況で、秀吉が光秀に勝てると思う人はいません。ではなぜ秀吉は勝てるはずのない戦いを勝てたのか。意志と勢いです。

山崎の戦いの後、秀吉は織田家の最高実力者になります。重臣たちが集まった清洲《きよす》会議は秀吉主導で進みました。後継者は信長の孫で、嫡男信忠《のぶただ》の子供である、三法師丸《さんほうしまる》と決まりました。三歳の赤ん坊です。これに三男の信孝や次男の信雄《のぶかつ》は不満です。しかし、秀吉は蹴散《けち》らします。

天正一一（一五八三）年、信孝を擁した柴田勝家を賤ケ岳《しずがたけ》の戦いで破り、二人は自害します。

天正一二（一五八四）年、信雄に助けを求められた徳川家康とは、小牧長久手《こまきながくて》の戦いで対峙します。家康との戦いは膠着《こうちゃく》しますが、秀吉は信雄相手には圧倒し、和議を強要します。そして孤立した家康も秀吉への臣従を誓います。

天正一三（一五八五）年には、長宗我部元親を破り、四国平定。

天正一五（一五八七）年には、島津義久《しまづよしひさ》を破り、九州平定。

天正一八（一五九〇）年には、北条氏政を破り、関東平定。小田原城を攻めている最中に、東北の伊達政宗《だてまさむね》が降伏してきました。ここに、天下統一は完成します。

晩年の信長は四正面作戦を同時に行いましたが、秀吉は大軍を率いて大大名を各個撃破します。最後の関東平定には二〇万とも三〇万とも言われる軍勢を動員しましたが、大日本帝国陸軍に抜かれるまで、日本史上最大の動員です。

武将としての秀吉は、敵に対する調略、巧みな宣伝、神速の移動、ずば抜けた補給力、大量動員です。

天下人としての秀吉の業績は、最近では「豊臣平和令」と呼ばれます。

豊臣平和令の根幹は、天正一三（一五八五）年に出された惣無事令《そうぶじれい》です。第一〇七代後陽成《ごようぜい》天皇から関白に任じられた年、秀吉は天皇の名で、「戦をやめよ」と命じます。これに従わなかった島津や北条は制裁され、降伏した伊達も奪った土地を召し上げられました。

他に刀狩令《かたながりれい》と海賊停止令《かいぞくちょうじれい》を指します。それまで局地的に出されたことのある刀狩令と海賊停止令が同時に、天正一六（一五八八）年、全国を対象に発令されました。アメリカでは二一世紀の現在もまだ「刀狩り」はできていません。海賊をヨーロッパが禁止するのは一八五六年のパリ宣言です。世界に先駆けて秀吉が実現しています。

ただし、秀吉の行った刀狩りは、今考えるような武器の全面的禁止ではありません。すべての人から武器を取り上げたのではなく、「二本差《にほんざ》しをさせない」を意味しています。一本差しはできました。このときから明治九（一八七六）年の廃刀令《はいとうれい》まで、二本差しが武士の特権になり、さらには「二本差し」といえば「武士」を意味する言葉として使われていきます。

刀狩令が出て、社会構造にも変化が生じます。それまでの武士特権階級がいて、兵農未分離の人がいて、末端の農民がいるといった三層構造の真ん中をなくしたのです。刀狩令の発令が兵農分離の完成といわれる所以《ゆえん》です。ただし、次男、三男が公務員で武士として偉くなるのに、長男の農民のほうが身分的に下とはどういうことだと不平不満が出てきました。

豊臣平和令と並んで押さえておきたいのが太閤検地《たいこうけんち》です。検地とは土地の収穫を銭《ぜに》で計算するわけです。秀吉は山崎の戦いの二年前に、信長の命令のもとで播磨の検地を行ったのが最初で、山崎の戦いの直後から慶長《けいちょう》三（一五九八）年のあいだにかけて検地を行っています。

検地により、何がどうなったか。

お城のある場所はたいていが今の県庁所在地です。お城周辺には農地がありました。鎌倉、室町時代の実力者は、実際に自分で土地と家来を持っていました。目の前の農民とその土地を支配し、自分がいられない場所には代官を置いて、自分で税を徴収しました。

ところが、秀吉の時代、そして江戸幕府以降の近世になると、大名がすべてを支配し、そこからすべての米を大名が年貢として取り、それを武士に給料として分けるのです。大名以外の武士のように、自分で税金を取り立てなくなった者には土地に対する執着は薄れていきます。武士は経営者から、公務員（サラリーマン）になったのです。これがのちの明治時代における廃藩置県がうまくいった要因でもあります。廃藩置県とは大名から領地を取り上げるかわりに年金で暮らせるようにし、中央政権が一手に税金を集める仕組みを作るために行われました。サラリーマン化した武士には土地への執着がなかったので抵抗が少なかったのです。廃藩置県など、鎌倉、室町時代であれば血の雨が降ったでしょう。

天下統一を果たした秀吉は、文禄《ぶんろく》元（一五九二）年からの文禄《ぶんろく》の役《えき》、慶長《けいちょう》二（一五九七）年からの慶長《けいちょう》の役《えき》と、二回にわたって朝鮮出兵をします。秀吉が何を狙ってやったのか、実はわかりません。

日本国内は戦国時代であり、自分が強くなって他国を呑《の》み込まなければ、呑み込まれるだけです。天下を統一しかけた秀吉が、南蛮人《なんばんじん》と接触するうちに、もしかすると日本の外も同じなのではないかと気づいたから実行に移したのでしょう。当時のポルトガルやスペインは奴隷貿易の常習者で、キリスト教を使って有色人種を洗脳し、多くの土地を植民地にして有色人種を搾取していました。アジアではフィリピンが餌食《えじき》となっています。こうした事実を知っていた秀吉は、危機感を抱いたのかもしれません。ただ、秀吉の真意が何であれ、戦争目的は他の人間にはまったく伝わっていません。戦国乱世が終わったのに、なぜ異国を攻めねばならないのかと、ほとんどすべての日本人は疑問でした。

日本は完成された国民国家です。北は津軽から南は薩摩《さつま》まで、お互いに全員同じ日本だと思っています。奥州人と薩摩人は、秀吉に集められたときでなければ会うこともなく、はっきり言って他国人です。ただし、この場合の「他国人」は、朝鮮人、明《みん》人、南蛮人と同じ意味での他国人ではありません。琉球《りゅうきゅう》は少し曖昧《あいまい》な所だなとは思っても、文化的には日本であり、日本の中の変わった人たちではあるけれど、やはり外国ではありません。嘉吉元年以降は公式に青森から沖縄までが日本です。日本人は、北海道の一部にも渡っています。日本列島に住む人は日本人、との意識が強いのです。だから他は異国、日本ではありません。

そうした意識と実態の日本だったのが、秀吉が朝鮮出兵の戦争目的を徹底しようがなかった所以《ゆえん》でしょうか。

朝鮮出兵が長引く中、秀吉は慶長《けいちょう》三（一五九八）年に病死します。六歳と幼い息子の秀頼の行く末を案じながらの、寂しい最期でした。

それでも農民の子供から天下人になった、日本で一番出世した人であるのは間違いありません。

第五章　豊かな江戸

徳川家康──二六〇年の平和を築く体制《システム》をつくった神君

戦国の三英傑とは、織田信長と豊臣秀吉そして徳川家康です。「織田がつき、羽柴がこねし天下餅《もち》、座りしままに食うは徳川」と揶揄《やゆ》もされましたが、最後に勝ったのは家康です。そして、その生涯は苦難の連続でした。常に自分より強大な敵との戦いに明け暮れた人生でした。

天文《てんぶん》一一（一五四二）年、松平広忠《ひろただ》の嫡男として三河国《みかわのくに》岡崎城で誕生します。幼名は竹千代《たけちよ》。

当時の三河国（愛知県東部）は、地域を統一できるような突出した大名がいないまま、東西から二大勢力の脅威にさらされていました。東の今川家は、駿河《するが》・遠江《とおとうみ》と現在の静岡県の三分の二を治める大大名です。対する西の織田家は、尾張《おわり》（愛知県西部）に勢力を張り、伊勢湾から上がる豊かな富、経済力で今川家に対抗していました。

家康の祖父清康《きよやす》は勇猛果敢で知られましたが若くして暗殺され、そのとき一〇歳の広忠は今川の庇護《ひご》下で生きながらえることとなります。竹千代も三歳で母と生き別れ、六歳から一三年間の人質生活を送ります。最初は織田方の手によって奪取され、二年あまりを織田氏の人質として尾張で暮らし、次いで織田方と今川方の人質交換で今川氏に渡されます。その間に広忠が暗殺され、天涯孤独の身となります。

家康の伝記は、この少年時代の苦労話を皮切りに、人生のほとんどを「辛抱に辛抱を重ねた」と描かれます。性格の悪い年上女房を押し付けられたとか、戦では常に危険な先陣を任されたとか、三河武士は来るべき日に備えて貧乏に耐えながら武器と兵糧《ひょうろう》を蓄えていたとか。ただ、今川の方も松平家と竹千代を大事にしています。義元は自分の一字を与えて「元康」と名乗らせますし、元康の正妻も今川一族の重臣の娘です。徳川家の公式な立場では、家来にされて喜ぶほうがどうかしていると書くにきまっています。

家康に転機が訪れたのは、一九歳のときです。永禄《えいろく》三（一五六〇）年、今川義元が桶狭間《おけはざま》の戦いで織田信長に討たれます。

家康はこのとき、いきなり三河へ帰るのではなく、今川家の様子を観察しながら待っています。そして、今川軍が駿河に引き上げて行くのを見計らって、岡崎城に帰還しました。

この後、今川家は悲惨なまでに没落していきます。義元の子の氏真《うじざね》が跡目を継ぎますが、呆《あき》れるほどに無能でした。特技は蹴鞠《けまり》。長年の盟友の武田信玄に裏切られ、領土の駿河を削られ放題。昨日までの家来の松平に、遠江を奪われます。最後は頼まれたら断れない義将として有名な上杉謙信に泣きつきますが、まともな軍事努力をせずに塩の流通を止めて武田の民を困らせようなどと姑息《こそく》な経済制裁を企《たくら》むので、その謙信にも見捨てられました。最後は、仇敵《きゅうてき》の信長や、家康に保護されます。

対照的に、家康は何が何でも生き延びようと奮闘しました。永禄六（一五六三）年、義元からもらった「元」の一字を捨て家康と名を改めると、信長の娘と嫡男信康《のぶやす》の婚約という形で織田家との同盟関係を結びます。松平姓を徳川姓に改めるのは、永禄九（一五六六）年、家康が二五歳の時です。家康と信長の同盟は、織徳《しょくとく》同盟と呼ばれます。

今川から独立してから、二〇代の一〇年間で家康がもっとも苦労したのは、三河の平定です。当時の三河には、一向宗《いっこうしゅう》の寺を中心に、今川家から自治特権を認められた寺領がありました。土地に根付いている家康の家臣団とも、密接なつながりがあります。そのため、寺領の処遇をめぐる家康と一向宗徒の対立が家臣同士の争いに発展してしまい、家臣団が割れてお互いに武力での潰し合いとなってしまうのです。中には、このときに一向一揆《いっき》の側について三河から追放され、七年もの流浪《るろう》を経て帰ってきた本多正信《ほんだまさのぶ》のような家臣もいます。

家康は、以前からの友達を半分失うという苦難を味わいながら三河を平定し、さらに今川氏から遠江を奪います。植民地から大国に、のし上がりました。しかし、周りはさらなる大国です。西の同盟者の織田信長は超大国の道をまっしぐら、対等の同盟とは言えません。東には戦国最強の武田信玄の脅威にさらされ続けます。家康は、信長の誠実な同盟者として生き残る道を選びました。

信玄は今川領土の分割を持ち掛け、武田は駿河を、徳川は遠江を得ました。すると徳川を裏切って、遠江に侵略してきます。その一方で信長との同盟は維持します。家康としては信長が敵に回っては一《ひと》たまりもありません。周辺に多くの敵を抱え一人でも多くの兵が欲しい信長に対し、何度も手伝い戦を行います。特に有名なのが、元亀《げんき》元（一五七〇）年の姉川《あねがわ》の戦いです。実態は、織田徳川連合軍と朝倉浅井連合軍の小競り合いですが、徳川は針小棒大にこの戦いの意義を宣伝します。同盟を維持するには、血を流すしかないのが、戦国の掟《おきて》なのです。

やがて、この状況は変わりました。拡大する信長包囲網に、信玄が加わったのです。ただ、矢面に立つのは家康です。大軍で徳川領を通過しようとする武田軍に攻めかかりますが、返り討ちに遭いました。元亀三（一五七二）年の三方ヶ原《みかたがはら》の戦いです。

這《ほ》う這《ほ》うの体《てい》で浜松城に逃げ帰った家康があまりの恐怖に馬上で脱糞《だっぷん》したとか、そのときの自分の姿を教訓として絵師に描かせた「顰像《しかみぞう》」など、このときのいろいろな逸話も残っています。

徳川家康顰像（徳川美術館所蔵）

逃げている最中に空腹に耐えかねた家康が茶屋で小豆餅《あずきもち》を食べたものの、武田方の追手が迫ったので金を払わずに逃げたという「食い逃げ坂」などという話まであります。茶屋の老婆が追いかけたという逸話から、浜松の遠州鉄道には昭和三九（一九六四）年まで小豆餅駅と銭取駅がありました。その距離、およそ二キロメートル。本当におばあさんが家康を追いかけたのか、さすがに脚色でしょう。

信玄に完膚なきまで叩きのめされた家康

ですが、その信玄は三方ヶ原の戦いの直後、遠征中に病死します。

しかし、武田の脅威は去りません。武田家を継いだ勝頼は、徳川方の城を次々と一八も落とします。高天神《たかてんじん》城の戦いでは、家康は同盟者の織田に応援を要請しますが、武田を恐れた信長は遅れてきますので戦いに間に合いません。後詰《ごづめ》が間に合わなかった信長は、家康に対して革袋二つ分の黄金を兵糧代として贈ります。馬に付けて運び、袋を開いてみたら量にも質にも見た人が驚いたというほどの黄金です。

翌天正《てんしょう》三（一五七五）年も、勝頼は三河攻略を続け、長篠《ながしの》城を攻囲します。今度も家康は、信長に援軍を求めます。今度も織田軍が助けに来てくれなかったら、「武田に降伏して織田の領土を奪う」と脅しました。弱者の恫喝《どうかつ》です。織田は徳川の親分です。子分には、守ってくれない親分を見捨てる権利があるのです。同盟とは、血によって維持されるのですから。

信長は、名だたる家臣たちを引き連れて長篠に向かいます。戦場となったのは設楽原《したらがはら》とよばれる小高い丘です。信長は、ここに馬防柵《ばぼうさく》を築きました。武田の攻めを、徹底して守ればいい。勝てなくても引き分けに持ち込めば十分、という戦い方です。八時間の激戦の末、結果的に織田徳川連合軍の大勝となりました。

織田も徳川も、戦国最強の武田騎馬軍団に鉄砲で勝ったと宣伝します。それでも、徳川にとって武田の脅威はすぐに消えたわけではありません。名だたる重臣を失いながら、武田家はこの後七年も持ちこたえます。

ようやく天正一〇（一五八二）年二月の武田領信濃《しなの》・甲斐《かい》攻めで、信長と一緒に武田勝頼を滅ぼします。信長が甲斐と信濃を取り、家康は駿河を与えられました。

甲斐攻めに参加した時、家康は四一歳です。このときに持っている領地は、三河と遠江、そして駿河が加わりました。かつての宗主国、今川義元の領土をすべて得ました。しかし、信長とは形式上、対等の同盟国ですが、その立場の差は大きく開いています。領土は二十数カ国、常に隣接する大大名の領地を奪い、膨張を続けて勢いは止まりません。朝廷からも、右大臣兼右近衛大将《うこんえのだいしょう》に任じられています。まだまだ敵はいますが、日本最高権力者の地位にいます。関東の北条氏や九州の島津氏も、信長に服属を申し出ていますから、家康はうっかりすると目立たない一大名です。

ところが、この構図が一瞬にして崩壊したのが、天正一〇年六月二日の本能寺の変です。このとき、信長の勧めで和泉堺《いずみさかい》の見物をしていた家康は、毛利攻め出馬を予定していた信長と落ち合うべく京へ向かう途中に変事を知り、急遽《きゅうきょ》岡崎へ帰ります。信長と同盟を組んでいたことで、家康も討伐対象を免れる保証はありません。ちなみに本能寺の変に参加した兵士の一人は、家康を討ちに行くものだと勘違いしていたとか。家康は、一揆勢の蜂起《ほうき》や落ち武者狩りを警戒しながら陸路で本拠地に戻ります。伊賀《いが》越えです。伊賀の山岳路を越えるときに護衛を務めたのが、伊賀忍者としてよく知られている服部半蔵《はっとりはんぞう》です。その名を江戸城の半蔵門に残します。

堺から四日市を経て海路で伊勢湾を渡り、岡崎城に帰着する行程を三日で踏破しました。家臣たちの潰し合いとなった三河一向一揆、武田信玄との戦いで、完敗した三方ヶ原の戦いと並んで、「神君家康公の三大危機」のひとつに数えられているほどです。

岡崎で戦支度を整えた家康は、近隣の甲斐や信濃を平定してから、信長の仇討《かたきうち》に行くつもりでいたら、秀吉から光秀を討伐したと知らせが来たので引き返したというのが徳川家公式見解です。本当でしょうか。

信長の死と、その後を事実関係で見ると、裏切り者は三人です。まず、明智光秀が信長を裏切って殺したことは、間違いのない事実です。最大の裏切り者は秀吉です。光秀を討伐した後、織田家を乗っ取って信長の息子たちを殺すからです。三人目の裏切り者が家康です。甲斐と信濃は、武田氏を滅ぼして織田領となっていました。二〇年にわたる同盟国の大混乱に乗じ、家康は織田家の領土を掠《かす》め取っているからです。

本能寺の変が起きた六月のうちに、東国で北条氏政《うじまさ》が上野《こうずけ》、信濃へと兵を動かしたこともありますが、家康はそれよりも前に、甲斐への出兵を見越した下工作を始めました。秀吉とも連絡を取っています。七月上旬には秀吉のほうから、信濃・上野・甲斐の三カ国を敵方に渡さないように軍を出し、家康が手に入れてほしいという内容の書状が届いています（注1）。信長の死により空白地となった旧武田領をめぐる争いは、徳川、北条、上杉の三つ巴《どもえ》となりました。天正壬《てんしょうじん》午《ご》の乱《らん》と呼ばれます。家康は秀吉の裏切りに便乗して分け前に与《あずか》り、すべての悪名を明智光秀に着せたわけです。

これで家康は、勢力圏を大幅に広げます。いきなり五カ国持ちの大大名になりました。かつて自分が苦しめられた相手、今川と武田の領土を手中に収めたのです。

信長の息子の信孝と信雄は、秀吉に織田家を乗っ取られると危機感を抱きました。しかし、信孝は簡単に秀吉に自害させられます。信雄は家康に助けを求めてきました。

天正一二（一五八四）年三月から、小牧・長久手《ながくて》の戦いが起こります。徳川家公式見解では、小牧・長久手の戦いは秀吉が一〇万の大軍で犬山城を落とし、家康が尾張の小牧山に陣を布いて迎え撃った戦いです。家康・信雄連合軍は一万六千～一万七千ほどで兵の数は少ないものの、完璧《かんぺき》な陣形に秀吉も手出しができず膠着《こうちゃく》状態に陥ります。これを打開しようとしたのが、秀吉の甥の秀次《ひでつぐ》です。秀次は別働隊を率い、家康の本拠地である三河に奇襲をかけようとしたところ、家康に見破られていて返り討ちにされます。家康は、長久手で秀次軍の主だった部将を徹底的に叩きのめす大勝を挙げた、となっています。さらに、秀吉もこの一戦で家康に一目置かざるを得なくなって陣を退き、その後も妹を家康に嫁がせたり、母を岡崎に送ったりして懐柔に努めたので、ようやく家康は大坂に赴きます。家康が秀吉に臣従したとはいえ名誉の降伏であって、豊臣政権での政治的地位が高まったのだ、とのことです。

嘘ではないのですが、手が込んでいます。事実関係に嘘はなくても、取り上げる事実が恣意《しい》的で、評価が強引です。

長久手の戦いは、小競り合いです。実際に家康方が大勝したのは確かなのですが、それで豊臣軍を崩したという全体への影響はなく、その後も延々とにらみ合いが続きます。秀吉は美濃まで本陣を下げましたが、家康は小牧に陣を布《し》きっぱなしです。秀吉は、その間に信雄の本拠地、伊《い》勢《せ》を攻略しています。これで信雄は、ほぼ降伏に等しい単独講和を結んでしまいました。家康は紀州や関東、越中にも呼応しての出兵を求め、大坂を攻撃することも企てていましたが、思惑は見事に崩されました。

家康は戦う大義名分を失って、兵を引き揚げることとなります。その上、家康の次男が秀吉の養子として送られ、家臣の子供らが随従する形で人質に取られています。しばらくの間は家康も突っ張りますが、結局は秀吉に臣従することになったのです。再び徳川家忍従の歴史が始まりました。

秀吉は天下人への道を、邁進《まいしん》します。

最後まで秀吉に降《くだ》らず、突っ張り通して滅ぼされたのが、家康と縁戚《えんせき》の北条氏です。家康は、秀吉と北条氏の間に立って執り成しに努めますが効果なく、天正一八（一五九〇）年の小田原征伐で先鋒《せんぽう》を命じられてしまいました。後詰と称して、毛利・吉川が駿河や遠江の家康の城に入っていますから、何かあれば家康は城を失いかねません。そして小田原征伐が終わってみれば、家康が苦労して手に入れた五カ国と、北条氏の旧領の関東六カ国を取り替えろと命令されるのです。額面としては大きくなりますが、当時は小田原以外ほぼ荒れ野原です。関東で大規模な開墾や整備が始まったのは、家康が入ってからなのです。ちなみにこのとき、織田信雄は尾張と伊勢から家康の旧領への国替えを拒否して、秀吉に改易されてしまいます。家康は逆らわずに耐え、ひたすら開墾事業を進めていきました。

家康が関東に転封を命じられたのは、四九歳のときです。家康は、豊臣政権のなかでも、のちに「五大老」と呼ばれるような有力大名の筆頭となっていきました。

天正一九（一五九一）年、秀吉は関白職を甥の秀次に譲ると、翌文禄《ぶんろく》元（一五九二）年に諸大名に朝鮮出兵を命じます。慶長《けいちょう》二（一五九七）年と合わせて二回にわたり行われた朝鮮出兵は、何の利益もなく豊臣政権の内部対立を引き起こしただけで終わります。現在の佐賀県北部にある名護屋《なごや》城を本営として、秀吉も当初は渡海するつもりで本営に入りますが、果たせずじまいとなりました。この間に、秀吉が後継とした秀次は謀反の罪により死亡し、慶長三（一五九八）年八月一八日に秀吉が死去すると、次男の秀頼が跡を継ぎます。といっても、わずか六歳の幼児です。不安定な戦国時代の状況が戻って来ました。

秀吉が死去したとき、家康は五七歳です。ようやく、自分よりも強い者に媚《こ》びなくてよい時代がやってきました。

豊臣政権の中で実力政治家として重きをなし、政権を簒奪《さんだつ》しようとする家康に対し、秀吉の打ち立てた豊臣家を守ろうと対抗したのは、少年のころに秀吉に能力を見出《みいだ》されて以来、忠実に仕えてきた実力官僚の石田三成《いしだみつなり》です。政治対立が武力による決戦に至ったのが、慶長五（一六〇〇）年の関ヶ原の戦いです。当初は、西国の盟主、毛利氏を担ぎ出し秀頼を奉じた三成が有利かと思いきや、いざ合戦当日となったら家康が一日で圧勝しました。家康は、日本全国の大名の領地をほとんど国替えして、天下統一を果たします。なお、この関ヶ原の戦いも、家康は三成より少ない兵で戦っています。

慶長八（一六〇三）年二月一二日、家康は六二歳にして征夷大将軍《せいいたいしょうぐん》に任じられます。江戸時代の始まりです。

初代将軍として幕府を開いた家康は全国の大名を従えましたが、秀頼を当主とする豊臣家は残りました。豊臣家は、この時点で「六摂家」のひとつです。これが家康にとっては脅威です。摂家とは、帝の摂政・関白に就任できる、朝廷に仕える貴族の中でもっとも格式の高い家柄のことです。鎌倉時代中期以来、近衛・九条・二条・一条・鷹司《たかつかさ》の五家による世襲が確立して「五摂家」と呼ばれます。

天下を取った織田、豊臣、徳川を公家の系譜で言うと、織田は「平」、徳川は「源」を本姓《ほんせい》としています。秀吉は農民出身で平氏と源氏のどちらにも起源を持たず、天下を取ったときに豊臣という氏を作りました。政治的な事情で、秀吉は前代未聞の庶民から関白就任となりましたが、近衛や九条のような摂家にいきなり新しい氏が加わったのです。しかも、豊臣は公家と武家の両方に君臨できる唯一の立場で、関白職は秀頼が継ぐものという暗黙の了解も残っていました。征夷大将軍は朝廷から任命され、武家の中でもっとも高い家柄なのですが、足利将軍はじめ、後の歴代将軍も最高位は太政大臣です。しかも死後の贈与がほとんどで、家康も最晩年になって太政大臣に任じられました。

当時まだ子供だった秀頼は、太政大臣と対等の摂政・関白になる資格があり、武家にも君臨できる立場だったのです。

そこで、家康は征夷大将軍となってわずか二年後、慶長一〇（一六〇五）年、三男の秀忠に将軍職を譲ります。将軍職を徳川家の世襲のものと示さなければならなかったのです。

将軍職を譲った家康は、実務を秀忠に担わせても物事の決定権は「大御所《おおごしょ》」となった自分が握り続けます。秀忠がボンクラ息子だったからです。関ヶ原の戦いで、徳川家譜代の家臣団を率いた秀忠が遅刻して、合戦に参加できなかった話はよく知られています。遅刻するもととなった信州での真田《さなだ》攻めは家康の命令だったのですが、秀忠は物事の優先順位がわからず融通が利かない人なのです。

家康が開いた江戸幕府には、二つのポイントがあります。一つは、関ヶ原の戦い後の論功行賞です。関ヶ原の戦い後の国替えは、日本の半分ぐらいの規模の領地を家康が差配した大規模なものでしたが、秀忠の遅刻によって譜代の家臣たちのほとんどが勝ち戦に参加できず、取り分が少なくなります。現地で家康に従ったのは、大部分が外様《とざま》大名でした。外様大名は、その当時すでに自分の領国を持っていた大名のことです。家康は、自分の身内よりも、いざとなったら敵対しかねない大名に大きく領地を配分することとなったのです。幕末を見るとよくわかりますが、徳川幕府は実際に、西国の外様大名が朝廷を担いだときに滅んでいます。

二つめのポイントは、こうした背景を踏まえて二六〇年の泰平の世を維持できるシステムを作ったことです。

足利幕府は第六代将軍の義教《よしのり》が中興して以来、なんだかんだと足利義昭《よしあき》まで一〇〇年続いていますが、信長や秀吉は、本人の死去から数年のうちに政権が崩壊しています。家康は、自分の没後も天下を失わないようにすることを考えます。

まず、自分の家中《かちゅう》を強くします。将軍家のスペアとして、御三家《ごさんけ》を作っています。創始はいずれも家康の息子たちで、九男の義直《よしなお》が尾張、十男の頼宣《よりのぶ》は紀伊、十一男の頼房《よりふさ》が水戸です。御三家は、後に将軍の跡継ぎも輩出し、幕末まで続いています。その中でも、水戸徳川家は尊皇です。徳川宗家が朝敵になったときでも尊皇側として生き残るはずでした。徳川家最後の将軍となる慶《よし》喜《のぶ》を出します。慶喜は、明治維新に際して、自身が将軍ではなくなっても最後の最後まで徳川政権を維持しようとした人です。薩摩・長州側に錦《にしき》の御旗《みはた》が掲げられたことで朝敵となると尾張が朝廷側に付きました。家康が考えた、徳川家の誰かが生き残るようにという仕組みのひとつです。

御三家は、将軍家の血のスペアですが、将軍家にとって一番の政敵となり得ます。そこで、御三家は政治に携わらないことを基本とします。では、幕府の実務を行うのは誰かというと、譜代《ふだい》大名です。国力で言えば、井伊《いい》家の三五万石が抜きん出ていますが、大体は一〇万石ぐらいの中堅規模で、三河武士団が中核です。この中堅層が江戸幕府の官僚機構となりました。

御三家から外様大名まで、各家は江戸城での詰め所、つまり控室が決まっていました。どの部

徳川将軍家系図

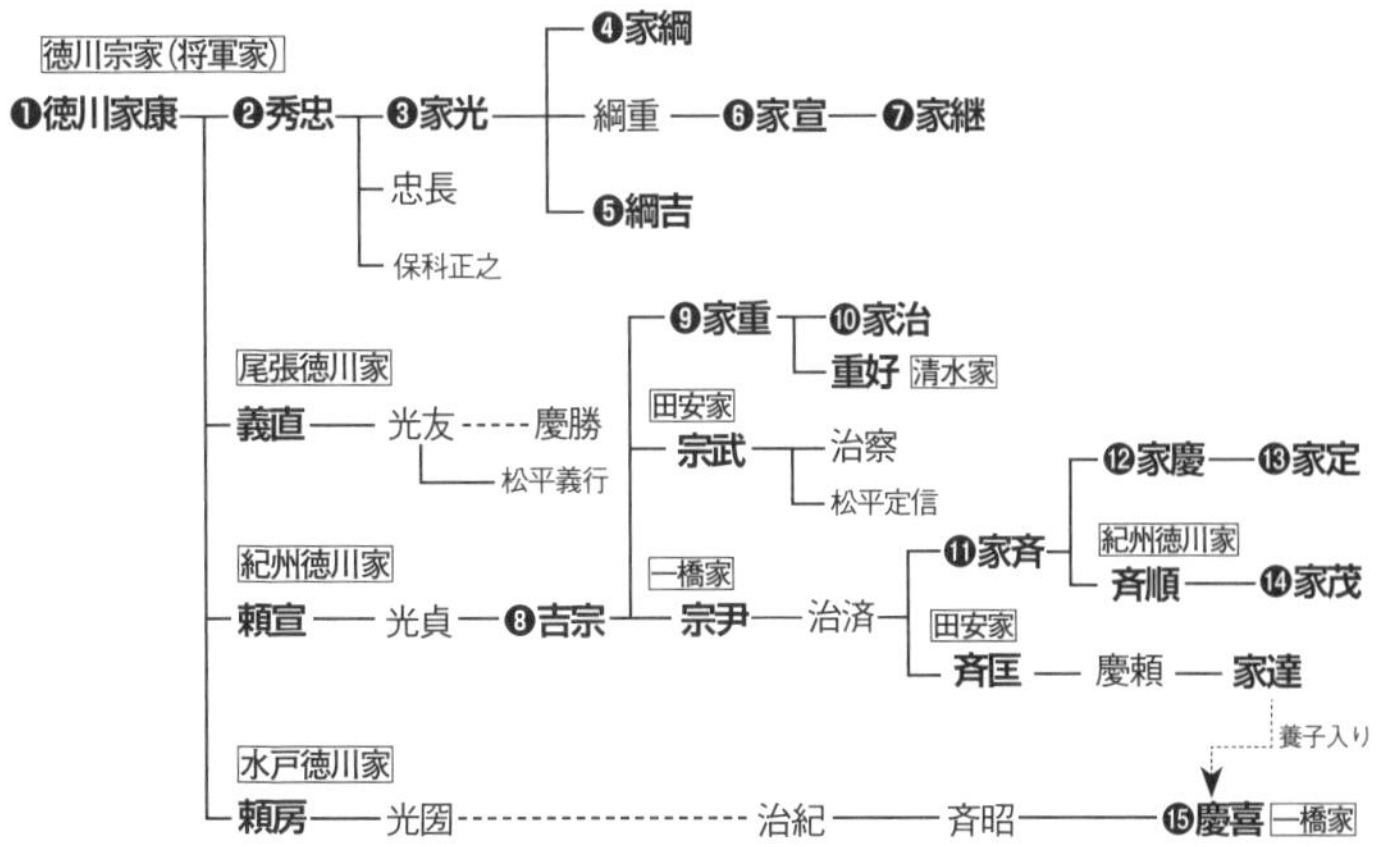

屋に出入りできるかでランク付けされます。徳川幕府の政治の中心となったのは、将軍家の分家筋と譜代大名が詰める「帝鑑《ていかん》の間《ま》」です。それよりも高い家格の大名は、基本的には関わらないシステムです。

江戸の政府システムと並んで重要だったのが、朝廷と西国《さいごく》大名の監視です。これは、どの時代でも同じです。江戸幕府と同様、東国に幕府を置いた鎌倉時代には、京に六波羅探題《ろくはらたんだい》を置きました。将軍が京にあった室町時代は、東国に置いた鎌倉公方《くぼう》が軍事を含む地方長官として重視されています。ちなみに関東管領《かんとうかんれい》は鎌倉公方を補佐して実務を行う役職です。江戸幕府は政府が東にありますから、京都所司代《しょしだい》が重要な役職でした。江戸にいる幕臣らを除けば幕府の中でも最高の実力者で、幕閣たる老中《ろうじゅう》への出世コースとなりました。

徳川家にとって脅威となる外様大名も、牙を抜かれていきます。加賀百万石で知られる前田家は、バカ殿を装うのが慣例となったほどで、第三代藩主の前田利常《としつね》は「鼻毛大名」で知られています。鼻毛を伸ばして江戸城に登城したとか。利常の父は、豊臣政権で諸将から家康を凌駕《りょうが》する人望を集めた前田利家《としいえ》です。戦国時代であれば家康にとって大変な脅威ですが、前田家は経済大国として生きることを選びます。当初八〇万石を知行されますが、兄の利長《としなが》のときに秀頼との関係を疎遠にし、家康には母を人質に差し出します。家康に人畜無害だと示して領地の加増を受け、百万石を許されました。前田家は、みすぼらしい着物を着ていると見せかけて、裏地が金箔《きんぱく》というような生き残り策を採用します。

家康の作った仕組みの中で、幕府のシステムと並んで重要なのが法制度です。家康は念には念を入れた法整備を行います。元和《げんな》元（一六一五）年、家康は大名たち武家を対象に「武家諸法度」を定めます。同時に、朝廷に対しても「禁中並公家諸法度《きんちゅうならびにくげしょはっと》」で、法の縛りをかけました。これまでの天下人と家康が大きく異なるのは、天皇を法で縛った最初の臣下となったことです。朝廷と武家との窓口を徳川幕府に一本化し、大きな国力を持つ大名らが勝手に朝廷と接触したり、結託して徳川家に対抗したりすることを避けるためです。「武家諸法度」「禁中並公家諸法度」と同時に整備された「寺院法度」も、同じ目的です。

江戸時代の政策として有名な「鎖国政策」は、家康のときには行っていません。家康は貿易振興を図ります。慶長五（一六〇〇）年四月に豊後《ぶんご》に漂着したオランダ船、リーフデ号に乗り組んでいたイギリス人のウィリアム・アダムス、オランダ人のヤン・ヨーステンを外交の相談役として、朱印船貿易を行います。よく「キリスト教を禁止した」と言われるのですが、キリスト教は大きくカトリックとプロテスタントに分けられます。家康が行ったのは、カトリックの禁制です。プロテスタントは、布教活動は消極的です。戦国時代によく登場するイエズス会はカトリックの布教を行う団体でした。日本の戦国時代から江戸時代初期にかけては、派遣元のヨーロッパでは宗教改革の嵐が吹き荒れ、カトリックとプロテスタントが大きく対立していた時期です。日蘭の貿易が始まって一〇年経たないうちに、ヨーロッパでは三〇年戦争（一六一八～四八）が始まっています。オランダはプロテスタントの国なので日本とは摩擦もなく、江戸時代を通じて長い友好関係を築きました。

家康は、こうして国作りの基礎を固めていきました。当時の日本全体の国力は三〇〇〇万石といわれています。このうち、四〇〇万石が江戸幕府直轄の天領です。三〇〇万石が幕臣の旗本領、さらに徳川家臣の譜代大名が持つ領地を合わせれば、徳川家の権力は圧倒的です。この頂点に立つ徳川将軍は、信長や秀吉、家康のような才覚がなくとも、家光のような人格がおかしな人でも務まります。将軍の周囲を固める側近や、幕府を切り回す官僚が優秀だったからです。家康は、絶対に将軍になる資格を持ち得ない親藩が、将軍を支える形を作ったのです。

こうした家康の統治システム作りの総仕上げとなったのが、慶長一九（一六一四）年の大坂冬の陣、翌元和《げんな》元（一六一五）年の大坂夏の陣の二回にわたる、大坂の陣です。

家康は二〇万の大軍を繰り出して、大坂城を囲みます。秀頼も、かつて関ヶ原の戦いで豊臣方に付き、徳川幕府の世で不遇をかこつ浪人を一〇万近く集めました。

大坂の陣は家康にとって初めて、圧倒的な大軍で敵を取り囲む戦となりました。ところが冬の陣では大坂城の守りを突破できず、講和に持ち込みます。秀頼も真田幸村《さなだゆきむら》ら諸将も講和に反対したのですが、秀頼の近臣は戦で滅ぼされるよりは豊臣家を存続させようと和議を結びます。ところが、和議を結んだ直後に、家康は大坂城の濠《ほり》を埋め立てさせ、二回目の大坂城攻めに取り掛かりました。

翌年の夏の陣では、秀頼方で集められる浪人も減り、籠城《ろうじょう》のための重要設備である濠はすでに失っています。諸将は野戦に打って出たものの、家康方の大軍に押されて撤退を続け、ついには大坂城に火を掛けられて豊臣方は敗北します。とはいえ、この過程で豊臣方の真田幸村が家康の本陣を突く活躍をしました。圧倒的な大軍を動員しながら、家康は殺されかけています。

ともかくも、秀頼は戦の結末を見届けて自刃《じじん》し、家康はすべての脅威を取り除くことに成功します。大坂夏の陣のとき、家康は七四歳になっていました。「人間五〇年」の時代では、大変な長生きです。

家康は、大坂の陣で勝ち、法整備を終えた翌年、鷹狩《たかが》り先で病気になります。このとき、鯛《たい》の天ぷらを食べすぎて食中毒になったという説がありますが、最近では胃がんだったのではないかと言われています。およそ三カ月の闘病のすえ、元和二（一六一六）年四月一七日、家康は七五歳で死去します。

どんなときでも生き残る方法を考え、自分が生き残った後には自分の子孫が生き残る方法を考え、その準備をすべてやり切って生涯を終えました。

本居宣長――日本史最高の〝文芸評論家〟

文芸評論家とは、作品に価値を与える人、誰もが気づかなかった文芸作品の価値を発見して、世間に評価を定着させる人のことです。その意味で、本居宣長《もとおりのりなが》は、日本史最高の文芸評論家と称してよいでしょう。

宣長は、江戸時代中期の人です。その江戸時代とは、どのような時代だったでしょう。

徳川初代将軍家康、二代将軍秀忠《ひでただ》、三代将軍家光《いえみつ》の時代は、戦国の気風が薄れてきたとはいえ、幕府が諸大名に対し居丈高に接する武断政治の時代です。少しでも幕府の機嫌を損ねれば、どんな大大名も一瞬にして改易、すなわち領地を召し上げられる時代です。

それが四代将軍家綱《いえつな》のころには文治《ぶんち》政治と呼ばれる、平和で呑気《のんき》な世の中になります。貨幣経済が発達し、都市に人が集まるようになりました。戦《いくさ》など過去の遺物、人々の物も心も穏やかになったことで、文化が生まれていきます。結果、三都《さんと》と呼ばれる、江戸・京都・大坂は、世界でも有数の都市になります。江戸は政治の中心、大坂は経済の中心、そして、実は大坂よりも人口が多く経済力豊かな京都が学問の中心でした。政治権力は江戸幕府が握り、経済力は民間が握り、そして文化は皆が持っていました。

学問の中心となっていた京都は、文化人のセンターでした。日本全国から向学の志を持った人たちが集まってきます。当時の最大のメディアは手紙です。全国の情報を得るのは手紙でのやり取りです。文化人たちは実際に会わずとも、手紙で互いの学問を深めていました。宣長も師匠の賀茂真淵《かものまぶち》と会ったのは一度だけですが、生涯にわたって手紙のやり取りをしています。

こうした時代に登場したのが、本居宣長です。

宣長は享保《きょうほう》一五（一七三〇）年、三重の松坂《まつさか》の木綿問屋小津《おづ》家に生まれます。宣長が生まれる前に小津家は男の子宗五郎《そうごろう》を養子にもらっていたので、宣長は実質次男です。父が亡くなったあと、商売を継いだのは養子の宗五郎でした。

宣長は八歳のころから手習いを始め、父が亡くなったあとも母の強い意向もあり、勉強を続けます。一五歳で元服後、江戸の叔父の店で見習い奉公をするも、商売には向いていないと一年で松坂に戻りました。母もそれを認め宣長に医者になるように勧めます。

宣長は儒学者堀景山《ほりけいざん》に弟子入りし、医者の勉強をするためには漢籍を読む力が必要だと、まずは漢籍を学びます。医学を学ぶかたわら和歌にも魅《ひ》かれ、景山が貸してくれた、国学者契沖《けいちゅう》の本を読み『万葉集』に深く接していきます。そして医者になり、郷里松坂に戻って開業します。

この時代の日本は「医者だから教養を身に付けなければいけない」と、儒学も学ぶ時代でした。

宣長は医師としての仕事で生活を支えながら、仕事の合間に国学を研究し、宝暦《ほうれき》八（一七五八）年、二九歳のときに『源氏物語』の講釈を始めます。その後四〇年間続く古典講釈の始まりでした。

もちろん、『源氏物語』の原典は残っていません。鎌倉時代の写本が、現存する最古の版です。原典が残っていないからこそ、解釈が分かれ論争の種となり、そして多くの人たちを魅了してきました。

ちなみ、島内景二『源氏物語ものがたり』（新潮新書、二〇〇八年）は、藤原定家《ふじわらのていか》をはじめ、最後は『源氏物語』を英訳したイギリスのアーサー・ウェイリーまで、九人の『源氏物語』に文学的価値を認めようとした人たちの列伝です。もちろん、本居宣長も取り上げられています。ご興味のある方は、どうぞ。

はっきり言って、『源氏物語』は悪文です。「誰が」「何を」指しているかわからない、現代の出版社で校閲に出せば、真っ赤にされるレベルです。中身に関しても、「マトモな男が読むような対象ではない」とする論者も多くいました。しかし、それらの批判を超えて、作品の価値を見出し、評価を定めたのが、本居宣長だったのです。紀元一〇〇〇年、ヨーロッパの人間が十字軍、中国人が五代十国の乱で殺し合いをやっている時代に、あれほど繊細な男女の機微を描いた作品があったのです。今では世界的に名作とされています。現代の小説家にも、「人生最後の作品が源氏物語の翻訳」という人が多くいます。

学生運動が盛んだった一九六〇年代、マルクスにかぶれた学生が『源氏物語』が専門の教授に向かって、「お前の仕事には生産性がない」と迫り、教授は言い返せなかった話があります。

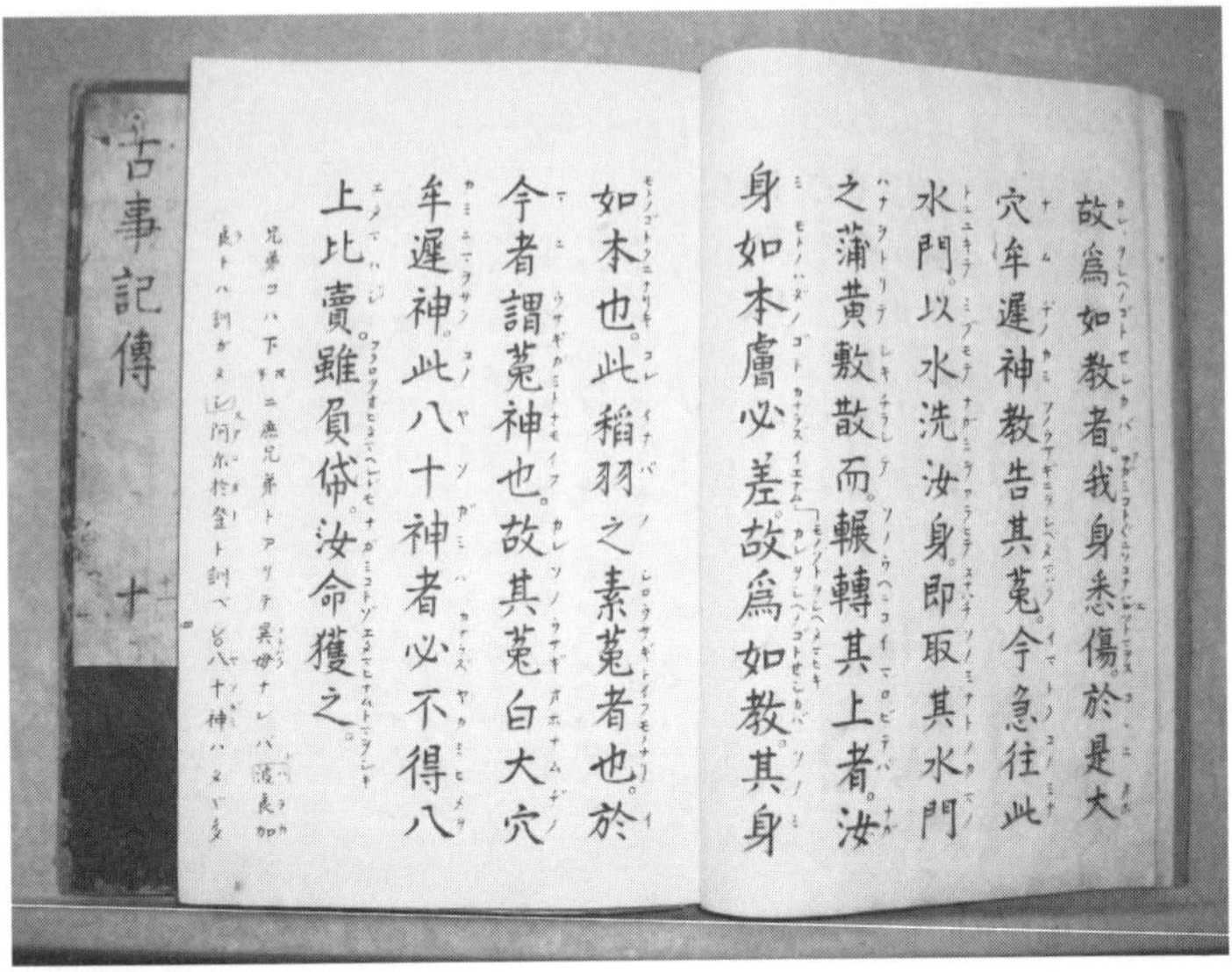

『古事記伝』自筆稿本（本居宣長記念館所蔵）。美しく読みやすい文字

では、本当に生産性がないのか。『源氏物語』は英語訳を含めて、すでに三二の言語に翻訳出版され、全世界に広がっていて、日本人のすごさを証明しています（注2、3）。生産性がないどころではありません。マルキストのほうが、文化を理解できていないだけです。

宝暦一三（一七六三）年五月二五日。松坂の宿新上屋《しんじょうや》で、宣長は賀茂真淵に対面がかないました。宣長は真淵に弟子入りし、手紙で教えを受けることになります。宣長が真淵に会ったのはこのときが最初で最後です。宣長のそれからを決定づけたこの日の真淵との対面を「松坂《まつさか》の一夜《ひとよ／いちや》」といいます。宣長三四歳、真淵六七歳のときでした。

そして、「松坂の一夜」の翌年明和《めいわ》元（一七六四）年から、宣長は『古事記』の研究にとりかかります。儒学の「からごころ」に対する、日本人の心「やまとごころ」です。『古事記』も原文は平安時代の写本しかありません。『古事記』は元をたどれば、稗田阿礼《ひえだのあれ》の暗唱によります。『古事記』偽書説があったくらいです。『日本書紀』が六国史の最初であるのに対して、『古事記』はどういうものなのかわからなかったのですが、宣長の読み解きによってわかってきました。昭和五四（一九七九）年一月二三日、奈良市此瀬町《ならしこのせちょう》の茶畑から『古事記』を編纂した太安万侶《おおのやすまろ》の墓とともに墓誌が発見され実在の人物だとわかり、通説では『古事記』も本物だとされています。

宣長は、寛政《かんせい》一〇（一七九八）年に『古事記伝《こじきでん》』（全四四巻）を完成させ、翌寛政一一（一七九九）年に『源氏物語』の注釈書『源氏物語玉の小櫛《げんじものがたりたまのおぐし》』を出版しました。この年、宣長の塾は鈴屋社《すずのやしゃ》と名を改め、全国に四〇〇名以上の門人がいる塾になっていました。

今、我々は『古事記』を『日本書紀』と並ぶ史書と扱っていますが、宣長の時代は有象無象《うぞうむぞう》あふれる中で、『古事記』を拾い出したのです。

宣長が亡くなる享和元（一八〇一）年までに、入門した門人は四八九名を数えたそうです（注4）。

享和元年九月二九日に亡くなるまで学問を楽しみ続けました。

後桜町天皇――人生を皇室存続に捧げた最後の女帝

第一一七代後桜町《ごさくらまち》天皇の御在位は、宝暦《ほうれき》一二（一七六二）年から明和《めいわ》七（一七七〇）年です。

江戸幕府が開かれてから一〇〇年あまりが過ぎ、文治政治が安定したころです。文治政治は、武力を背景とした厳しい処罰などで世の中を治めるのではなく、礼や法、学問によって治めるのが良いとする考え方です。江戸時代の初期に比べると、人口も約一二〇〇万人から三〇〇〇万人あまりと倍増しています。農業はより効率的な農法を求めて農書が多く出版され、実質的に年貢の割合が減って生産余剰を背景に貨幣経済が発達します。つまり、減税と経済成長です。新興商人たちが次々に事業を急成長させた時代です。大坂や京を中心とした上方《かみがた》で町人文化が栄え、当時の元号を冠して元禄《げんろく》文化と呼ばれます。

こうした世の中の変化にともない、第五代将軍徳川綱吉《つなよし》は、幕府の官僚機構でも財政や民政を重視した行政改革を行いました。綱吉の時代に行った貨幣改鋳は、経済活動が大きく広がっていく中で、世の中に出回る通貨量を増やす効果がありました。貨幣に含まれる金銀の含有量を下げて改鋳すると、同じ金銀の量からそれまでよりも多くの貨幣を作ることができるからです。元禄以降、江戸幕府はこうした積極財政と、それを引き締める緊縮財政を交互に繰り返していくのが特徴的です。

将軍綱吉の時代は好景気です。財力を背景に町人たちが貴族の文化を取り入れ、文学や美術が発展したほか、歌舞伎《かぶき》や人形浄瑠璃《にんぎょうじょうるり》のような舞台演劇が盛んになる華やかな世情です。風紀も自由、恋愛も自由、もっと世俗のことを言えば銭湯は男女混浴でしたし、歌舞伎の舞台裏は売春とも結びついていましたから、かなり大らかです。

こうした風潮が引き起こした例が、悪法でよく知られる「生類憐《しょうるいあわれ》みの令」です。これも最初は単なる動物愛護で、将軍が外出するときの通り道に犬や猫がいても構わない程度でした。これが段々と牛馬の扱いや将軍に供する食材、江戸中の飼い犬の登録制度へ拡大し、違反者への取り締まりと厳罰化など、どんどん暴走します。将軍の意図を忖度《そんたく》して歯止めが利かなくなる、忖度政治が蔓延《まんえん》してしまった結果です。

将軍の側に仕える人には、こうした世の中を道徳的に良くないと思う人がいました。綱吉の次の将軍、第六代家宣《いえのぶ》と第七代家継《いえつぐ》（一七一三〜一七一六）に仕えた儒学者、新井白石《あらいはくせき》もその一人です。白石は江戸時代中期に文治政治を整えた人ですが、風紀風潮だけでなく経済にも道徳を持ち込みます。将軍を筆頭に贅沢《ぜいたく》を引き締め、倹約を良しとします。同時に金銀の含有量を減らして同じ額面の通貨を出すのは不道徳だとして非難し、勘定奉行だった荻原重秀《おぎわらしげひで》と激しく対立しました。

このころ、徳川家は大きな転機を迎えます。新井白石が仕えた将軍家継は、わずか五歳で将軍宣下を受け、八歳で夭逝《ようせい》します。跡継ぎなど儲《もう》けていませんから、家康以来の徳川宗家に直系子孫が絶えたのです。そこで紀州徳川家から将軍家を継いだのが、第八代将軍吉宗《よしむね》（一七一六〜一七四五）です。吉宗の就任とともに新井白石は引退し、吉宗は二九年の長期政権を敷きます。吉宗の時代の経済政策は、前半は倹約路線です。享保《きょうほう》の改革で増税により幕府財政の立て直しを図ります。ところが、それだけではいけないと気付き、後半は積極財政に転じました。

吉宗の跡継ぎとして第九代将軍となる家重《いえしげ》（一七四五〜一七六〇）の小姓《こしょう》から、田沼意次《たぬまおきつぐ》が台頭します。田沼家は紀州時代から吉宗に仕えてきた下級武家です。家重と、それに続く第一〇代将軍家治《いえはる》（一七六〇〜一七八六）に仕え、汚職の代名詞のように言われる田沼ですが、富国強兵を目指していました。商人に自由な商売をさせて生産性を上げ、貿易によって国を富ませて国防力を上げなければ、世界の脅威に対抗できないと考えたのです。鎖国政策も転換させ、蝦夷地《えぞち》の開拓を始めてロシアに備える計画も持っていたほどですが、これらは果たせずに終わります。

田沼の主導により、幕府が積極財政に転換し、世の中は再び好景気を迎えます。田沼は、現在では日本に資本主義を用意したという評価もされる人ですが、抵抗勢力に潰されます。

田沼を潰して出世したのが、白河藩《しらかわ》の松平定信《まつだいらさだのぶ》です。時代区分では、この頃から江戸時代後期に入ります。松平定信は将軍吉宗の孫にあたる人で、老中になると田沼とは逆に倹約を徹底しました。歌舞伎や芝居といった遊興を引き締め、自由経済や自由な学問を禁じて幕府による統制を強めます。「寛政の改革」（一七八七〜一七九三）です。松平定信の強い倹約志向と統制は皇室や朝廷にも及び、六年後に定信が失脚するまで続きます。この間、飢饉《ききん》や天災、都市部の大火事などが大きな被害をもたらし、不況を質素倹約で乗り越えようとしてさらなる不況を招くこととなり、民は困窮を極めます。

松平定信が失脚した後は、第一一代将軍家斉《いえなり》（一七八七〜一八三七）が積極財政路線に戻しました。将軍職を譲った後も大御所として政務を執り、文化・文政期の華やかな化政文化をもたらします。ちなみに家斉が死去すると、水野忠邦《みずのただくに》による「天保《てんぽう》の改革」（一八三〇〜一八四三）で松平定信路線へ回帰しようとします。失敗した改革に学ぼうとするのは、経済と道徳の混同があるからです。

ちょうどこの同時代、イギリスには一人の天才によって近代経済学が生まれます。一七七六年、アダム・スミスの『国富論《こくふろん》』が出版されました。限られたパイの分け前で我慢するのではなく、パイを大きくしようという考え方です。民を自由にすることこそが国を富ませ国力を増し、軍事強国をつくる道だと説いて、時のウィリアム・ピット（小ピット）政権が採用した理論です。日本ではまだ知る由《よし》もないのですが、それでも田沼意次や荻原重秀など、近代経済学など知らないまま似た政策を考えた特別な人が幕府の中心に現れた時代でした。

後桜町天皇の御世には、こうした政治・経済の背景があります。

さて、現代日本で「皇位の安定的継承」という言葉がよく聞かれます。これは誤った問題設定です。皇位継承に危機的な状況が訪れるのは現代に限った話ではなく、絶対に子供が生まれる医学がない限り、常に不安定です。江戸時代初期の第一〇八代後水尾《ごみずのお》天皇は二〇人ものお子を儲けましたが、一〇〇年もしない間に皇位継承の危機が起きています。これは、直系の皇族以外は

天皇の系図・江戸時代(107代から121代)

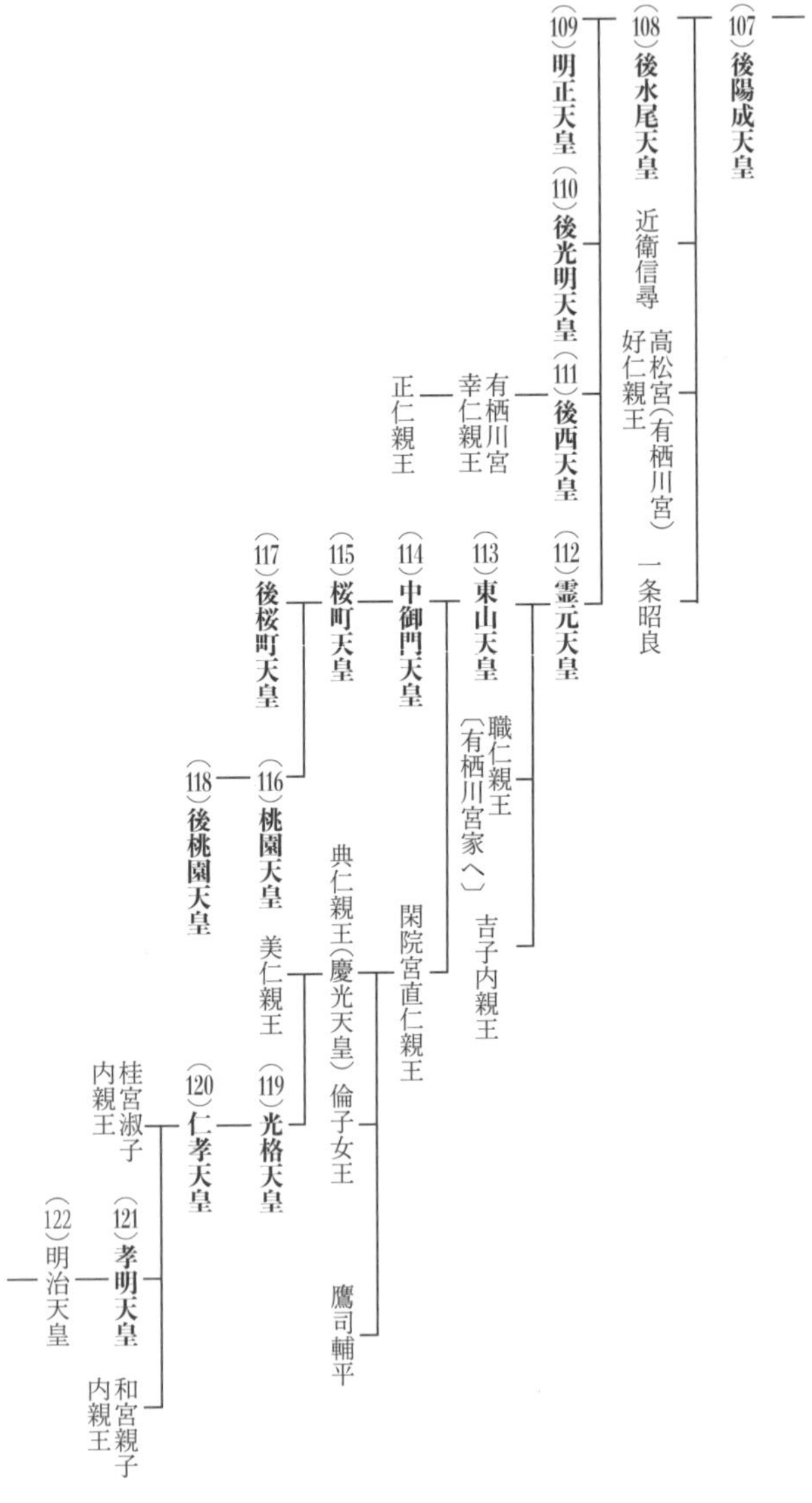

五世以内に姓を賜って皇室から離れる「五世《ごせい》の孫《そん》」の原則があるためです。

　皇位継承の大原則は、初代神武天皇の男系男子孫が代々継承するというものです。これは、お父さんのお父さんのお父さんの……とご先祖様を辿《たど》っていくと、必ず神武天皇に辿り着くという意味です。ところが、男系男子孫ならば永遠に皇族を名乗れるのであれば、無限大に皇位継承者が増えていくことになります。歴史上、よく名前の知られている人たちにも、何世代も前の帝の男系子孫は数多くいます。

　たとえば応仁の乱では、主要な当事者のほとんどが六〇〇年ほどさかのぼれば第五六代清和《せいわ》天皇や第五九代宇多《うだ》天皇につながります。異なるのは、百済からの渡来系子孫を名乗った大内氏、藤原氏の流れをくむ富樫《とがし》氏ぐらいです。応仁の乱は京都を焼け野原にしましたが、天皇の地位を狙《ねら》った争いではありませんでした。それどころか、政治の勢力を争いながら将軍職すら狙いません。これが外国なら、王位継承権を主張して争うところです。一五八五年～一五八九年にフランスで起きた「三アンリ戦争」など、王族というだけで血縁としては赤の他人ぐらい遠い三人が、フランスの一つの王冠をめぐって争っています。ちなみに、三人とも名前が「アンリ」なので、「三アンリ戦争」です。

　日本でフランスのような争いが起こらないのは、天皇をご先祖様とする男系の男子孫でも、一定の世代の間に皇族ではなくなるという決まり事が歴史の先例として確立しているからです。ところが別の問題も起こります。江戸時代中期頃になると、大勢のお子を儲けた天皇があっても、皇位を継がれる東宮お一人以外の皇子たちは大抵出家してしまう慣習があったのです。これでは、直系の皇子が生まれなかったり、天皇が若くして病などで崩御してしまったら、継ぐ人がいなくなってしまいます。皇位継承は、お子が多くても、少なくても安定しないものなのです。だから直系の方々を支える宮家が重要になるのです。早くにこのことに気づいたのが、新井白石でした。

白石は、六代家宣が将軍職に就いた宝永六（一七〇九）年、将軍家の永続にはまず皇室の繁栄が大切だとして、親王家設立の意見書を提出しました。ちょうど第一一三代東山《ひがしやま》天皇が崩御した年で、朝廷からも同様の御遺旨《ごいし》が届きます。翌年には、東山天皇の皇子、直仁《なおひと》親王を初代当主として閑院宮家《かんいんのみやけ》が創立されました。後桜町天皇から見て、曾祖父が東山天皇、祖父の第一一四代中御門《なかみかど》天皇の弟が直仁親王です。

そして本当に、閑院宮家が皇統断絶の危機を救うことになるのです。

宝暦一二（一七六二）年、第一一六代桃園天皇が二二歳で崩御します。皇子はいましたが、たった一人の継承者となる英仁《ひでひと》親王はまだ四歳です。そこで、姉で二二歳の後桜町天皇が皇位を継ぎます。後桜町天皇は、明らかに直系継承を守るための中継ぎです。六年の養育を経て英仁親王を東宮に立てます。

その二年後、明和七（一七七〇）年一一月、後桜町天皇は英仁親王（第一一八代後桃園《ごももぞの》天皇）に譲位しました。ところが、後桃園天皇も父帝と同じ二二歳で崩御します。皇位継承に深刻な危機が訪れました。後桃園天皇には皇子がなく、遺されたのは生まれたばかりの皇女、欣子《よしこ》内親王だけだったのです。この危機を救ったのは、六〇年前の閑院宮家の創立でした。

後桜町上皇は、閑院宮家からの皇嗣冊立《こうしさくりつ》を主導し、大きな混乱を及ぼさずに実現します。こうして迎えられたのが江戸時代後期の第一一九代光格《こうかく》天皇（一七七九～一八一七）です。皇位を継いだとき、九歳でした。江戸の徳川政権は、老中松平定信が実権を握っていた時代です。光格天皇は、英邁《えいまい》な君主に成長します。

皇位継承の直後から、大きな天災や飢饉で民間経済は困窮します。松平定信は、自身の経営する白河藩では倹約と備蓄で餓死者を出さなかったと言われます。その一方、全国各地には米価高騰で苦しむ民が大勢いました。各地で関所破りや打ちこわしが頻発します。白河藩こそ苦しみませんでしたが、その余波で周辺の藩は米を買うこともできず餓死者が続発だったとか。

初代将軍家康の定めた禁中並公家諸法度によって、朝廷が政治に関わることができなくなってから二世紀が経ちます。朝廷と幕府の関係も、第三代将軍家光以降は安定的に推移してきました。幕府官僚による法律や財政の運用も固まっています。光格天皇は学問を大いに奨励して朝廷の旧儀を回復し、天皇の権威も高いのですが権力はありません。天皇が幕府のご政道に物申せば、どんな結果を招くかわからないなかで、困窮した民は御所に救済を願い参詣《さんけい》するようになります。「御所千度参り《ごしょせんどまいり》」です。

天明《てんめい》二（一七八二）年から、実に六年間も続いた天明の大飢饉の最中、天明七（一七八七）年六月上旬から見られるようになった御所千度参りは、六月半ばには三万人に膨れ上がり、最後には五万人から七万人の民が集まったと伝わります。光格天皇は関白や武家伝奏《ぶけてんそう》を通じて松平定信に再三の救民策を求め、ようやく幕府が救済策と米価高騰に乗じた商人や役人の処罰を行う始末となりました。松平定信は、政治に口を出す光格天皇を警戒します。

光格天皇と松平定信は、飢饉への対策以外にも直接的に対立しています。「尊号一件」と呼ばれる事件です。光格天皇の父、閑院宮典仁《すけひと》親王は後桜町上皇の意を受け、光格天皇の後見役として重要な役割を果たしていました。しかし、禁中並公家諸法度で官職の序列に従って定められた席次では、決して重んじられた処遇ではありませんでした。そこで光格天皇は、鎌倉時代の後高倉《ごたかくら》上皇の例にならい、典仁親王に上皇の尊号を贈りたいと幕府に申し出たのです。後高倉上皇のように、天皇にならずに太上天皇の尊号を贈られた方を不登極帝《ふとうぎょくてい》といいます。ところが松平定信は、この申し出に強硬に反対しました。定信が仕える将軍家でも、似たような状況があったからです。

松平定信が仕える将軍家斉は、一橋家《ひとつばしけ》から将軍職を継いでいます。一橋家は、第八代将軍吉宗の子を始祖として設立された、御三卿《ごさんきょう》のひとつです。皇位継承の不安定を補うために宮家を創立したように、徳川将軍家もまた、田安家《たやすけ》・一橋家・清水家《しみずけ》という将軍家継承のための家を創設していたのです。家斉の父、一橋治済《はるさだ》は将軍職には就いていませんが、家斉は「大御所」の処遇をしたいと考えました。年若い将軍家斉を指導し、幕政を掌握してきた定信にとって、将軍継《けい》嗣《し》問題の解決に自分の子を押し込むほど政治力の高い治済が大御所になられては困るのです。

光格天皇の申し出を徹底して否定しているのですから、同様の事情にある家斉が父を大御所として遇したいという希望も通りません。これがきっかけとなり、定信は家斉から遠ざけられ、失脚しました。これこそが光格天皇の狙いでした。

一時期は光格天皇と定信が直接対決する形で朝幕関係が緊張しますが、一貫して光格天皇の相談役となったのが後桜町上皇です。御所千度参りにあっては、御所周辺の公家たちとともに参詣《さんけい》者《しゃ》に食物を振る舞い、協力しました。尊号一件では、状況が緊迫すると天皇に近侍する公卿《くぎょう》に訓戒して、事を穏やかに治める手助けをします。後桜町上皇が表に出るのではなく、常に後ろに控える相談役に徹して天皇を支えました。

結果、悪政を続けた定信を放逐し、民は救われました。その後、景気は回復しただけではなく絶好調、文化文政の円熟した時代を迎えます。

ところで後桜町上皇のご事績では、和歌に秀でていたことがよく知られています。現代まで伝わっている日記の研究から、明るく快活なご性格や、学問に励まれ英明だったことも伝わっています。そして、何よりも皇統保守にご自身の人生すべてを捧《ささ》げられました。

歴代女帝は、八方一〇代。八人すべての方が、未亡人か生涯独身です。後桜町天皇も未婚です。自身が子をなさないことで皇統を守った方々です。もし自分が結婚するとなれば相手は誰になるのか。それ自体が争いの種ですから。

文化一〇（一八一三）年、七四歳の生涯を終えます。

後桜町天皇の人生は、次のたった三文で表すことができます。①子供のころから皇室の危機を当事者として目にしていました。②皇位継承が危機に瀕《ひん》したとき、ご自身の人生を捧げ、一生を独身で通します。③政治の表舞台には一切立たず、天皇二代にわたり相談役として支え続けました。

ただし、その一つ一つが、どれほどの苦難の道だったか。一文、一文の大変な重みを知らずして、皇室の議論はできません。

緒方洪庵——日本の危機を学問で救った偉人

天保《てんぽう》九（一八三八）年。日本の歴史を変えるような出来事が、静かに起こっていました。

その年を挟む前後はそれぞれが激動の年でした。前年の天保八（一八三七）年には大塩平八郎《おおしおへいはちろう》の乱や生田万《いくたよろず》の乱があり、五〇年もの長きにわたって征夷大将軍の地位にあった第一一代徳川家斉《いえなり》が将軍を辞めています。後の年、天保一〇（一八三九）年には蘭学者《らんがくしゃ》が迫害された蛮社《ばんしゃ》の獄《ごく》が起こります。さらに、天保一一（一八四〇）年には清《しん》でアヘン戦争が勃発《ぼっぱつ》しました。

前後の波瀾《はらん》に満ちた年に挟まれた天保九年。何もなかったように見えるこの年に起こった、日本の歴史を変えるような大事件とはいったい、どんな出来事だったのでしょうか。

本節の主人公、緒方洪庵《おがたこうあん》（一八一〇〜一八六三）が生まれる前後の日本の状況を見ていきましょう。

徳川家斉の文化文政の時代は経済と文化は絶好調ですが、国防努力はゼロです。ヨーロッパでのナポレオン戦争の余波が日本にも到達し、緒方洪庵が生まれる二年前の文化五（一八〇八）年には、フェートン号事件のようなマヌケな事件が起こります。大英帝国の軍艦フェートン号一隻に長崎が荒らされました。フェートン号は長崎港でフランスの手下のオランダ船を追いかけまわし、オランダ商館の館員二人を人質にして、水と薪を寄越せとやりたい放題やった挙句に引き揚げていきました。日本側はなすすべもなく、警備にあたっていた現場責任者長崎の奉行松平康英《まつだいらやすひで》一人に切腹させた、当時の日本の平和ボケを象徴する事件でした。最高責任者の将軍家斉は何も考えておらず、うやむやのままになりました。

しかし、危機感を抱いていた人もいました。在野の政治・経済学者だった林子平《はやししへい》などは、各地を回り外国の情報を得ていました。隣国の地理を知る重要性を唱え『三国通覧図説《さんごくつうらんずせつ》』、ロシア南下の危機に備えよと説く『海国兵談《かいこくへいだん》』などを出版します。ところが、折からの「寛政異学の禁」に引っ掛かり発禁処分に遭い、板木まで取り上げられて蟄居《ちっきょ》を命じられます。子平は「親も無し妻無し子無し板木無し金も無けれど死にたくも無し」と詠み、号を〝六無斎《ろくむさい》〟と称するような人でした。フェートン号事件は子平が処罰を受けて、約二〇年後のことです。松平定信が更迭され、家斉の親政となっても、平和ボケは何も変わりませんでした。

そのような時代の文化七（一八一〇）年、緒方洪庵は武士の三男に生まれます。洪庵の家は、石高がわずか二万五〇〇〇石の備中足守《びっちゅうあしもり》藩の家臣の下級武士でした。逆にそのような家の三男だったので家を継ぐ必要がなく、自由に進路を選べました。

文政八（一八二五）年、洪庵は父の転勤に伴い大坂に出て、いったん、三カ月くらいで足守に戻ります。

当時、昌平坂《しょうへいざか》学問所で官学として朱子学が教えられていましたが、朱子学に対する批判も多くなされていました。また、各藩には藩校があり、いわゆるエリート校でした。その一方で、昌平坂学問所や藩校とは関係なく、民間の私塾がとても流行《はや》っていました。塾に入ったからといって、就職が絶対保障されているわけではない私塾が日本中に数多く存在し、皆が勉強していました。

この年、異国船打払令《いこくせんうちはらいれい》が出されます。日本に近づく外国の船で、清とオランダ船以外は砲撃して撃退せよとの命令です。

洪庵は文政九（一八二六）年、大坂の蘭学者中天游《なかてんゆう》の思々斎塾《ししさいじゅく》に入門し、西洋医学を学びます。天保元（一八三〇）年には江戸に遊学し、蘭方医のもとでさらに修行をしていきます。そのうえ、天保七（一八三六）年から二年間、長崎で開業しながら修行を積みます。

今の日本のように、〇〇大学〇〇学部に入れば、四年間でそれだけ習って卒業するといった制度ではなく、学びたいことを、習いたい先生に習って、最終的に卒業論文を書いたなら卒業資格が得られる、ヨーロッパの大学に近いやり方です。ヨーロッパ型ユニバーシティの制度《ハード》はなくとも中身《ソフト》があり、学問の実質があるわけです。そうしたやり方で洪庵は大坂、江戸、長崎と自由闊達《かったつ》に見聞を広めていきました。

天保八（一八三七）年ころになると、天保の大飢饉が起き、景気が悪化します。無策な幕府に対して、大塩平八郎の乱、生田万の乱が次々と起きました。そして、将軍家斉が将軍を辞めるのもこの年です。

徳川家斉の時代は経済と文化は絶好調でした。文化は家斉がやったわけではなく、勝手に好調だったのは、家斉が経済政策で好き勝手やらせたのが文化振興につながったのです。家斉は何もしないのが最高の美徳といった政治家の典型です。ただし、やらなければいけない安全保障は全くやっていなかったので、フェートン号事件などというお粗末な事態が起きたわけです。

皆、危機を知っています。松平定信以来、頭では。ロシアは隣りあった大国で、イギリスも頻繁に来ていましたし、少しでも外国の本を読めば、イギリスとロシアがカスピ海あたりでグレートゲームをやっていて、世界中で覇権抗争をやっているとわかっているわけです。

日本は内外ともに危機でした。

そんな天保九（一八三八）年。緒方洪庵が大坂瓦町《かわらまち》で蘭学塾、「適々斎塾《てきてきさいじゅく》」を開きます。「適《てき》塾《じゅく》」です。

天保九年に起きた、日本の歴史を変えるような大事件とは、適塾の開設です。しかし、このときはまだ、適塾が日本の歴史を動かす塾になるとは、緒方洪庵本人もわかっていないでしょう。

適塾は医者を育てる塾でありながら、実力制のゼミでした。全国から塾生が集まる適塾は住込み制です。入門すると、まず入り口に一番近い所に畳一畳のスペースが割り当てられ、そこで寝起きも勉強もするのです。ほかには机、紙、墨、筆、そしてオランダ語の入門書も与えられ、原書を徹底的に読んでいきます。実力の段階ごとに分けられたグループの中で、勉強の成果を競い合い、先輩が判定し、勝てば上がり、負ければ下がるシステムです。実力制なので、朝から晩まで明かりが消えたことはなく、電気の本などが輸入されるとむさぼり読んでいました。

その中で最も優秀だったのが大村益次郎《おおむらますじろう》です。適塾の『姓名録』の五二番目に名前が出てきます。入門一年で塾頭になった恐ろしくできる人です。

大村益次郎は本を読んだだけで戦に勝てるのです。慶應《けいおう》二（一八六六）年、第二次長州征伐こと、四境《しきょう》戦争のときに本で読んだ知識だけで、初めて軍隊を指揮して三倍の兵力の徳川軍を撃退します。四方向ならぬ、五方向から攻め込んでくる徳川を撃退するどころか、逆襲に転じ、城まで奪ってしまいました。

益次郎は医者としては不愛想《ぶあいそう》だったので通用しませんでした。幕府でオランダ語の翻訳の仕事をしているときに、宇和島に呼ばれて黒船を造ってしまった話はあまりにも有名です。

そんな超人が塾頭を務めた適塾の塾生の顔ぶれを見ると、福井藩松平春嶽《まつだいらしゅんがく》の側近として〝切れ者〟と言われた橋本左内《はしもとさない》、日本赤十字社の前身博愛社を設立した佐野常民《さのつねたみ》、戊辰戦争《ぼしんせんそう》の五稜郭《ごりょうかく》の戦いで敵味方の区別なく治療した高松凌雲《たかまつりょううん》、清国公使・朝鮮駐箚《ちゅうさつ》大使として袁世凱《えんせいがい》との交渉に毅然《きぜん》と臨み日清戦争開戦の理由をつくった大鳥圭介《おおとりけいすけ》、東大医学部の前身東京医学校の校長や内務省初代衛生局長を歴任し日本に〝衛生〟の語をもたらした長與專齋《ながよせんさい》、慶應義塾を創設した福沢《ふくざわ》

大阪北浜に今も残る適塾の建物

諭吉《ゆきち》、漫画家・手塚治虫《てづかおさむ》の曾祖父で陸軍軍医として活躍した手塚良庵《りょうあん》、箱館奉行として江戸時代最後の築城にして日本初の西洋式城郭五稜郭の設計・建設にあたったほか兵制の草創期に尽力し、主に科学・技術分野で多くの後進を育てた武田斐三郎《たけだあやさぶろう》、現在の国勢調査のもとになった調査を行い「日本近代統計の祖」と言われる杉亨《すぎこう》二《じ》、世界で最初にアドレナリンを発見した高峰譲吉《たかみねじょうきち》、「近代製鉄の父」と呼ばれ日本の産業の基礎を築いた大島高任《おおしまたかとう》、などなどとても挙げきれません。

　適塾の『姓名録』によれば、適塾に入門したのがわかっているだけで天保一五（一八四四）年から元治《げんじ》元（一八六四）年の塾生は六三六人。それ以前に洪庵に教えを受けた者、通塾した者などを併せれば一〇〇〇人以上にもなるといわれています（注5）。

　さて、家斉が将軍を辞めて大御所になっても、実質、家斉政権が続いています。そして、蛮社の獄のような愚かな学問弾圧をやらかします。これは、江戸幕府がまともな安全保障ができず、批判に耐えられなくなった末の愚挙です。正論を言われると、権力を使って弾圧したくなるわけです。

天保一一（一八四〇）年、アヘン戦争が起こります。お茶がよく飲まれるようになったイギリスでは、清《しん》からお茶の輸入が増えていました。代金支払いのため、銀の流出が増大していきます。イギリスは銀での支払いに代えて、インドで栽培したアヘンを使います。清にアヘンが大量に入り、清ではアヘン中毒の蔓延が問題になっていました。

欽差《きんさ》大臣林則徐《りんそくじょ》が一四〇〇〇トンにも上るアヘンを没収し、焼き捨てました。これに怒《いか》ったイギリスが軍艦を派遣し、海上から清を攻撃します。結果、林則徐は強硬なアヘンの処分が戦争を招いたと左遷《させん》され、清は降伏条件としてイギリスに香港島《ホンコンとう》を割譲させられました。一八四二年に「租借《そしゃく》」の名で奪われた香港島が戻ったのは一九九七年です。このとき香港島を受け取ったのは、奪われた当事者の清ではなく、その次の次に興った国、中華人民共和国でしたが。

林則徐の側近の学者魏源《ぎげん》が著した、国際情勢の報告書ともいうべき『海国図志《かいこくずし》』は、本国の清よりも日本で読まれていました。

隣国のアヘン戦争に危機感をいだき、このとき改革をしなければならないと決心していた人が一人いました。水野忠邦《みずのただくに》です。ところが、忠邦が採った策が、〝老害が死ぬのを待つ〟でした。そして、忠邦が天保一二（一八四一）年、大御所家斉が死ぬのを待って始めた天保の改革が政策としてことごとく間違っていたのですから、目もあてられません。特に、経済対策が絶望的に間違っていて、豆腐の値段を三割下げろなどと言い出す始末です。商人たちは、大きさを七割にした豆腐を売り出すだけでした。

水野忠邦は民の自由を縛ることばかりやり、よけいに景気が悪くなって、さらに既得権益層から領地を取り上げようとして返り討ちに遭い、二年で放逐されました。老害が死ぬのを待っていたら、実は自分も老害になってしまっていた人でした。

そんな愚かで無能な為政者をよそに、洪庵は社会貢献を続けます。嘉永《かえい》二（一八四九）年、緒方洪庵は大坂で種痘《しゅとう》に成功し、種痘所を設けます。「除痘館《じょとうかん》」と呼ばれた種痘所の活動から、種痘が普及していき、天然痘の蔓延を防ぐことに成功します。世界保健機関（ＷＨＯ）が、全世界の天然痘根絶宣言を行った昭和五五（一九八〇）年に先駆けること一三〇年の偉業です。

洪庵は医者としても超一流の人なのです。

ペリーの黒船が来て、ロシアからはプチャーチンが来てと日本を取り巻く情勢は危機がつのっていきます。

政治が絶望的なまでに、何の実行力も発揮できない中、疫病が流行《はや》ります。かかれば三日でころりと死ぬから、〝コロリ〟と呼ばれたコレラです。安政五（一八五八）年、大坂にコレラが大流行します。このときの流行は江戸にまで広がりました。コレラの流行に、緒方洪庵は命がけで立ち向かいました。自分がかかるのがイヤだからと診療せずに補助金をもらうような医者とは違います。

洪庵は疫病が流行ったときに大事なことは、適切な治療法を確立するのもさりながら、人々の心を鎮めることだとわかっていた人です。そして、命がけで最前線に立っていました。

さて、洪庵本人は立派な人材を育てた優れた人なので、最高権力者に近づいて政治で実現したほうがいいですよなどと、お節介をしてくる人がいました。いつの時代も変わりません。時の首相やら与党やら、権力に近づくのを勧めてくる人がいるものなのです。洪庵は江戸幕府の奥医師に任命され、奥医師は丸刈りが規則だといわれ、それまで長髪にしていたのを剃髪《ていはつ》して、風邪を引いて死んでしまいました。奥医師に任命された翌年の文久三《ぶんきゅう》（一八六三）年のことでした（注6）。

しかし、洪庵の死は無駄ではありません。多くの弟子たちが社会で大活躍しました。そして、洪庵の適塾に代表される立身出世を求めない私塾が全国にあり、多くの文化人たちがいました。そして、「知のサロン」の人々は、何が正論なのかを知っていました。正論とは、国を救う道です。

現実政治で、正論を通すのは簡単ではない。しかし、何が正論かを知らないと、正論が通ることとは絶対にない。幕末の人々、国のために命を捨ててもよいと考え、行動した人たちは、皆が正論とは何かを知っていました。

言わば、日本人は賢かったから欧米の植民地にされずに済んだのです。世界中の有色人種の国が白人の奴隷にされていった時代、日本人だけは何をすべきかを知っていた。学びこそが、国を救う道だったのです。そうした人々の集まる最高の場所が適塾でした。

緒方洪庵先生は、学問によって国を救った偉人です。

第六章　大日本帝国の興亡

大久保利通——近代日本への未来を切り拓いた英雄

国防努力を怠り平和ボケする江戸幕府の意思など関係なく、ヨーロッパ列強はアジアへと手を伸ばしていました。世界の覇権を握っていたのは、七つの海を支配している大英帝国です。

一八四〇年、イギリスは清に遠征軍を派遣して、アヘン戦争を始めました。戦争は圧倒的にイギリス優勢で進みます。一八四二年、清国政府は南京《ナンキン》条約を結び、寧波《ニンポー》や上海《シャンハイ》といった主だった港を開港することとなりました。香港《ホンコン》のイギリスへの割譲が決まったのも、このときです。追加条約では、領事裁判権や関税など、不平等な条項が改めて規定されました。

大久保利通《おおくぼとしみち》が生まれたのは、このような時代でした。利通は文政一三（一八三〇）年生まれ、薩摩藩の下級武士の家の長男です。幼馴染《おさななじみ》の盟友、西郷隆盛《さいごうたかもり》とともに育ち、勉学に励みました。二〇歳のとき、薩摩藩主の御家騒動で父が流罪となり、若くして貧しく不遇の時期を過ごしますが、子供のころから共に学んだ仲間に支えられて乗り越えました。

嘉永《かえい》六（一八五三）年、アメリカのマシュー・ペリー率いる黒船がやって来ます。時の老中は、若手政治家の阿部正弘《あべまさひろ》です。幕府の中にも改革の必要性をわかっている人たちがいました。阿部正弘がその筆頭で、薩摩藩主の島津斉彬《なりあきら》や、水戸藩主の徳川斉昭《なりあき》と組んで幕政改革を志します。安政《あんせい》の改革です。

島津斉彬は開明的な藩主としてよく知られています。洋学に通じ、薩摩藩に反射炉や製錬所を設置して殖産興業《しょくさんこうぎょう》を図り、洋式の軍備を整えようと軍艦も造っています。西郷隆盛や大久保利通ら若手の下級藩士らを登用しますが、このころの大久保は、まだ薩摩藩の中で地道に下積みをしています。西郷が先に出世し、江戸で斉彬に仕えていました。

薩摩藩は琉球《りゅうきゅう》を管轄していたため、来航する外国船との外交経験があります。水戸藩は、これより三〇年も前にイギリスの捕鯨船員が武装して上陸する事件が起こり、斉昭は海防の重要性を説いていました。このほかにも、伊予宇和島《いようわじま》藩の伊達宗城《だてむねなり》や、越前《えちぜん》福井藩主の松平慶永《よしなが》など、いずれも内外の危機に対応しようと考えていた大名が阿部の周囲に集まります。

阿部正弘は、本来は幕政に関わらない外様大名らの意見を取り入れ、彼らを政治に参加させるという慣例破りをします。陸海の洋式兵術を取り入れるための訓練所を設け、洋学を研究させるために有能な若手官僚を登用していきました。その間にも、ペリーは条約締結を求めて再来航を予告しています。

このとき、新興国のアメリカが通商を求めて来ていたのは、日本にとってこの上ない好機でした。イギリスやロシアの二大国のどちらかと組めば、覇権争いの中でロシアに呑《の》み込まれてしまいかねません。およそ二五〇年の通商関係を維持してきたオランダは、弱すぎて頼りになりません。そこで、最初に組む相手として、ほどほどのアメリカを選ぶのです。

現代、他国との友好というと、仲良くすることと勘違いされています。国と国が友好を結ぶのは、戦《いくさ》をするのと同じです。ペリーも黒船で脅しをかけ、幕府も祝砲と称して対岸から大砲を撃つ、現代で言うと軍事演習で応じて駆け引きを繰り広げたのです。

この頃になると、大名のほとんどが危機を認識しています。阿部正弘は、ペリー来航を受けて全国の大名に諮問するという、異例の対応をします。水戸徳川家に伝わる「湯蛮彙議《てきばんいぎ》」という史料には、当時、全国から集まった意見書八〇〇通のうち、六〇〇通あまりが収められています。大名からの意見書は二五〇通を数え、ほぼすべての藩が意見書を提出したのです。いずれもアヘン戦争を念頭に、各々の意見が述べられていました。そして戦を避けることが、意見の大勢を占めていました。

かくして、安政元（一八五四）年三月、日米和親条約が調印されました。

全国の大名も、政治改革と国力・軍備増強という正解がわかっています。ところが日本は、ここから一五年間も右往左往することになりました。軍事力を持っていないため、大国に振り回されるのです。

清国では、一八五六年にイギリス（香港）船籍のアロー号の船員を清国の官憲が逮捕した事件をきっかけに、再び戦争が起こっていました。今度は清国に対して、イギリスとフランスが手を組んで出兵しています。日米和親条約にもとづき下田《しもだ》に駐在していたアメリカのタウンゼント・ハリス総領事は、初めて江戸城に将軍を訪ね、国際情勢や清国でのアヘンの害を説き、英仏連合軍の大艦隊が日本に向かって来ると危機を煽《あお》ります。通商条約を結ぶため、アメリカは友好的ですよとアピールします。さらにロシアもやって来るとなれば、やはり日本はアメリカと手を結ぶしかありません。

幕府は政権が代わって、老中首座は堀田正睦《ほったまさよし》になっていました。阿部正弘は若くして病に倒れ、安政四（一八五七）年六月、三九歳で死去します。阿部正弘のときには、これまでの慣例を破る改革と、改革を不満に思う大名や幕僚たちの調整を何とか両立していました。堀田正睦が老中首座となったのも、不満層の調整のため阿部が譲ったからです。

その堀田は、通商条約をめぐり開国やむなしという意見と、鎖国は「徳川の祖法」だと調印に反対する意見との対立を収めるため、よりにもよって天皇に意見を聞きに行ってしまいます。時の第一二一代孝明《こうめい》天皇は徹底した外国嫌いです。条約調印に勅許は出しません。

折しも、幕府内では将軍の後継争いが起こっていました。第一三代将軍家定《いえさだ》が病弱で、子供がなかったからです。阿部正弘とともに幕政改革を目指した大名らは、英邁《えいまい》の評判が高い一橋慶《ひとつばしよし》喜《のぶ》を推します。慶喜は、阿部正弘とともに幕政改革を目指した水戸藩主、徳川斉昭の子です。他に島津斉彬や松平慶永ら、旧阿部正弘派が支持しています。

一方、幕政改革に反対する守旧派幕僚たちは、彦根藩主の井伊直弼《いいなおすけ》を中心に紀州徳川家の当主、慶福《よしとみ》を担ぎます。四歳で家督を継ぎ、将軍継嗣として担がれたときにはわずか一三歳でした。慶福の父、斉順《なりゆき》は大御所時代を築いた家斉の子です。井伊たち南紀派と呼ばれる人たちは、血統の尊重を掲げて、一橋派と対立します。

当時の価値観でいけば、南紀派が正論で一橋派は無理押しです。いずれも父方を辿《たど》っていけば共通の祖、徳川家康に行きつきますが、一橋慶喜はすでに相当代数が離れた子孫です。逆に言えば、神君家康にまでいきつかねば共通の祖先がいない、遠すぎる親戚なのです。

安政五（一八五八）年四月、堀田が勅許を得られず江戸に帰って来ると、三日後に井伊直弼が大老《たいろう》に就任し、事態の収拾に乗り出しました。大老は、老中の上位に位置する臨時の将軍補佐職です。

井伊は、六月には日米修好通商条約に調印を行い、その月のうちに将軍家定の名で、慶福を将軍継嗣に定めることを発表します。一橋派が抗議のため江戸城に押し掛け、慶喜や斉昭、松平慶永らの主だった大名が処罰されてしまいました。こうした中、島津斉彬が七月に急死します。

井伊直弼は、本音では尊皇攘夷《そんのうじょうい》です。彦根藩は京都をお守りする藩で、井伊直弼が阿部正弘に相州（現在の神奈川県）警備を命じられたときにも、井伊家は京都守護の家柄だと反発したほどです。伝統や慣例を破って新規参入しようとする大名たちが開国を言うのであれば、既得権組は祖法を守ることを固持しようとします。井伊も、できるものなら攘夷をしたいし、条約調印も帝の勅許を頂いてからにしたかったのです。攘夷だといっても、清国のように蹂躙されては元も子もないからです。反対派に対しても、それほど厳しい処罰は必要ないと思っていたところ、あまりにも反発が大きかったことで、処罰の対象者がどんどん増えました。これが井伊が死ぬまで続く安政の大獄です。

反対派は朝廷を舞台に工作を行い、孝明天皇から徳川斉昭に対して攘夷の勅諚《ちょくじょう》を取り付けました。工作に関わった人物の情報を幕府が入手するところとなり、吉田松陰《よしだしょういん》のような志士の指導者から、上は関白や宮家にまで処罰の対象が拡大します。このとき、島津斉彬の遺志を奉じて工作活動を行っていた西郷隆盛も追われる身となりますが、斉彬亡き後の薩摩藩は保守傾向を強め、頼ることもままなりません。自害しようとして九死に一生を得たものの、島流しにされました。

この出来事に、自分が何とかしなければと立ったのが大久保利通です。薩摩藩は、斉彬の遺言で異母弟の久光《ひさみつ》の子、島津忠義《ただよし》が藩主となりました。大久保は、事を成すためには自らの力を付けることだと考え、久光に近づきます。共に学んできた仲間たちと精忠組《せいちゅうぐみ》を組織し、若手藩士集団の中心となります。まず大久保が目指したのは、「挙藩勤皇」の実現です。勤皇を薩摩の藩《はん》是《ぜ》としようとしたのです。

その一方、血気盛んな若手藩士たちの中には、要人襲撃計画に参加しようとする者もいました。江戸では井伊直弼暗殺を決行、同時に京で関白や京都所司代を殺害するという、東西同時決起の計画です。脱藩してまで参加しようとした者が四〇人あまりも出たことで、久光や忠義は直筆の書状で時機を待つように説得しました。当時、殿様の直筆書状が下級武士に宛てて直接出されることは異例です。これにより挙藩一致の約束を得た大久保は、若手藩士の過激化抑制に功があったことで抜擢《ばってき》を受け、藩政に関わる地位への道が開けていきます。

万延《まんえん》元（一八六〇）年三月、桜田門外の変で井伊直弼は暗殺されます。この事件に関わったのは、水戸藩の脱藩者一七名と、薩摩藩一名の計一八名である。「斬奸趣意書《ざんかんしゅいしょ》」にある襲撃側の目的は、井伊を除いてご政道をまともな道に戻すこと、尊皇攘夷が正しい道であり、天下万民を豊かにしてほしいというものでしたが、井伊を討ったところで幕府の大勢は変わりません。大老がいなくなり、幕政は安藤信正《あんどうのぶまさ》と久世広周《くぜひろちか》の老中二人体制となりました。安藤は井伊直弼のもとで出世した人物、久世は一橋派に近いと見られていた人物です。

安藤らは、二年間で弥縫策《びほうさく》を繰り返した挙句、失敗します。開港問題は列国に延期してもらい、遣外使節を出すことを決めます。国内のことは久世と協力し、孝明天皇の妹、和宮《かずのみや》を将軍家茂《いえもち》に降嫁させて公武合体で乗り切ろうとするのです。これが尊皇派の怒りを買い、安藤は、文久二（一八六二）年一月の坂下門外《さかしたもんがい》の変で襲撃され、辞任しました。

こうした中、ついに薩摩藩が動きます。国父として実権を握った島津久光が三〇〇〇の兵を率いて京に上ることを決めたのです。この頃、久光の側近に取り立てられたのは、斉彬の薫陶を受けた小松帯刀《こまつたてわき》でした。小松は大久保を引き立てます。久光の上京にあたっては、大久保が前年から京へ上り、事前工作に奔走していました。小松は大久保の能力を高く買っていました。大久保は、島津氏と古くから縁のある近衛家と組み、露払いをします。

江戸幕府が開かれてから二六〇年、三〇〇〇人もの軍勢が移動するなど遠い昔話で聞くような大事件です。一歩間違えば、叛徒《はんと》として藩を取り潰されてもおかしくありません。朝廷も公家たちも警戒心の方が先に立ち、折しも薩摩藩の動きを知った志士たちが京へ集まって騒然としていました。要人暗殺計画が練られ、精忠組からも参加者が出ます。大久保は久光の意を受け、仲間同士の斬り合いで決着を付けました。このことで、久光は朝廷や公家からの信用を得ることとなります。久光は公家たちに幕政改革を説き、勅使下向が実現します。大原重徳《おおはらしげとみ》が勅使に立ち、久光が率いる三〇〇〇の兵が護衛して江戸に向かい、兵力を背景に幕府に圧力をかけて一橋慶喜を政権将軍に据えようというのです。

幕府では、安藤に続き久世も辞任し、人事が刷新されたばかりでした。一橋慶喜政権の樹立は、朝廷が幕府の首脳人事に口を挟むことになります。板倉勝静《いたくらかつきよ》ら幕府老中たちの反応は鈍く、なかなか認めません。勅使の滞在する邸《やしき》で行われた老中との会談では、大久保が薩摩藩士十数名の刺客とともに控えの間に詰めていました。大久保は、老中殺害の覚悟で、この場に臨んだのです。大原はこの覚悟を背に、板倉らに脅しをかけて要求を呑ませました。

結果、一橋慶喜が将軍後見職となり、福井藩主の松平慶永が大老と同格の政事総裁職に就く、政権交代が実現します。外様の薩摩藩の力です。

一橋慶喜は、内外の国難を乗り切るために嘱望された政治家でした。学問、教養、武芸、血筋と、あらゆる条件を備え、身体能力も高く謀略も得意です。父、徳川斉昭は、慶喜が子供の頃から天下の名将になる素質があると期待して厳しく教育し、将軍後継になり得る一橋家へ養子に出しています。

一橋家は第八代将軍吉宗の子たちを創始とする御三卿《ごさんきょう》のひとつです。江戸城門内に屋敷を構え一〇万石を拝領する家ですが、他の大名のように実際の領地を持たないので、自分の軍隊を持っていません。幕府や朝廷に対する慶喜の発言権を裏付けたのが、薩摩や会津の軍事力でした。ところが、慶喜は外様の薩摩を嫌って遠ざけます。会津藩と桑名藩が慶喜を支えたので、「一会《いっかい》桑《そう》政権」と呼ばれます。会津と桑名は、同じ徳川だからです。

切り捨てられた薩摩は、京での工作もうまくいきません。江戸から戻るころには、朝廷には強硬な攘夷派が勢力を伸ばし、大久保たちは一度薩摩へ戻って態勢を立て直すこととなりました。

慶喜が政界の中心に躍り出て以降は、列強から再三要求された貿易港の開港問題が大きな政治課題となります。兵庫は、列強の船にとって利便性も交易の利益も高い港でした。帝の御所のある京都とは目と鼻の先で、大の外国嫌いだった孝明天皇は絶対に開港を認めません。慶喜は天皇には「開港しない」と約束して全幅の信頼を得て、幕府に威張り散らす。外国には「いずれ開国するから」と先送りしつつ、自分以外に開港を成し遂げられる日本人はいないと居直る。朝廷、幕府、そして列強を五年間も振り回し続けました。

列強の侵略にさらされていた幕末日本の問題は、日本の力をひとつに束ねて外国に対処できなかったことです。全国各地を治める大名らは、各々が年貢を取って藩財政を切り盛りし、対外的な危機に各々が勝手に軍隊や黒船を整備していたからです。歴史を知る現代の私たちは、中央政府に税金を集め日本国の軍隊を持つことや、国を豊かにして強い軍隊を持つという「富国強兵」が正解だと知っています。当時の人たちも、これは分かっていました。少なくとも、大名たちを将軍のもとで一つに束ね、外敵に対処しようと考えた人たちは多くいました。

ところが、慶喜が政権の座にあった五年間、富国強兵も国をひとつにまとめることも、一歩も進まなかったのです。しかし、誰もが慶喜以外に政治をまとめられる人はいないと信じていました。大久保利通ただ一人を除いて。

文久三（一八六三）年の春には、徳川家茂が朝廷の求めに応じ、二三〇年ぶりの将軍上洛《じょうらく》が実現します。これ以降、政局の中心は京都に移っていきました。孝明天皇が攘夷の勅命を発し、実行期限は五月とされました。誰も本気にしませんが、長州藩だけは下関海峡を通過する商船や軍艦を砲撃します。

七月には、前年の島津久光の行列に乱入したイギリス人を殺傷した生麦《なまむぎ》事件が外交問題化し、幕府の対応に業を煮やしたイギリスは、薩摩藩との直接交渉のため艦隊を鹿児島湾に押し込みます。今度は薩摩藩が当事者となり、薩英戦争が起こります。鹿児島城下は艦砲射撃で灰にされました。

大久保は、政治に空想を持ち込まない、現実主義者です。尊皇攘夷は、列強と対峙《たいじ》する幕末当時の正論です。ただし、できもしない正論に加担して暴発すれば、日本は列強に蹂躙《じゅうりん》されてしまいます。薩英戦争では呑めない要求をイギリスに突き付けられ、大久保も死力を尽くして戦いますが、薩摩一国では負けるとわかっています。

八月には京で政変が起こり、朝廷から尊攘過激派が一掃されました。巻き返しを図る長州藩は、ついに兵を動かします。翌元治元（一八六四）年七月の、禁門《きんもん》の変です。長州は尊皇攘夷を掲げながら御所に大砲を撃ちかける事件に至ります。幕府は二度にわたる長州征伐に動くこととなりました。第一次長州征伐で実質的に指揮を執った西郷隆盛も、京で政治工作を行う大久保も、長州藩を潰してはいけないと考えます。

立て続けの重大事件に、長州藩内でも幕府に恭順しようとする勢力が力を得て、尊攘派が劣勢です。これを押し戻したのが、高杉晋作《たかすぎしんさく》の功山寺《こうざんじ》決起でした。この挙兵により討幕派が主導権を握ることに成功した長州藩は、尊皇攘夷と討幕で藩論が統一されることとなりました。

大久保は、薩長同盟に動きます。当初は秘密同盟です。表立って幕府と事を構えるのは、まだ早いと冷静に情勢を見極めているからです。長州藩は逆賊の汚名を着せられ孤立の中、幕府軍と戦い抜きました。薩摩藩は、裏側で物資援助をしながら、表向きには中立です。幕府からの再三の出兵命令も、あの手この手で拒否し続けます。慶應二（一八六六）年六月、第二次長州征伐で長州藩が幕府軍を敗走させると、七月には征討軍本営の大坂城で将軍家茂が死去し、幕府軍は撤退しました。ここから、薩長同盟は討幕の中心となっていきます。

危機に瀕《ひん》する日本の未来を拓くのだと志す大久保の前に立ちふさがったのは、慶喜でした。将軍家茂の死去を受け、後継として第一五代将軍に就きました。慶喜は長州征伐の失敗などなかったかのように、フランス人の軍事顧問の下で改革を進めます。

最高権力者の慶喜に対して、大久保は屈することなく戦います。京を舞台に、開港を求める外国公使も巻き込んで、夜《よ》を日に継ぐように応酬が続きました。慶喜は外国公使に、どうしても開港しろというなら下関と鹿児島ではどうかと、長州や薩摩を売り飛ばすようなことまで言い出します。慶喜はフランス公使と、対するイギリス公使は薩摩と近づきます。

こうした中、慶應二（一八六六）年一二月二五日、孝明天皇が崩御しました。翌慶應三（一八六七）年一月九日、第二皇子の睦仁《むつひと》親王が皇位を継ぎます。第一二二代明治天皇です。このとき、御年満一四歳でした。

三月五日、慶喜は兵庫開港の勅許を朝廷に申請しました。大名らには、一応意見を聞く体裁としながら、孝明天皇の崩御により一気にことを進めようとします。一方、大久保も討幕の密勅を引き出そうと、岩倉具視《いわくらともみ》を通じて朝廷工作を進めます。その間、薩摩・福井・土佐・宇和島の藩主たちが四侯会議を開き、慶喜との直談判の場を持ちますが、一蹴《いっしゅう》されています。

大久保の必死の工作で討幕の密勅が降りますが、慶喜が上表した大政奉還が勅許され、密勅は無効化されました。

慶喜に出し抜かれた大久保は、最後の一手を打ちます。王政復古の大号令です。大政奉還の時点では将軍職を辞しただけで、慶喜は変わらずに政務を執っていました。慶喜の朝廷での官職は内大臣です。さらに幕府の官僚機構も健在です。源氏一門の長として、七〇〇万石という莫大《ばくだい》な領地と旗本八万騎も握ったままです。そこで大久保は、慶喜の政権と幕府官僚機構を引っくり返すクーデターを仕掛けるのです。当面の執政機構は岩倉が整え、大久保は長州・越前・土佐・安芸《あき》の重臣らに協力を取り付けます。薩摩藩からは藩主の忠義《ただよし》が兵を率いて上洛しました。慶喜との戦いを通じて、大久保は政界の中央で反主流派を取りまとめる重要な役目を果たすようになっていたのです。

慶應三（一八六七）年一二月八日夜、朝廷では王政復古の奏上が行われます。翌九日朝、薩摩の兵が御所の警備を固める中、明治天皇より王政復古の大号令が発せられました。当日の夜は、新政府の初めての会議が開かれます。そこでは慶喜の処遇が話し合われ、官位と領地の返上を申し出させることが決まりました。

慶喜はいったん、大坂城へ退きます。江戸から動員した兵を束ね、内大臣の辞任を盾に条件闘争に持ち込みます。慶喜は、その間に多数派工作をやってのけました。大久保と岩倉は朝廷内で孤立させられてしまいます。幕府は廃止になっても、慶喜が新政府を率いれば実質は変わらないことになります。大久保は、ここでも諦めませんでした。王政復古のクーデターを計画した当初から、最終的には一戦を交えることも視野に入れていたからです。盟友、西郷隆盛は江戸で火をつけ回り、攪乱《かくらん》工作で慶喜を挑発します。西郷の工作に堪えかねた幕府は、江戸の薩摩藩邸を焼き討ちすると、慶喜のいる大坂へ大挙してやって来ました。幕府軍と、薩摩藩を中心とした討幕軍は、伏見でにらみ合います。慶喜は薩摩との戦を決意します。京にいた大久保は、幕府軍進軍の報に伏見と鳥羽へ増兵し、迎え撃つ構えです。

慶應四（一八六八）年一月三日、慶喜の発した「討薩の表」を携えた幕臣が、入京のため鳥羽を強行突破しようとして薩摩軍の発砲を誘いました。これを合図に、伏見でも戦闘が始まります。

幕府軍はフランス式の軍制を導入して、しかも人数は討幕軍五〇〇〇に対しおよそ三倍の一万五〇〇〇です。簡単な相手ではありません。

戦場で指揮するのは、薩摩軍は西郷隆盛、長州軍は大村益次郎です。奮戦の末、幕府軍を後退に追い込んで緒戦は終わります。討幕軍優勢の報をもとに、大久保は朝廷を動かします。翌一月四日、明治天皇から授かった錦旗《きんき》と節刀を携え、征討大将軍に任じられた仁和寺宮嘉彰《にんなじのみやよしあき》親王が進発しました。大久保の働きかけが実ったのです。四日も薩長軍に押された幕府軍は後退を続け、翌五日、薩長側に錦の御旗が翻りました。

大久保利通（国立国会図書館所蔵）

薩長側は新政府軍として勝利を収めます。幕府側に付いていた藩も次々と帰順し、雪崩《なだれ》現象が起こりました。潰走《かいそう》した幕府軍は大坂城へ退きますが、慶喜はなお戦闘中の将兵を置いて江戸へ帰ってしまいます。

七日、新政府は慶喜追討令を出し、旧幕府軍に対する追撃戦は翌年にかけて上野から北陸、東北、箱館へと北上していくこととなります。

鳥羽・伏見の戦いのとき、大久保は三八

歳になっていました。およそ九年におよぶ慶喜との死闘を制した大久保にとって、この戦いは始まりです。新政府が確固としたものになるまで、日本は依然として危機のなかにあります。新政府もいろいろな思惑を内包して、一筋縄ではいきません。大久保は新政府のもとで、近代日本を築き上げる仕事を続けます。大きな仕事を成し遂げ、さらなる大きな仕事に立ち向かっていく大久保には、最後の瞬間まで未来への意志がありました。

江戸時代を通じた幕藩制度に代わり、中央集権政府の仕組みを作ると同時に、地方へも目を向けて殖産興業を推進します。大久保は富国強兵を行って、最終的にはイギリスのような立憲君主制の国になることを構想していました。明治一一（一八七八）年五月一四日の早朝、大久保は次のような国家構想を語っています。

最初の一〇年は創業の動乱の時代、次の一〇年は治世の時代、そして最後の一〇年で立憲主義を定着させる。

そう語ったその日、大久保は赤坂仮御所での閣議に向かう途上、六名の暴漢に襲撃され、四九年の生涯を閉じます。

伊藤博文――大日本帝国の国父

初代総理大臣、初代宮内《くない》大臣、初代枢密院《すうみついん》議長、初代貴族院議長、初代立憲政友会《りっけんせいゆうかい》総裁、初代韓国統監《かんこくとうかん》。「初物食い」と言われた伊藤の立身出世の生涯は、近代日本確立の道程そのものでした。

伊藤博文はアヘン戦争勃発の翌年、天保一二（一八四一）年に長州藩の農民林十蔵《はやしじゅうぞう》の子利助《りすけ》として生まれ、ペリー来航で激動が近づくころ、父子ともども足軽の子の養子になり、伊藤姓を名乗ります。

一七歳の安政四（一八五七）年、伊藤は吉田松陰《よしだしょういん》の松下村塾《しょうかそんじゅく》に入り、このころに俊輔《しゅんすけ》と改名します。伊藤俊輔は半農の身分の低さゆえ、敷居をまたぐのを許されず、外で講義を聞いていました。生活に追われ、十分な学問もできなかった伊藤を、師・吉田松陰は「周旋《しゅうせん》の才がある」と見抜きます。周旋とは政治交渉のことです。

安政の大獄で斬首《ざんしゅ》された松陰の遺体を引き取り、小塚原《こづかはら》に埋めたのは桂小五郎《かつらこごろう》（のちの木戸孝允《きどたかよし》）と伊藤俊輔でした。のち高杉晋作が自分の手で改葬するため、松陰の遺体を奪い返しに行ったとき、伊藤も同行します。小塚原とは現在の東京都荒川区南千住《みなみせんじゅ》で処刑場があった地名です。

以後、高杉が建築途中でまだ使用されていないとはいえ、イギリス公使館を焼き討ちにするのをはじめ、高杉の数々の〝狂挙〟に伊藤は常に従います。〝狂挙〟とは高杉自身のことばです。

その頃の長州藩は、現状維持の俗論派と、高杉や木戸ら改革をもとめる正義派の抗争が激化し、俗論派は幕府への恭順を示すとともに、正義派への弾圧を強化していきました。伊藤は正義派の末席に列し、長州のみならず日本の改革を目指す政治的激動に身を投じます。ちなみに、俗論派、正義派と命名したのも高杉です。

文久三（一八六三）年五月、伊藤は井上馨《いのうえかおる》らとともに五人でイギリスに留学します。実態は藩命による密航です。密航当日、五人は洋服に着替え、髷《まげ》を切りました。伊藤はこのときの心境を歌に残しています。

ますらおの　恥を忍びて　行く旅は　すめらみくにの　為とこそ知れ

このときの五人はのち、英語で“Choushu Five”（長州ファイブ）といわれます。

長い船旅と苦労の末に、イギリスに渡った伊藤ですが、長州が欧米の船を砲撃した下関砲撃事件を知り、元治《げんじ》元（一八六四）年三月、井上馨とともに急いで帰国の途に就きました。長州は欧米列国から報復を受け、四国連合艦隊砲撃事件（馬関戦争《ばかんせんそう》）で完膚なきまでに叩きのめされます。このとき、講和交渉に臨んだのが高杉でした。伊藤は通訳として同席しますが、何の役にも立ちませんでした。

また、池田屋事件の報復に兵を率いて上京し、御所に向かって発砲する事件である「禁門《きんもん》の変《へん》」を引き起こし、長州は逆賊認定されていました。これに対して行われた、第一次長州征伐に、俗論派が権力を握る長州政府は降伏します。そして、俗論派は正義派が買った軍艦を幕府に明け渡そうとしました。

こうした状況を打開しようと、高杉晋作は元治元（一八六四）年一二月一四日に功山寺《こうざんじ》で決起すると宣言します。その日が選ばれたのは、赤穂《あこう》浪士の討ち入りの日だからというのが理由です。ところが、誰も来ないので、一日待ちました。翌一五日、真っ先に駆け付けてきたのが、伊藤俊輔でした。伊藤は自分が率いていた力士隊三〇人に声をかけると全員が来ました。遊撃隊五〇人を率いる石川小五郎《いしかわこごろう》（のちの駐英公使河瀬真孝《かわせまさたか》）にも声をかけると、一人残らずやってきました。

俗論派の言い分は「なぜ長州が日本の政治に責任を持たねばならないのか。外国にケンカを売って、逆賊となって何の意味があるのか。現実を見て、身の丈に合った生き方をすべきではないのか」と、常識論です。ただし、その常識論が実現した場合、日本は滅びます。

朝から降り積もった雪が、満月の光に照らしだされていました。八三人は藩庁に向かって、何の勝ち目もない進軍を開始します。功山寺決起の報は、瞬く間に長州に広がり、正義派の面々が馳《は》せ参じます。「高杉さん一人を死なせるな」と。山田顕義《やまだあきよし》、前原一誠《まえばらいっせい》、品川弥二郎《しながわやじろう》ら、のちに明治政府で要人となる名も無き若者たちです。暗殺未遂で重傷を負っていた井上馨も駆けつけました。そして、高杉から奇兵隊を預かっていた山縣有朋も最後に加わります。これでようやく二〇〇人です。しかし、俗論派の正規軍一三〇〇人を撃破し、正義派の政権を打ち立てました。

ここから維新回天へとつながっていきました。

なお、伊藤が師事した高杉晋作は、薩長同盟が徳川慶喜を倒すのを見ずに、結核で三〇歳に満たない命を終わらせます。

明治元（一八六八）年、伊藤は兵庫県知事となり、その後も大蔵少輔《しょうゆう》、工部大輔《たいふ》、工部卿《こうぶきょう》などを歴任します。博文と改名したのはこの頃です。当時の　伊藤の評価は「英語ができる能吏」で、ややもすれば「お調子者」として扱われかねませんでした。それでも木戸孝允だけでなく、新政府の中心人物大久保利通にも可愛がられます。

明治四（一八七二）年一一月、伊藤は岩倉具視を大使とする遣欧使節団に、大久保、木戸とともに副使として参加し、サンフランシスコへ向けて横浜を出港します。一行は各地で思わぬ歓迎を受け、気をよくした一行は条約交渉に期待を抱きます。伊藤は語学ができない岩倉、大久保、木戸らに「アメリカ相手に不平等条約を撤回させてみせる」と豪語します。しかし、いよいよ本交渉に入ったとき、伊藤の片言の英語力では話にならず、さらに天皇の委任状を求められ、委任状の用意がないとわかると、交渉はできないと断られます。外交慣例に関する知識もなく、交渉は頓挫《とんざ》、中止となりました。

身も蓋もない言い方をすると、伊藤博文は「救いようのない語学バカ」でした。

明治一〇（一八七七）年から一一（一八七八）年にかけて、維新の三傑《さんけつ》と言われた英雄が次々と世を去りました。明治一〇年五月二六日、西南《せいなん》の役《えき》の最中に木戸孝允が病死、同年九月二四日、西郷隆盛が戦乱の中、鹿児島で自刃。そして、明治一一年五月一四日、大久保利通が紀尾井坂《きおいざか》の変《へん》で暗殺されます。

明治政府は肥前《ひぜん》の大隈重信《おおくましげのぶ》を伊藤と井上馨が支える不安定な三頭政治となりましたが、長く続きません。

明治一四（一八八一）年、大隈重信が突如「二年後の国会開設と二大政党制の導入」を中心にした意見書を、天皇に提出します。伊藤は、大隈重信を大隈派と付随する福沢諭吉の門下生ともども、明治一四年の政変で政府から一斉に追放しました。

その後、伊藤が事実上の政権担当者となります。同年一〇月一二日の日付で政府は「国会開設の勅諭」を出し、「一〇年後の明治二三年に議会を開く」としました。

伊藤は国の最重要課題を憲法制定と定めます。

伊藤博文（国立国会図書館所蔵）

幕末、日本は「文明国ではない」「お前たちの法律などには従えるか」と列国から不平等条約を押し付けられました。だから、文明国だと認めさせようとしたのです。

国家とは「鉄と金と紙」です。明治政府がやってきた「富国強兵」「殖産興業」で、「鉄」である軍事力と、「金」である経済力は蓄えつつありました。物質力で負けていたのでは、欧米列強は日本の不平等条約撤廃の要求などには見向きもしません。さらに、法制度などの非物質力である「紙」においても認めさせなければならないのです。このときの「紙」とは、憲法です。

伊藤は西洋に認めてもらえる憲法を制定しようとします。最初は「認めてもらう」という発想でした。そして、伊藤は明治一五（一八八二）年三月、ヨーロッパに憲法調査に出かけます。調査対象は憲法の条文だけでなく、制度全体をも含めてであったので、「立憲政治調査」ともいうべき調査でした。

どの国の憲法を調査するのか。真っ先に除外されたのは、フランスでした。なぜなら、王政を倒し共和国になった革命憲法など、日本には何も参考にならないからです。

本当は世界最強の国のイギリスに学びたかったのですが、イギリスは不文憲法で、「英国憲法」というような統一的憲法典が存在しないので学びようがなく、あまりにも難解でした。

そこで向かったのがドイツです。しかし、大学教授からドイツ語で憲法を第一条から逐条的に解説を受けても、ドイツ語がわからない伊藤にとっては苦痛であり退屈でした。このまま何も成果を得られずに帰国するのかと、伊藤は焦ります。

伊藤は最後にオーストリア＝ハンガリー帝国を訪れ、ローレンツ・フォン・シュタイン博士に出会い、衝撃を受けます。シュタイン曰《いわ》く、「憲法をつくるには、自国の歴史を徹底的に知らなければならない」と。

憲法とは国家の最高法です。その国の歴史の中で蓄積されている慣例を、確認するために文字にしたものが憲法典であり、憲法典は氷山の一角です。憲法とは氷山そのものなのです。

自国の歴史を知ることがいかに重要であって、それと同時に西洋人が文明だと見做《みな》す基準を満たさなければならないと、意を固めます。たとえば、「人を殺してはならない」とする人権を認めない国は文明国ではないとされます。我が国の歴史を尋ねると、はるか古代より「人を殺してはならない」とする価値観は存在していますから、価値観が存在しているからこそ、憲法典においても受け入れられるのです。決して、押し付けられた価値観を押しいただくのでもなければ、ただ西洋の猿真似をするだけでもありません。何よりも我が国を文明国だと「認めてもらう」という発想それ自体が間違いであったと、伊藤は気づきました。

憲法の本質を見抜き、伊藤は真の学問に目覚めて、外国での学びも血肉となりました。諸外国の憲法を調べ、それらの良いところを取り入れつつ、日本人の価値観に合うように条文化していきました。特に参考にしたのは、イギリスの憲法を成典化したとされるベルギー憲法でした。

今も、伊藤がお手本としたのがドイツ型憲法であるとの説明がなされることがありますが、まったく意味のない誤解です。なぜなら、プロシア憲法もその後継のドイツ憲法も元を辿れば、イギリスの憲法だからです。

明治一八（一八八五）年、太政官《だじょうかん》制を廃し、内閣制度を創設し、伊藤は初代内閣総理大臣となりました。憲法は憲法典の条文だけで成立するのではありません。附属法が必要です。運用する主体である内閣なくして、憲法はありません。内閣制度は憲法を成立させるための重要な制度でした。

明治二二（一八八九）年二月一一日、大日本帝国憲法が発布され、伊藤自らが憲法を解説し執筆した『憲法義解《けんぽうぎげ》』が、同年六月に刊行されました。執筆のために総理大臣を退き、明治三六（一九〇三）年に憲法を審査するための機関である枢密院の議長、初代枢密院議長となります。ちなみに、『憲法義解』は伊東巳代治《いとうみよじ》によって翻訳され、英訳本として出版されています。

憲法において最も重要なのは運用です。いくら立派な憲法典でも、それがあるだけでは機能しません。明治二三（一八九〇）年一一月二五日、第一回帝国議会開会日が、大日本帝国憲法の施行日です。伊藤は初代貴族院議長となりました。

我が国の憲法政治は、生みの苦しみを味わいます。

帝国憲法は、欧米の憲法学者たちに、あまりにも開明的な憲法だと評され、特に選挙で選ばれた衆議院の権限が強すぎることに「本当に大丈夫か」と心配されました。しかし、伊藤は「有色人種の自分たちには文明国の憲法は運用できないと差別しているのか」と反発します。

実際に、自由民権運動の流れをくむ人たちが多数を占める衆議院は、次々と予算を否決し、薩長の内閣を葬り続けました。それでも伊藤は、憲法停止だけは絶対にやるまいと決意していました。オスマントルコ帝国で一八七六年に導入されたミドハト憲法がわずか二年で停止され、皇帝専制政治に逆戻りしていました。だからこそ、日本は文明国と認めさせるために、どんなに苦しくても憲法を停止するわけにはいかなかったのです。

明治二七（一八九四）年に始まる日清《にっしん》戦争を、伊藤は首相として勝ち抜きました。しかし、日本に迫る列国の危機が去ったわけではありません。清が負けたので、清の属国である朝鮮が今度はロシアに乗り換え、ロシアの南下政策が進もうとしていたからです。伊藤たちが次の国家目標に定めたのはロシアとの対決であり、文明国としての実を上げることでした。

明治二八（一八九五）年、日清戦争の講和である下関条約が締結されると、ロシア、フランス、ドイツによる三国干渉を受けます。伊藤たちは本当の黒幕がドイツであると知りつつ、それを表には出さず、「臥薪嘗胆《がしんしょうたん》」をスローガンにロシアとの対決に向けて備え始めます。

明治三三（一九〇〇）年九月、伊藤は立憲政友会《りっけんせいゆうかい》を創設し、初代総裁となりました。衆議院が抵抗するならば、自らが議会に基盤を置く政党を組織すれば、政治は安定するのではないかと考えたからです。政治家に欠ける政策立案能力は、伊藤子飼いの官僚が補えばいいと。

しかし、今度は党内をまとめるのに伊藤は苦労します。官僚たちも言うことを聞きません。衆議院第一党の立憲政友会が拒否権を行使するので、官僚政治家の内閣は短命に終わります。しかし、政党政治家自身に政権担当能力はありません。この課題は、桂太郎《かつらたろう》や西園寺公望《さいおんじきんもち》ら伊藤の次の世代の政治家たちに受け継がれます。

そして、明治三七（一九〇四）年、日露戦争開戦。日露戦争においても、伊藤は四度総理大臣を務めた筆頭元老として重要な役割を担いました。

明治三八（一九〇五）年、ロシアと結んだポーツマス条約で、朝鮮支配を認めさせると、伊藤は特派大使として朝鮮半島経営に赴き、さらに初代韓国統監《かんこくとうかん》を務めました。もっとも、偉くなりすぎた伊藤を、周囲が棚上げしたのですが。

そのころ、日本の元老や政権首脳部のあいだでは、朝鮮を属国とするのは賛成であっても、併合して植民地にするのには慎重な意見が多数を占めていました。伊藤は特にそうでした。下手に植民地にしてしまうと、軍事費や何やら植民地経営には膨大なお金がかかるからです。

明治四二（一九〇九）年、伊藤は満洲のハルビン駅で、朝鮮人に暗殺されます。日露戦争の勝利で、幕末以来の緊張の糸が切れた日本の行く末を心配していた晩年でした。

桂太郎——憲政史上最高の総理大臣

桂太郎は間違いなく我が国の憲政史最高の総理大臣です。

三度の総理大臣在職中に明治三五（一九〇二）年に日英同盟を結び、日露戦争に勝ち、そして明治四三（一九一〇）年に韓国併合を断行しました。どれか一つでも歴史に名が残る事績です。それを三つも行ったわけです。

また、桂は首相として史上最長の在職日数二八八六日を誇っていました。令和元（二〇一九）年一一月二〇日に安倍晋三《あべしんぞう》元首相が最長在職日数を更新するまでは。結局、安倍元首相は令和二（二〇二〇）年九月一六日に総辞職するまで、在職日数記録を三一八八日と伸ばしました。ただし、桂太郎は安倍元首相とは違い、ただ長く居座って記録をいたずらに伸ばしたわけではありません。大日本帝国を世界の一等国に引き上げた、偉大な宰相です。それにもかかわらず、正当な評価がなされているとは言い難いのです。作家の司馬遼太郎《しばりょうたろう》がテレビ番組にもなった小説『坂の上の雲』のなかで、桂太郎を不当に過小評価して描いたのも影響していると見ています。桂太郎を正当に評価するためにも、その生涯を振り返ってみましょう。

幼名は寿熊《ながくま》。弘化《こうか》四（一八四八）年、長州藩の上級武士の子として生まれました。鎌倉時代の源頼朝の側近であり、頼朝以降鎌倉幕府の頭脳であった大江広元《おおえひろもと》につながる家です。

子供のころの桂は負けず嫌いで、意地っ張り。母方の叔父中谷正亮《なかたにしょうすけ》の影響を大きく受けます。中谷は吉田松陰の親友でもあり、松陰亡きあとの松下村塾を引き継いだ人でもあります。桂はこの叔父から世界地図を見せてもらいながら、海外情勢を教わり、海外に行って勉強したいと考えるような子供でした。

桂は元治元（一八六四）年七月、藩主毛利敬親《もうりたかちか》の世子《せいし》元徳《もとのり》の小姓として仕えることになります。高杉晋作の功山寺決起はこの年の一二月です。

桂は幕末維新の動乱では、大きな活躍はしていません。吉田松陰や高杉晋作のような維新を見ることなく命を散らした世代はもちろん、木戸孝允・井上馨・伊藤博文・山縣有朋たちからみても世代は下です。長州藩が佐幕か討幕かで、維新回天を志す正義派が現状墨守の勢力を俗論派と呼んで激しく抗争していたとき、まだ子供の桂は叔父中谷の立場からも、そして心情的にも正義派ではあっても、藩内政局と関わることはありませんでした。

戊辰《ぼしん》の役《えき》では東北地方を転戦しています。桂は大きな武勲は立てていませんが、目端が利く若者として目をかけられました。

明治二（一八六九）年、桂は留学したいために、大村益次郎の伝手《つて》で横浜語学所に入学し、フランス語を学びます。木戸孝允に頼み込んで外国留学を志すも、官費での留学は困難でした。そう察するや否や、私費留学します。

明治三（一八七〇）年、当初留学先に考えていたフランスを変更して、向かった先は普仏戦争真っ最中のプロイセン、後のドイツです。鉄血宰相ビスマルクの卓越した政治指導の下、モルトケ参謀長によく訓練されたプロイセン軍がフランスを破竹の勢いで破りました。そして、ビスマルクはドイツ帝国を建国します。

桂はドイツ留学で、ドイツ軍の強さの秘密を学び、三つの面で成果を上げます。一つは学理的な研究です。軍事学の基礎を身に付けました。二つは実務です。ドイツ軍の強さの秘訣はモルトケの作り上げたシステムにあったのですが、桂は日本に輸入しようと細かく観察し身に付け、のち陸軍にドイツ式兵制を取り入れることにつながります。そして、三つは、幅広い教養です。ドイツ軍の強さは分業と動員体制にあります。桂は、軍は前線の戦闘部隊だけで成り立つのではなく、後方の兵站《へいたん》、平時における政治との関係や経済体制も含めて総合的に成り立っていることを見抜き、法律学や経済学の素養も身に付けました。

明治六（一八七三）年、桂は帰国します。帰国後の桂を重宝するのが、山縣有朋です。山縣は桂の最新の生きた知識を求め、列強に対抗できる陸軍の創設に邁進します。山縣が陸軍で重きをなすにつれ、桂も引き上げられていきました。

明治二二（一八八九）年、大日本帝国憲法が発布され、翌明治二三（一八九〇）年一一月二九日の帝国議会開会の日に施行されました。この日が我が国憲政の始まりです。このときの総理大臣は山縣有朋、そして桂太郎は陸軍次官として仕えていました。

桂は陸軍予算を通すために、衆議院多数派の政党に頭を下げ続けます。そしてついたあだ名が「ニコポン政治家」。ニコっと笑ってポンと肩を叩けば、相手を籠絡《ろうらく》するから「ニコポン」です。

桂は妥協を繰り返しつつも、来るべき大陸での戦争に備えて陸軍充実に邁進します。

ただし、桂は単なるニコポンではありません。

明治二四（一八九一）年、名古屋に第三師団長として赴任していたとき、同年一〇月二八日の濃尾《のうび》大地震に遭遇します。全国で死者七〇〇〇人超、全壊・焼失家屋一四万二〇〇〇戸の大災害です。このとき、桂は知事の要請がある前に、独断で兵を動かし、復旧復興に貢献しました。

平成七（一九九五）年一月、阪神淡路大震災。知事の要請がなかったので、自衛隊が動けず大惨事となったのは今でも記憶に新しいでしょう。実は帝国陸軍も同じで、知事の要請なしに現地の師団長が天皇陛下の軍を動かせば統帥権干犯《とうすいけんかんぱん》であり、下手をすれば軍法会議で死刑になるのです。しかも、当時の陸軍大臣は高島鞆之助《たかしまとものすけ》で、桂には珍しくソリが合わず、苦手とした人物です。隙あらばと、常に桂の失脚を目論んでいるような上司です。桂はそうしたことは一切顧みず、人命救助優先の行動をとったのです。

桂は待罪書《たいざいしょ》を持って宮中に参内します。待罪書とは一番重い辞表です。ところが、災害地の首長や住民から感謝状が殺到していました。明治天皇からは御嘉納を賜ります。高島も手が出せず、桂の辞表は却下されました。桂は、統帥権独立が何のためにあるのかを身をもって示したのです。

明治二七（一八九四）年からの日清戦争に出征し、派手な軍功はないものの堅実に勝利を重ねました。そして、戦後は第二代台湾総督として、明治二九（一八九六）年六月から四カ月間赴任します。その後は、伊藤（第三次）・大隈（第一次）・山縣（第二次）・伊藤（第四次）の四代の内閣で連続して陸軍大臣を務めました。

この間、隣国の清で義和団事件～北清事件が起こり、日本は八カ国連合軍の中核として事件収拾にあたりました。このとき、外務省が強硬論を唱えたのに対し、国際協調を旨とした穏健論を唱えたのが桂でした。ロシアは事変後も満洲に居座り、イギリスの警戒感を招きました。それが自然、日本への好感へと変わっていきます。桂の大局観に基づく構想が、こうした流れを読んでいたのです。

国際情勢が緊張する中、国内の政治に悩む元老筆頭の伊藤は、自分が衆議院の第一党を率いれば、政治は安定するのではないかと考えました。そこで、自由党の板垣系の代議士を糾合し、傘下の官僚を引き連れて、立憲政友会を設立しました。しかし、伊藤の思惑通りにはいかず、今度は政友会党内がまとまりません。伊藤は政権を投げ出し、やがて立憲政友会総裁の椅子も西園寺公望に譲り渡すこととなります。その政友会の牛耳を執るようになるのが原敬《はらたかし》です。

明治三四（一九〇一）年、伊藤が政権（第四次伊藤内閣）を投げ出した後の政権は、桂に回ってきました。元老が誰も入閣せず「二流内閣」と呼ばれました。維新の第二世代の桂を筆頭に、二世代目の大臣ばかりだったからです。ただ、人材的にも〝二流〟と思われていたこの内閣が日本史に残る偉大な業績を上げるのですから、世の中はわかりません。

桂は、清に居座り、朝鮮を我がものと扱うロシアに対抗するため、日英同盟を進めます。ただし、世界に冠たる大英帝国が極東の小国を相手に対等の交渉をするわけがありません。桂は伊藤博文をロシアに派遣し、提携交渉を行わせます。もちろん、そんなものが成功するとは思っていません。本音のところは、イギリスに対する弱者の恫喝《どうかつ》です。日本の動きを知ったイギリスは、それまでの「光栄ある孤立」を捨て、日本との同盟を選びました。この間、桂は緻密《ちみつ》に緻密を重ねた動きで、イギリスを振り向かせたのです。

桂太郎（国立公文書館所蔵）

明治三五（一九〇二）年、日英同盟は締結されました。

そして、明治三七（一九〇四）年、国運を懸けた日露戦争に突入します。日本は陸に海に連戦連勝。日本は挙国一致で戦争に邁進し、薄氷の勝利を積み重ねました。

この間、桂は総理大臣としての自分の仕事を三つと心得ます。

一つは、外交です。開戦と、戦争をやめるタイミングの決断です。どこで戦争をやめるかは、総理大臣しか決められません。開戦当初からアメリカの仲介を得るべく、高平小五郎《たかひらこごろう》駐米公使に加え、当時のセオドア・ルーズベルト大統領の知己である金子堅太郎《かねこけんたろう》を派遣して外交に務めていました。桂はやめることを考えて、戦争を始めています。

二つは、戦費の捻出《ねんしゅつ》です。桂の議会対策では、軍拡と健全財政を旨としていました。戦時には外債募集と増税を行わなければならないからです。必死に英米から借金をし、国民には増税に次ぐ増税に耐えてもらいました。増税は戦時に行うものなのです。なお、当時の選挙権は納税額によるものでした。直接国税を一〇円以上納めた国民が選挙権を持つことになった有権者が、明治三三（一九〇〇）年には七六万人だったのが、明治四一（一九〇八）年の選挙では一五八万人と、二倍以上にもなり、日露戦争中の増税がいかに激しかったかがわかります。

三つは、人心の統一です。丸々二年続く戦いに、人心は疲れていました。それを桂は支えたのです。国民の結束こそが戦いを勝利に導くと桂は知っていました。それとはまったく逆に、敵国ロシアでは革命が起きています。

桂は軍事には極力口を出さず、現場に任せます。ただし、現場の暴走は戒めました。桂は日露戦争を勝ち抜きました。その代償は政友会への政権譲渡でした。原敬は戦争への協力の代償として、政権を要求します。桂は日本の安全保障環境を安定させた上で、政友会総裁の西園寺公望に政権を譲渡しました。

明治三九（一九〇六）年一月、第一次西園寺内閣が発足します。桂と西園寺は肝胆相照《かんたんあいて》らす仲でした。西園寺は桂の外交路線を継承します。ヨーロッパの緊迫に乗じ、日英同盟と露仏同盟を結びつけます。結びつけた結果、できあがったのが「四国協商《しこくきょうしょう》」です。明治四〇（一九〇七）年は「協商の年」と呼ばれます。日仏、日露、英露の三つの同盟が立て続けに結ばれたからです。日露戦争中、すでに結ばれていた英仏協商と併せて、日英同盟と露仏同盟がつながったわけです。三国干渉で日本をダシにした黒幕のドイツは、英仏露の三国に包囲されることとなります。これで日本は安全地帯にいることになり、ロシアの復讐《ふくしゅう》に備えなくてよくなりました。ここに日本は、幕末以来の緊張から解き放たれたのです。

明治四一（一九〇八）年、西園寺内閣が総辞職し、再び政権は桂に戻ります。桂が首相に就任した一九〇一年の第一次桂内閣から第三次桂内閣の終わりまで一二年間、結局、桂と西園寺の二人が政権をたらいまわしにしました。その時代を「桂園時代《けいえんじだい》」と呼びます。「情意投合《じょういとうごう》」とも言われます。

第二次内閣で、桂は悪化したアメリカとの関係を改善します。ロシアに勝利した日本を、アメリカは力をつけすぎたとして、警戒しはじめていたのです。その改善のために尽力するのが、高平小五郎駐米大使です。高平・ルート協定が結ばれ、四国協商に加え、これで安全保障上の問題を完全に除去しました。

そして、桂はルーティンワークで韓国を併合し、関税自主権を回復して不平等条約改正を達成しました。日露戦争後の財政難に対処するために自ら大蔵大臣を兼任して、事にあたりました。

しかし、桂が何よりも望んだのは、日本をイギリスのような二大政党制の国にすることでした。かつて、大久保利通がそれを望んだように。

桂園時代とは、官僚と衆議院第一党による談合です。何回選挙を行っても必ず政友会が勝ちます。彼らは田舎の地主の代表であり、国益よりも私利私欲を優先します。官僚も自らのセクショナリズムで国益を蔑《ないがし》ろにするのです。健全な政権交代がないので、そうした腐敗を浄化する手段がないのです。桂自身も「ニコポン」で「情意投合」に不本意ながら努めてきたからこそ、政友会に対抗できるもう一つの必要性を痛感していました。

しかし、それを決意したときには、桂の身体はがんに蝕《むしば》まれていました。

今、日本はすべての周辺諸国の靴の裏を舐《な》めて生き続けています。内政においては既得権益層が利権を貪《むさぼ》る一方《いっぽう》、国民は最低限の景気回復すら達成できない状況にあまんじています。それどころか、災害対策すらできない政府、官僚と自民党に絶望しています。

桂の時代より、明らかに後退しているのです。これを羊のように我慢するのか、獅子《しし》のように振り払うのか。いずれも我々自身の決意次第なのです。

石橋湛山——正論を貫いたエコノミスト

経済学を修めた専門家をエコノミストといいます。エコノミストであってなおかつ、大学教授、評論家、企業の研究者などいろいろ併せ持つ人がいます。石橋湛山《いしばしたんざん》もまさにその一人です。

石橋湛山は明治一七（一八八四）年、東京市麻布区（現港区）の日蓮宗僧侶の家に生まれ、幼いころに山梨に移り、山梨のお寺で育ちます。幼名は省三《せいぞう》。愛称は〝セイチャン〟。中学を卒業するころ、僧籍に入り「湛山」と改めます。

小学校のとき、お坊ちゃん育ちで自分でお金を使わせてもらった経験がなく、そのころ流通していた貨幣のことがわからず、学校でお金の計算ができなくて恥ずかしい思いをしたそうです（石橋湛山『湛山回想』岩波文庫、一九八五年）。

湛山は中学を卒業して上京し、第一高等学校の試験を受けるころ、大学では医学を学び、将来は医者と宗教家の両方になりたいと思っていました。しかし、高等学校の試験に二度失敗。明治三六（一九〇三）年、日露戦争開戦の前の年に早稲田大学に入り、文学科で哲学を専攻します。哲学科を首席で卒業。首席で卒業したので、さらに一年、学資を支給され、特待研究生として早稲田大学宗教研究科で研究を続けています。

その後、早稲田の英文科で教えていた島村抱月《しまむらほうげつ》の紹介で雑誌の編集者に内定するも、雑誌の発刊が遅れたため、同じく島村抱月の紹介で明治四一（一九〇八）年、東京毎日新聞社に入社します。ところが、八カ月ほどで新聞社を退社。一年志願兵として東京麻布歩兵第三連隊に入隊します。あるとき、将校室に呼ばれ何事かと思ってびくびくしながら入っていくと〝もち菓子〟をご馳走になります。どうして自分だけ好意を受けるのだろうと不思議に思っていたところ、早稲田卒業・新聞記者の経歴に社会主義者だと疑われ、監視対象だったからだと判明します。のちに湛山が社会主義者ではないとわかり、笑い話になったといいます。その後その人たちとは酒もともに飲むほどの親しい仲になりました。

軍隊に入った湛山は、軍隊は世間が言うのとはまったく違って秩序正しく、なにより清潔であるのに感心し「軍隊を見直した」との感想を持ちます。そして、軍隊を「一種の社会の縮図」と見て取り、「一種の教育機関」として興味深く観察しながら、「軍隊でいろいろ教えられ、苦しい中にも、思いのほかに愉快な一年を経過して」軍曹になり除隊します。その後も召集に応じて訓練を受け、歩兵少尉にまでなりました。

そして、明治四四（一九一一）年一月、東洋経済新報社に入社。湛山のいた編集室には、のちにソ連にわたり、コミンテルンの執行委員になり、その棺をスターリンが担いだ片山潜《かたやません》もいました。当時の片山潜の印象を「その人物は温厚、その思想はすこぶる穏健着実で、少しも危険視すべき点はなかった」と記しています（前掲『湛山回想』）。

湛山は経済を独学で学び、専門家になります。

石橋湛山が社会に出たころからの時代背景を押さえておきましょう。

明治三八（一九〇五）年、日露戦争に勝った直後から事実上、大正デモクラシーが始まります。日露戦争に勝つまでは国家目標があり、日露戦争に勝って、四国協商ができ、ロシアの脅威から脱すると、日本は地球上の誰にも媚《こ》びずに済む強い国になりました。

その日のために「富国強兵」を掲げ、ひもじい生活に耐えながらモノを作って外国に輸出しても、関税自主権がないのでさらに一生懸命働いてモノを作って売りました。そしてロシアとの戦争になり、戦争で直接戦わない国民も戦争中の二年間、増税に次ぐ増税に耐えました。増税すると、直接国税を一〇円以上納めれば選挙権を持つことができる有権者が、戦争前に比べて二倍になった一事からも、どれだけ国民が苦しい生活に耐えたかがわかります。

そして日露戦争後。幕末以来の緊張の糸が切れます。緊張の糸が切れると同時に、好き勝手にものが言える風潮がありました。

元老や官僚の内閣は、次々と大衆運動で倒れます。

折からの第一次世界大戦も大日本帝国は圏外です。好景気を謳歌していました。「船成金」や「鉄成金」などがにわかに出現します。和田邦坊《わだくにぼう》の「成金栄華時代」はこのころの成金を描いた風刺画です。客の成金が帰ろうとする玄関で、店の女性が「暗くてお靴がわからないわ」と言うので、成金が火をつけた一〇〇円札をかざして「どうだ、明るくなったろう」と言うそんな場面です。

日本は幕末以来の努力が実り、日露戦争の勝利の後の一九〇七年四国協商で、一〇年間何も考えなくてよい国になりました。しかし、その一〇年目、人類の運命を暗転させる出来事が起きます。

共産主義の国、ソビエト連邦共和国（ソ連）の出現です。正式な建国は一九二二年。その前に一九一七年末にロシア革命が起き、翌年になると、革命を起こしたウラジーミル・レーニンが、どうやら危ない人だとわかってきました。レーニンはカール・マルクスが唱えた共産主義思想を主張し、そして共産主義の国をつくったのです。

共産主義とは、世界中の政府を暴力で転覆し、地球上の金持ちを皆殺しにすれば、全人類が幸せになれると考える恐ろしい思想です。しかし、共産主義を信奉する人たちはそんな本音は直接言わずに、小難しい専門用語と理屈を並べて宣伝して回ります。すると、世界中のアタマのいい人が共産主義になびいてしまったのです。

マルクスの唱える共産主義がなぜウケたかといえば、資本主義経済の矛盾に関する指摘が正しかったのです。

原始から始まって、サルのときは平等だった原始共産制で、古代奴隷制、中世封建制、近代資本主義制と進んできたので、未来は共産主義社会へと進んでいくと説きました。しかし、そもそも原始共産制だったとはウソです。近代以降、社会主義、共産主義に進むかどうかはともかく、古代奴隷制から近代の資本主義までは、実際のイギリスの経済と社会を分析したものでした。当時の資本主義の矛盾、つまり機会の均等などといっても、全人類が平等だったときは、サルの時点よりあとのどこにあるのだ、サルの時点まで遡らなければそんな時代はないではないかとマルクス主義はいうわけです。ところが、現実のサルの社会は、ボス猿を頂点に序列が決まっている階級社会です。平等などではありません。だから、原始共産制などというのは大ウソです。

これに対して批判しようと思えば、小難しい共産主義の理論に付き合わねばなりません。たいていの共産主義批判は、理論も何もなく、ひたすら天皇の名前を使って政府の命令に盲従せよと言うばかりでした。

左翼の共産主義と政府への盲従を迫る右翼。穏健な思想は多くの人にはわかりにくいですが、過激な主張は支持を得やすいのが世の常です。常識人は、左右の過激な主張と戦わねばなりませんでした。

石橋湛山は、その常識人の代表でした。

石橋は大正一〇（一九二一）年、七月二三日の『東洋経済新報』の社説に「一切を棄《す》つるの覚悟―太平洋会議に対する我が態度」を書き、「小日本主義」と呼ばれる主張を掲げます。

ここで、石橋湛山が唱えていた「小日本主義」ついて触れておきます。

石橋湛山は軍事に関してはエキセントリックなところがあり、朝鮮・台湾・樺太《からふと》・満洲《まんしゅう》を放棄しろと主張します。その考えのもとにあったのが小日本主義と呼ばれる、植民地に関する考え方です。小イギリス主義、小ドイツ主義の日本版が小日本主義です。

本家イギリスに、植民地を持つことが帝国の権益であるとの考え方があり、これを大イギリス主義といいます。大イギリス主義の代表的なのがディズレーリ首相です。彼が一八七五年にスエズ運河を買収したので、イギリスはスエズ運河を直接通れるようになりました。これで、ブリテン島からジブラルタル海峡を通り、地中海から一気にインドに出られるわけです。スエズ運河が通れなければ、ほぼアフリカ大陸を一周して喜望峰周りで行かなければならないところです。このように、世界的な大帝国がさらに影響力を増して、他の追随をゆるさない地位を実際に維持しているので、大イギリス主義は非常に説得力があるわけです。

ドイツ帝国のヴィルヘルム二世は世界に植民地を持ちたいとの野心があり、これが大ドイツ主義です。

大イギリス主義、大ドイツ主義に対して、植民地などはカネがかかるだけなので、植民地を持つよりも経済力を蓄えたほうが国力が強まると考えるのが小イギリス主義であり、小ドイツ主義です。イギリスではグラッドストーン首相、ドイツでは鉄血宰相ビスマルクがそうした考えでした。

石橋湛山の小日本主義はまさにそれらの日本版で、日本列島の外に出たところでカネがかかるだけなのだから、その分を国内に投資すればよいのだとして、朝鮮も台湾もすべて放棄してしまえと主張する極端な論だったのです。植民地を持つことが帝国のステイタスだとされる時代に、到底受け入れられる議論ではありません。なお、現実の植民地政策は、どうだったか。

台湾の場合は日本への同化がうまくいきました。たまたまです。民族としての自我がそれほど強くなかったからかもしれません。

朝鮮は長らく日本よりも自分が格上だと二〇〇〇年間思い続けてきた人たちです。その思い込みに事実としての根拠があったかどうかはともかく、自我が強いので日本に同化できません。

第一次世界大戦が終わったときに、不況に見舞われ、不況から立ち直れず、長期不況に突入する状況下で共産主義が流行《はや》りました。資本主義の限界とされたのです。

石橋湛山（国立国会図書館所蔵）

そのときに論争になったのが金解禁です。金の輸出を禁じていたのを解禁し、金本位制に戻るかどうかの問題です。今の目から見れば、金解禁など当然やらなくていい、なぜそのような対処をしなければいけないのだと思える問題です。なぜ金解禁をして、金本位制に戻ろうとしたのか、それを理解するには時代背景を知る必要があります。

経済が今のような、金本位制でなくなったのはわずかここ五〇年の歴史でしかありません。昭和四六（一九七一）年、時のアメリカ大統領リチャード・ニクソンが金本位制をやめると言い出しました。ベトナム戦争での戦費負担の増大で、金の保有量以上の通貨を発行する必要に迫られたからです。世にいう「ニクソン・ショック」です。

金本位制をやめて今のような管理通貨制になったのはたかだかここ五〇年。なぜそうなのかといえば、そもそも政府が信用できないからです。いつまで命脈を保てるのかわからない政府が発行する紙幣など、いつ紙屑になってしまうかわかりません。日本でも第九六代後醍醐《ごだいご》天皇が建武《けんむ》の親政のときに、お札を発行しようとしましたがまったく通用しませんでした。明治政府でも維新のときに太政官札《だじょうかんさつ》を発行したものの、誰も信じないので悪性インフレになっているのです。

政府が信用できないというのが根強くあったところ、ようやく金と交換できるようにしたのが、日本では明治三〇（一八九七）年。やっと金本位制を確立しました。ただし、この金本位制には致命的な弱点がありました。金の保有量しかお札を刷れないので、自然にまかせればデフレになってしまう点です。

正当な近代経済学ではアダム・スミス以降、政府は国民の邪魔をするなと言いつつも、政府の信用を経済に確保するために金本位制を導入してしまったのです。政治的理由があって、経済がついてきたのです。

第一次世界大戦が勃発《ぼっぱつ》して戦費が足りなくなると、世界では先進国が金の流出を防ぐために金の輸出を停止し、金本位制をやめてしまいます。アメリカが一九一七年に停止。日本も金輸出停止に踏み切りました。そして、戦後、世界が金輸出停止を解禁、すなわち「金解禁」するなかで、日本はその動きに出遅れます。日本がいつ金解禁をして金本位制に復帰するのかが課題になっていったわけです。金解禁をしないから不況が続いているのだとする意見が多数だったからです。

金本位制は自然にまかせれば不況になるという内在的条件に、学界の人たちが気づかないときに、石橋湛山は独自に気づいていました。石橋は先駆的すぎました。高橋是清《たかはしこれきよ》などは金解禁しなくとも、つまり金本位制に戻さなくても困らないではないかとの立場でした。そして、もっと積極的に、今、不況のときに、しかもデフレ傾向のときに金本位制などに戻せばなおさらデフレが進むから金解禁などけしからんと言っていたのが、日本銀行総裁を務めた井上準之助《いのうえじゅんのすけ》です。井上は、政友会の総裁であり総理だった高橋是清の一の子分でした。井上自身も政友会寄りだと見られていました。

ところが、その井上準之助が引き抜かれて、昭和四（一九二九）年、民政党の浜口雄幸《はまぐちおさち》内閣の大蔵大臣に就き、デフレ政策、金解禁を推進します。

日本の金輸出が解除されたのは、昭和五（一九三〇）年一月一一日、世界恐慌が始まった翌年でした。よりによって井上準之助の手によって金解禁が行われ、ほぼ三年、ムキになって金本位制をやめません。昭和六（一九三一）年四月、井上は若槻《わかつき》内閣でも蔵相を務め、どんどん不況が悪化していくのにやめないのは、ムキとしか言いようがないのです。

それに対して、「四人組」と呼ばれた『東洋経済新報』の石橋湛山、高橋亀吉《たかはしかめきち》、中外商業新報

（現日本経済新聞）の小汀利得《おばまとしえ》、時事新報の山崎靖純《やまざきせいじゅん》たちが金解禁をやめろと提言します。ちょうど世界大恐慌が重なっているとき、四人組は不況の病原体を見抜き、正しく処方箋《しょほうせん》を出したわけです。金本位制に構造的な問題があるのだから、金本位制をやめて適切な経済政策を打てば日本は景気回復すると。そして、高橋是清が政権交代で大蔵大臣に返り咲くや否や、即実行しました。

昭和六（一九三一）年一二月、犬養毅《いぬかいつよし》内閣で蔵相になった高橋是清は石橋たちの政策を取り入れて金輸出を再び禁止しました。

高橋是清が蔵相を務めた犬養内閣は、経済だけはうまくいきました。ところが、前の若槻内閣を潰したとされ、若槻内閣がやっていた国際協調がなかなかできなくなっていきます。犬養も頑張って取り戻そうとするのですが、昭和七（一九三二）年、五・一五事件で犬養本人が暗殺されてしまい、やれる人がいなくなってしまいました。

そして、次の斎藤實《さいとうまこと》内閣のとき、昭和八（一九三三）年三月、国際連盟脱退に至ります。

さらに、岡田啓介《おかだけいすけ》内閣でも蔵相を務めた高橋是清が昭和一一（一九三六）年、二・二六事件で暗殺されてしまいました。同年三月に発足した、その後の廣田《ひろた》内閣で馬場鍈一《ばばえいいち》が大蔵大臣になると軍事費が五〇パーセントにまでなり、準戦時体制です。また、六月には「帝国国防方針」の改訂版が出され、それまで仮想敵国としてきたソ連、アメリカに、イギリスと支那《しな》を加えた四カ国を同時に仮想敵国としてしまいました。

それが現実になっていきます。昭和一二（一九三七）年七月七日に起きた盧溝橋《ろこうきょう》事件をきっかけに無謀な支那事変を始めてしまうのです。そして、昭和一五（一九四〇）年九月二七日、日独伊三国同盟が結ばれ、昭和一六（一九四一）年四月一三日には日ソ中立条約が結ばれ、その年の暮れ、一二月八日に真珠湾攻撃で大東亜戦争を始めます。

石橋湛山は、勝算はあるのかと問い続けます。すると、逆に戦争に協力する気がないのかと問われ、湛山はそうではなくて、政府が決めたことだから従うが、政府を批判してはいかんのかと言えば、非国民呼ばわりされ、会話が通じなくなってしまうのです。おまけに、いろいろな圧力がかかり、『東洋経済新報』そのものも売れなくなってしまいます。社内では、湛山に辞めてもらって、軍に媚びようという意見も出はじめていました。湛山は頑としてこれを拒否します。そんなやり方で会社が生き延びたところで意味がないとし「東洋経済新報には伝統もあり、主義もある。その伝統も、主義も捨て、いわゆる軍部に迎合し、ただ東洋経済新報の形だけを残したとて、無意味である。そんな醜態を演ずるなら、いっそ自爆して滅びた方が、はるかに世のためにもなり、雑誌社の先輩の意思にもかなうことであろう」と信念を貫き、屈しませんでした（前掲『湛山回想』）。

結局、湛山の正論はまったく聞き入れられることなく、日本は敗戦に至ります。そして、占領軍がやってきました。

昭和二一（一九四六）年、吉田茂内閣が成立し、湛山は大蔵大臣に就任します。しかし、昭和二二（一九四七）年、湛山は、戦争中、全体主義に協力したとの理由で大蔵大臣をクビになり、公職追放されます。

連合国軍最高司令官総司令部（GHQ）の経済科学局（ESS）の初代局長クレーマー大佐が戦時中の『東洋経済新報』の言論方針からジャーナリストとしての湛山を称賛し、アドバイザーとして協力してほしいと要請したにもかかわらず、民政局（GS）のケーディスが強硬に湛山の追放を主張しました。

アメリカのジャーナリズムが湛山追放について関心をもち、『ニューズ・ウィーク』誌が最初に湛山追放は不当であるとその背景とともに記事にしています（注1）。

日本はいつのまにか正論が通らない国になり、時に正論が通ることがあっても長続きしない国になりました。

そして、滅びるはずがなかった大日本帝国が滅びてしまいました。

第七章

昭和天皇

——日本を本物の滅亡から救ったお方

誰からも祝福された誕生

時は第一二二代明治《めいじ》天皇の治世三四年です。一九〇一年四月二九日。のちの第一二四代昭和天皇こと迪宮《みちのみや》が、第一二三代大正《たいしょう》天皇となる皇太子嘉仁《よしひと》親王の第一皇子として生まれます。母は大正天皇皇后となる節子《さだこ》妃、のちの貞明《ていめい》皇后です。昭和天皇は正室の子です。ちなみに、父の大正天皇は側室から生まれた最後の天皇です。

五月五日、〝お七夜《しちや》〟にあたるこの日、明治天皇が裕仁《ひろひと》親王と命名し、迪宮の称号を与えました。このとき明治天皇は四八歳（以下満年齢）。裕仁親王は初孫です。二一歳の嘉仁親王にとっても最初の子供です。皇太子の長男誕生に国を挙げての祝賀です。家々の軒先には国旗や提灯《ちょうちん》が掲げられ、夜には提灯行列が行われ、花火も打ち上げられました。

明治三四（一九〇一）年は、二〇世紀の始まりの年。北清事変《ほくしんじへん》の事後処理をし、北京議定書《ペキンぎていしょ》が結ばれた年でもありました。

時は遡《さかのぼ》って、明治二七（一八九四）年に勃発《ぼっぱつ》した日清《にっしん》戦争に日本は勝って、アジアの大国は日本であると認めさせました。勝った日本は翌年、ロシア、フランス、ドイツによる三国干渉を受け、ロシアの脅威と対峙《たいじ》すべくさらなる富国強兵、臥薪嘗胆《がしんしょうたん》が始まりました。

朝鮮は宗主国を負けた清から乗り換えて、ロシアに擦り寄ります。清は内戦状態です。西洋に領土を掠《かす》め取られている宮廷に対して不満に思った義和団《ぎわだん》の人たちが、暴動を起こしました。これが一八九九年に勃発した、義和団の乱です。翌一九〇〇年に義和団が北京にある列国大使館を襲うと、清の最高権力者である西太后《せいたいごう》は、よりによって八カ国連合軍に宣戦布告します。それに対して八カ国連合軍は制裁し、日本はその中心となって戦い、その結果、講和条約として北京議定書が結ばれ、日本軍が北京周辺に駐留する取り決めになります。

ただ、日本がアジアの大国と認めさせたとはいえ、ロシアのような超大国から比べると、まだ吹けば飛ぶような国だと思われています。そんな状況のなか、明治三五（一九〇二）年、日英同盟を結びます。そして、明治三七（一九〇四）年の日露戦争に勝利します。もはや世界に冠《かん》たる大日本帝国として、誰からも一目置かれる存在となりました。

そのような時代の、明治三九（一九〇六）年、通称〝皇孫御殿〟の青山御所内に特設幼稚園が開設されました。特設幼稚園といっても御殿の奥の二部屋を園舎としただけで、柱にはケガ防止に絹の布団が巻き付けてあったそうです。ここで、裕仁親王は弟淳宮雍仁《あつのみややすひと》親王（秩父宮《ちちぶのみや》）と〝お遊び仲間〟として選ばれた華族の子弟五人とが一緒になって遊びました。裕仁親王はこのころから相撲好きでした。幼稚園仲間の中で一、二を争う小柄な体格でケンカには弱くても、相撲は誰にも負けなかったそうです。

明治四一（一九〇八）年。満七歳を迎える四月、裕仁親王は日露戦争の英雄である乃木希典《のぎまれすけ》が院長を務める学習院初等科に入学しました。一三名のクラスで、点呼順は六番目。「皇孫殿下」と呼ばれていました。

担任には学習院の石井国次《いしいくにじ》教授が選ばれ、国語、算術、訓話を教授します。ほかの科目も学習院の先生が担当し、遊戯体操を内藤栄助教授、唱歌を小松耕輔《こまつこうすけ》助教授、図画を玉置金司《たまききんじ》助教授、手工を佐野正造《さのしょうぞう》助教授がそれぞれ受け持ちました（宮内庁編『昭和天皇実録』第一、東京書籍、二〇一五年）。

明治四三（一九一〇）年。幸徳秋水《こうとくしゅうすい》というテロリストが、大逆事件《たいぎゃくじけん》を起こします。明治天皇暗殺未遂事件です。日本の国全体に緊張感が途切れたような状態の中での、事件でした。

明治四五（一九一二）年七月三〇日、明治天皇が崩御されます。即座に皇太子であった父が践祚《せんそ》され、「大正」と改元されました。裕仁親王、一一歳のときでした。

御大葬《ごたいそう》の日の九月一三日、裕仁親王が「院長閣下」と呼んだ乃木希典夫妻が殉死します。殉死する前に、乃木は若い田中義一《たなかぎいち》軍務局長を自邸に招き、食事をともにします。ところが、出されたのは蕎麦《そば》一膳と酒一本でした。それを田中義一は「おらも今は少将じゃから、いつまでも少尉待遇はかなわん」と不平に思ったところ、直後に乃木が殉死したので、武士は切腹する前に蕎麦しか食べないという作法を知らなかったことに悔しさをにじませています（田中義一伝記刊行会編『田中義一伝記（下）』原書房、一九八一年、復刻版。原本は一九五八年）。田中は昭和二（一九二七）年から約二年間、首相を務める人です。

明治天皇の崩御のあと大正政変に至ります。二年間で、西園寺公望～桂太郎～山本権兵衛《やまもとごんのひょうえ》と、二回の政変で三人の首相が登場します。大正天皇は政治に慣れていないこともあり動揺しました。

桂太郎に言われるままに勅語を出すなど、混乱に拍車をかけるということもありました。

大正三（一九一四）年四月、裕仁親王は学習院を卒業します。卒業後は学習院の中等科ではなく、東宮御学問所で帝王教育を受けます。これは乃木大将の考えによったもので、乃木が生前、宮内省に提出していた概案に基づき、御学問所の組織が形成され、総裁には日露戦争の連合艦隊司令長官であった、東郷平八郎元帥海軍大将が就任しました。

教育課程での課目は、倫理、歴史、地理、国文、漢文、博物、算術、フランス語、習字、体操、武課、馬術、軍事講話。上の学年になってからは、理化学、法制経済、美術史が入りました（注1）。倫理は杉浦重剛《すぎうらじゅうごう》が担当し、杉浦が心血を注いで著したと言われる「倫理御進講草案」を教科書にして、また歴史は白鳥倉吉《しらとりくらきち》が白鳥の『国史』を用いて帝王教育がなされていきました。地理と算術は石井国次、国語と漢文は飯島忠夫《いいじまただお》、博物は服部広太郎《はっとりひろたろう》、フランス語は土屋正直《つちやまさなお》、習字は日高秩父《ひだかちちぶ》、週一回の馬術は主馬寮《しゅめりょう》技師根村当守と東宮武官壬生基義《みぶもとよし》らがそれぞれ担当していきます（前掲『昭和天皇実録』）。

御学問所での帝王教育が始まった同じ年の七月、第一次世界大戦が勃発します。第一次世界大戦に関しては、日本は圏外です。あまりにも強すぎた日本は、ヨーロッパが没落していくなかで、ひとり だけ平和を謳歌《おうか》した大国となっていました。

青年摂政として

裕仁親王は大正五（一九一六）年、立太子の礼で皇太子になります。大正八（一九一九）年、一八歳で成年式を迎えました。久邇宮良子女王《くにのみやながこじょおう》との婚約も正式に発表されますが、二年にわたり宮中某重大事件《きゅうちゅうぼうじゅうだいじけん》で嫌な思いをさせられます。

事の発端は、婚約者の良子女王の実家、島津《しまづ》家の色盲《しきもう》の遺伝でした。しかし、事は政争に飛び火します。山縣有朋が久邇宮家に婚約辞退を求め、松方正義《まつかたまさよし》内大臣など山縣の周囲も皇室の問題に介入してきました。日頃の山縣の横暴に憤っている杉浦重剛や民間右翼の頭山満《とうやまみつる》などが、抗議の声をあげました。原敬総理大臣が事態の収拾に追われます。

さらに、摂政設置問題が加わります。幼少のころから身体《からだ》が弱かった大正天皇が、脳に障害を負ってしまったのです。当時の皇室典範には不備があり、天皇が「久きに亘《わた》るの故障」だと誰もが認めないと摂政が置けないようになっていました。

皇太子婚約問題と、摂政をめぐる問題の二つの重要問題で、裕仁皇太子は陰謀の渦中に置かれてしまいます。

摂政の制度は、それを置かれた天皇からすれば、体《てい》のいい「主君押し込め」なのです。ただでさえ、天皇は儀式しか行わないのに、それすら取り上げられてしまうわけですから。貞明《ていめい》皇后には、山縣たち政府が息子裕仁を押し立てて、主人である大正天皇を押し込めようとしているように見えてしまっていました。貞明皇后は摂政設置問題で政府と宮中官僚に対して徹底抗戦します。

大正一〇（一九二一）年、婚約問題に関しては、医学的な検査のうえ良子女王に異常はなしとされ、二月一〇日、宮内省が皇太子妃に変更はないと発表し、宮中某重大事件はどうにか決着しました。

二月末に東宮御学問所を修了し、三月に軍艦「香取《かとり》」で初めての欧州外遊に出かけ、九月に帰国します。

一一月四日、時の原敬首相が東京駅で暴漢に襲われ刺殺されました。犯人は原首相のやり方に不満を持っていたそうです。摂政を置くというのは大変なことなのです。

摂政問題のほうは摂政を置かないわけにはいかず、二〇歳の裕仁皇太子が一一月、摂政に就任しました。

裕仁皇太子が摂政として直面したのが、大正一二（一九二三）年九月一日、関東大震災です。

原敬が暗殺されたあと、大蔵大臣だった高橋是清が総理大臣に就任しま

東宮殿下御成婚

した。ところが高橋の内閣は弱体で、半年で総辞職します。次の加藤友三郎《かとうともさぶろう》首相は原内閣の海軍大臣だったので政友会が推して、総理大臣に就任しました。加藤が首相になったのは、加藤はがんだからどうせすぐに亡くなるだろうという理由です。反対党に政権を渡したくない政友会の醜い考えです。

余命いくばくもないと見られていた加藤友三郎が八月二五日に亡くなったとき、大命降下していた山本権兵衛が政友会と憲政会の二大政党総裁に「入閣してくれ。好きな大臣をあげるから」と言うと、「だったら総理大臣を寄越せ」とばかりに拒否されます。もちろん、直接そんな言い方はしませんが、組閣は揉めに揉《も》めます。自分が総理大臣になって当然だと思っている二人に、どんな大臣の座をあげると言ったとしても聞くはずがありません。

そんな争いの真っ最中に、関東大震災が起きました。権兵衛首相が偉かったのは、即座に参内して組閣を終わらせ、残った大臣たちも勅令で震災対策をテキパキと終わらせます。天皇がご病気で、総理大臣が不在なのに関東大震災を乗り切りました。

関東大震災の対策は七七日でけじめをもって終了しました。念のために戒厳令を引き延ばして七七日でやめているので、はっきりと有事と平時のけじめがついていました。しかし、当時は誰もこのようなことを褒めてはくれません。なぜなら、たとえこのときのように永田町、霞が関が壊滅していたとしても、災害対策などはできて当たり前だったからです。

その年の一二月二七日、裕仁皇太子が帝国議会開院式に車で向かう途中、虎ノ門付近で難波大《なんばだい》助《すけ》というアナーキストに狙撃《そげき》される事件が起きました。虎ノ門事件です。難波大助が皇太子の車が通り過ぎようとするところを、沿道の群衆の中から飛び出し、仕込杖《しこみづえ》の銃で散弾を撃ったのです。弾が車の窓ガラスを貫通しながらも、皇太子には何事もなく、そのまま開院式に臨みました。難波大助はその場ですぐ逮捕されています。

なお、昭和天皇はこのときと、のち昭和七（一九三二）年の桜田門事件と、合計二回の暗殺未遂事件に遭遇しています。

大正一三（一九二四）年は山本権兵衛内閣のあとの清浦奎吾《きようらけいご》内閣が、三代続けて選挙で選ばれていない、非立憲内閣であり、非政党内閣だと非難され、第二次護憲運動が起きました。そして、三大政党が結束して総選挙で決着をつけ、護憲三派内閣ができ、男子普通選挙が実現しました。男子普通選挙ができ、議院内閣制ができ、二大政党による政権交代すなわち憲政の常道が始まる時代です。大正デモクラシーの頂点のさなか、二二歳の裕仁皇太子と二〇歳の久邇宮良子女王の婚礼が行われました。

昭和改元と若き君主の正義感

大正一五（一九二六）年一二月二五日、大正天皇が崩御し、裕仁皇太子が践祚《せんそ》しました。そして、「昭和」と改元されました。ちなみに、昭和元年は一二月二五日からの一週間です。昭和の最後の年、昭和六四年も一月七日までの一週間です。よって日本のそれまでの元号の中で一番長

昭和天皇御即位当日

い「昭和」の時代は六二年と二週間でした。

昭和天皇はすでに摂政として、天皇としての統治、儀礼を行っていましたが、践祚、即位し、服喪が明けて、即位礼は二年後の昭和三（一九二八）年に行われました。改元の翌年までに政変が起きるジンクスがあります。明治は御一新、大正は大正政変、昭和は金融政変、平成はリクルート事件、令和は新型コロナ禍で安倍内閣退陣。

昭和初期の、まだ二大政党が安定していない中、経済政策の失敗で金融恐慌が起きます。

大正一三（一九二四）年に行われた第一五回衆議院議員総選挙は、憲政会が勝利し、政友会・革新倶楽部《クラブ》と連立内閣を組みます。しかし、男子普通選挙法を通すと、政友会は連立離脱（革新倶楽部はその前に政友会に合流）。憲政会は少数内閣に陥ります。加藤高明《たかあき》首相は病気に倒れ、後継憲政会総裁の若槻礼次郎《わかつきれいじろう》が首相となりました。

その現職総理大臣の若槻礼次郎が買収汚職に問われたのが、大正一五（一九二六）年の松島遊《まつしまゆう》廓移転事件《かくいてんじけん》です。遊廓が移転するので、賄賂《わいろ》をもらったのではないかと、現職総理大臣なのに取り調べを受けます。若槻は、偽証罪で訴えられます。こうしたことが重なった上に経済失政などで、若槻内閣は総辞職に追い込まれました。

若槻に代わり、反対党である政友会総裁の田中義一が首相となりました。田中も田中で「政友会総裁のイスを機密費で買ったのではないか」と疑惑をかけられ、それを追及した中野正剛《なかのせいごう》代議士も「アイツはロシアのスパイではないか」などと国会の場で逆襲されます。互いにそんな応酬です。

田中義一内閣のもとで、高橋大蔵大臣が金融恐慌自体は早々に収拾するのですが、まだまだ政治は安定しません。

昭和三（一九二八）年二月、史上初の男子普通選挙となった第一六回衆議院議員総選挙で田中義一の政友会は獲得したのが四六六議席中二一七議席で過半数割れします。憲政会と政友本党が合併してできた、野党の民政党は二一六議席です。民政党は事実上の勝利と沸き返り、議会は買収と乱闘で大混乱のまま、どさくさに紛れて田中義一内閣が存続します。

田中内閣の内務大臣鈴木喜三郎《すずききさぶろう》は、選挙中に負けそうだとなると、内閣の地位は天皇の親任によって得ているのであって、総選挙で負けても退陣の必要はないとかなんとか、愚かな大失言をしてしまいます。選挙の意味がわかっているのかと疑う大失言がもとで、「天皇陛下に責任を帰し奉る気か」と非難を浴び、総選挙後に辞任に追い込まれました。

田中内閣が鈴木のクビを差し出し、野党に矛を収めてもらう妥協をはかり、乗り切ったと思えば、その後も田中首相は民政党を切り崩して、いつの間にか安定多数を得てしまっています。そして、枢密院を蹴散らしてしまうやら、あげくは貴族院が予算以外は全部否決しても辞めないやらの大混乱です。そして昭和三（一九二八）年六月四日、田中首相の古巣の陸軍が、満洲軍閥の張作霖《ちょうさくりん》を殺してしまう事件を起こします。軍閥とは要するに、ヤクザです。当時は「満洲某重大事件」と呼ばれました。しかし、いくらヤクザでも、いきなり殺してはいけません。

当時の中華民国は大混乱でした。満洲の張作霖か、南から北伐を開始している蔣介石《しょうかいせき》か、どちらに付くかというときに、あまりにも露骨な裏切りが多い、手飼いの張作霖をひきあげて、関東軍自ら満洲を占領してしまおうと、張作霖を爆殺してしまいました。真相はすぐにわかり、田中首相は真犯人の河本大作《こうもとだいさく》陸軍大佐を厳罰に処して、国際社会に対して日本の非を認めるとする案を、元老の西園寺公望にも昭和天皇にも伝えていました。ところが、もしそのような事をすれば国際社会から叩かれるから、内輪の人間を庇《かば》うのが当然だと一年ほど大揉めに揉めます。最後は孤立無援に陥った田中首相が、自分の権力基盤である陸軍まで見捨てるわけにはいかず、管理不行き届き、つまりは行政処分にすると決定した旨を上奏します。これを聞いた昭和天皇は、「前と言ったことと違うではないか」と激怒され、田中首相は恐懼《きょうく》し辞表を提出しました。

では、真相はどうなのか。最近、張作霖を爆殺したのはソ連のスパイ機関であるコミンテルンであるとの説があります。これは間違いです。少なくとも証拠はありません。もちろん、見直さなければならない点は多々あるのですが、河本大作主犯説、実行犯説を覆す決定的な史料はありません。

問題は、河本の単独犯なのか、関東軍の総意なのかという点です。これには決定的証拠とされるのが一応はあります。中国側の取り調べに対して、河本大作が事件について述べた「供述書」です（注2）。それによると、河本が手を下したのは間違いなく、関東軍全体が実は関わっていたとのことです。関東軍の中にコミンテルンのスパイがいた可能性は否定できませんが、いまだに証拠は見つかっていません。

日本の政治に影響を与えたのは、宮中で行われたやり取りです。

そもそも憲法で「政治は臣下に任せねばならない」となっている以上、天皇は話を聞くしかできません。ただし、天皇には三つの権利があります。警告、激励、相談を受ける権利です。ただし密室の場では、この三つにこだわる必要はなく、天皇にも言論の自由はあります。田中が前とは異なることを述べたので、昭和天皇は「前に言ったことと違うではないか」と指摘したわけです。ほとんど信用に値しない史料ですが、『昭和天皇独白録』には、昭和天皇が「辞表を出せ」まで言ったと書いてあります。ちなみに、なぜ信用できないかというと、インフルエンザでのたうちまわっている昭和天皇に、側近たちが三日三晩付きっきりで聞き書きしたとの代物です。そして、その側近たちに都合がよいことしか書いていません。ただ、何らかの形で昭和天皇が激しく叱責《しっせき》し、首相の田中が動揺したのは間違いありません。

田中首相が閣議に戻ってくると、副総理格の小川平吉《おがわへいきち》が「この状況では周りは敵ばかりなのでやむを得ないが、もう一度天皇陛下に上奏して、お諫《いさ》めすべきだ」と述べています（『小川平吉関係文書』みすず書房、一九七三年）。小川の認識の通り、昭和天皇が叱責しようがしまいが、田中首相は辞めなくていいのです。天皇の言葉は権限を伴わないのですから。ところが、田中は辞めてしまいます。

本来、天皇がこうした形で現実政治に影響力を行使しないよう、宮中の側近たちが気をつけねばなりません。責任者は、牧野伸顕《まきののぶあき》内大臣、一木喜徳郎《いちききとくろう》宮内大臣、鈴木貫太郎《すずきかんたろう》侍従長、奈良武次《ならたけじ》侍従武官長です。牧野の日記を読むと、牧野は田中を追い落とすべく陰謀を企てています。だから、正義感が強い昭和天皇を止めませんでした。結果、田中への叱責につながります。倒閣に成功しました。ただ、牧野らは「重臣ブロック」と指弾され、やがて彼らを側近とする昭和天皇も批判の的となっていきます。悪《あ》しき側近たちが、若くて頭が悪い天皇を囲い込んで好き勝手やっているとか、天皇は仕事をせずに夜《よ》な夜な側近たちと麻雀《マージャン》に明け暮れているとか書かれ、天皇はクラゲの研究家だから国史についてはわからない、国体観念が薄い天皇などと、あることないこと誹謗中傷《ひぼうちゅうしょう》のビラが撒かれました。

不況だと正論が通らない

昭和四（一九二九）年七月二日、田中内閣が総辞職すると、政権は反対党の民政党に移ります。

民政党の濱口雄幸《はまぐちおさち》内閣は一〇時間で組閣しています。

昭和五（一九三〇）年正月に濱口は衆議院を解散し、二月に実施された総選挙は民政党が空前の大勝で、民意による政権交代となります。人々は二大政党による政権交代である、憲政の常道がここに確立したと感じます。

濱口内閣には良い点と悪い点が一つずつありました。まずは良い点です。対外政策はかなりうまくいきます。当時、第一次大戦後、大英帝国の覇権に取って代わろうと、アメリカがことごとくケンカしています。たとえば、昭和三（一九二八）年の軍縮会議がケンカ別れに終わります。海軍力は大国の象徴なのでお互いに引きません。

ところが、昭和五（一九三〇）年一月二一日から四月二二日にかけてのロンドン海軍軍縮会議では、アメリカとイギリスがケンカすれば誰も得をしないので、フランス、イタリアを切ってでも日本を巻き込もうとの妥協がなされ、米英は日本の要求を全部聞きました。海軍量で、アメリカが日本を六割に抑え込もうとするのに対し、日本はアメリカに対して七割を要求し、対米六九・七五パーセント、ほぼ丸呑みといってよい空前の外交成果を上げました。それでも不満で国内で抵抗した人たちは、濱口内閣がねじ伏せます。

濱口雄幸首相自身のリーダーシップが強かったのはもちろん、大蔵大臣の井上準之助がこれまた強かったのです。

ところが、その井上が肝心の経済政策を間違えます。金解禁をやらかして、デフレ期にデフレ政策をやってしまいます。すなわち、物の値段が下がって売れなくて、売っても売っても安売りしなければならなくて、ますます売れなくなるデフレスパイラルに入っているときに、さらなるデフレ政策を採りました。金解禁をやって金本位制に復帰し、金の保有量しかお札が刷れなくて、物の価値がどんどん安くなっていきます。

昭和四（一九二九）年から世界恐慌が始まっています。世界恐慌は秋に始まって、即座に不況になったとよくいわれます。確かに不況は不況です。しかし、即座に不況になったのではなく、数カ月経ってから本格化したのです。外交的に日英米の理想的な協調関係ができているときに、その三国が三国とも金融政策を間違えて、世界同時不況になってしまうわけです。日英米に加えて、フランス、イタリア、ドイツと世界の主要国は軒並み皆不況になるのですが、唯一の例外がソ連でした。

なぜなら、ソ連は他の国よりもっとひどい実態を隠し通していたからです。独裁国家であるがゆえに情報を徹底的に隠蔽《いんぺい》できていました。それに気づきもせず、世界中がこれだけひどいのに、ソ連だけがうまくいっているのは、ソ連がすばらしい国だからなのだという幻想が撒《ま》き散らされていきました。そのような状況のなかで、日本の言論界にも、米英は日本を叩きのめそうとしている敵なのだと宣伝する人が大勢出てきます。北一輝《きたいっき》と大川周明《おおかわしゅうめい》などはその筆頭です。

そうした人たちが言う、米英の悪口のほとんどが本当のことでした。米英がインディアンやインドに何をやっただのと、確かにそのとおりです。しかし、同盟国の昔の悪事と、敵国の今の悪事と、どちらが問題なのかというときに、そうした相対評価をさせないことによって、国民の判断を狂わせ、それが国策になってしまっていました。「対米七割」が国是となり、敵愾心《てきがいしん》が醸成された背景です。

濱口は昭和五年一一月、ロンドン海軍軍縮条約に不満な右翼に狙撃《そげき》され、昭和六年四月傷が悪化して、内閣総辞職。同年八月死亡します。若槻礼次郎が民政党総裁と総理大臣の後継となりました。

そんな状況ですから、ロンドン海軍軍縮会議は大成功だったはずなのにそれは伝わらず、評価されませんでした。一方で大不況が押し寄せていました。『大学は出たけれど』という小津安二郎監督の映画が作られたのが、まさにこの時です。帝国大学を出れば「末は博士か大臣か」といわれた時代は過去になり、かわって大学は出たけれど就職さえままならない時代になりました。「大学は出たけれど」は流行語になっていました。ちなみに、現在の大学進学率は五〇パーセント超。明治では一パーセント以下、大正では三～五パーセント、昭和一桁のころには一〇パーセント以下で推移してきました。

東京帝国大学学士様すら就職がない地獄のような状況が訪れたときに、問題になったのが満洲です。

対米英協調は主に憲政会～民政党で外相を務めた幣原《しではら》喜重郎《きじゅうろう》による幣原外交で語られますが、政友会も基本は同じです。米英と仲良くしつつ、ソ連ともケンカしないという考えは共通しているからです。なぜなら、この三国とケンカしなければ、大日本帝国は絶対に滅びないからです。

満洲事変と国際連盟脱退に懸念

問題は中国問題で、軍事介入をどこまでやるかだけなのです。ところが、ここで日本人は〝問題は解決しなければいけない病〟とでも言うべき、間違いにはまり込んでしまいました。

張作霖の息子張学良《ちょうがくりょう》が、形式的には蔣介石に服従して中華民国が統一され、中華ナショナリズムという名のもとにありとあらゆる悪事、「法人居住権侵害、商業・工業・農業・林業・鉱業の妨害、反日教科書などの侮日行為、朝鮮人を中心とした邦人の生命および財産への侵害など」をやらかしていきます。尖閣《せんかく》どころではないおびただしい数にのぼるテロ行為です（注3）。

満洲事変が勃発し、現地の関東軍が暴走します。関東軍の言い分は、実際に日本人の誰もが納得しました。満洲から張学良を追い出さなければ、問題は解決しないと考えたのです。自分で満洲を領有せず、独立国家を作ろうとしました。満洲国の建国こそが問題解決唯一の道だと考えたのです。

現地関東軍、主に参謀の石原莞爾《いしはらかんじ》中佐が考えたことが関東軍の意志になり、それを中央の軍も、日本政府も承認していきます。若槻首相が不拡大方針を発すると、現地の関東軍が「張学良が攻めてきたから自衛のためだ」と嘯《うそぶ》き、占領地を拡大していくのですから、国際連盟では「なんて日本はずる賢いのだ。こんな巧妙な侵略をして征服するなど、さすが大国だ」などと感心されるやら呆《あき》れるやらでした。実態は若槻総理大臣がノイローゼで意志薄弱なだけだったのですが。若槻内閣は力尽き、政権交代します。

犬養毅《いぬかいつよし》政友会内閣になり、返り咲いた高橋大蔵大臣が世界恐慌のなか金解禁をやめることによって、奇跡の景気回復をさせます。

しかし、アメリカがまず敵に回ります。若槻や幣原を信用していたのに、その内閣を潰すとは日本政府は信用できないとの理由です。

犬養内閣は、高橋是清大蔵大臣の登用で、組閣当日に金解禁をやめ、適切な経済政策によって景気は劇的に回復します。逆に、外交が後退します。

犬養内閣になった直後、昭和七（一九三二）年一月二八日に第一次上海《シャンハイ》事変が起こりますが、これはイギリスとの協調によって何とか外交的解決に至り、五月五日までで終わります。

第一次上海事変と同時並行で、三月一日、関東軍が満洲国を建国しますが、犬養内閣は認めません。

国際連盟の大国たち、といってもアメリカは入っていないので、要はイギリスです。イギリスは、日本が満洲国を作る形式さえ諦めてくれれば、実質、日本に全部上げる気でいます。しかし、関東軍は、なぜ勝ち戦《いくさ》で誰にも邪魔されないのに、そのような妥協をしなければならないのかと考えて、満洲国建国に突っ走りました。強いソ連に備えるというのが理由です。

犬養首相は満洲国を承認すれば後戻りができないので、絶対に満洲国を認めません。そして起こったのが、五月一五日の五・一五事件です。犬養が暗殺されました。

憲政の常道においては、総理大臣の身体に事故が起きたときは、後継総裁が総理大臣になります。暗殺による政変を認めないためです。

ところが、政友会が後継総裁として推したのが、よりによって鈴木喜三郎です。田中義一内閣のときにやらかした男です。こんな人では誰も納得しません。後継首相を決める唯一の権限者である元老の西園寺公望が、皆の意見を聞きました。

このとき昭和天皇から、協力内閣か単独内閣なのかは問うところにあらず、憲政の常道を維持するかどうかは政治状況なので自分は言わないが、「ファッショに近き者は絶対に不可なり」とのお言葉がありました（原田熊雄『西園寺公と政局　第二巻』岩波書店　一九六七年）。

西園寺は斎藤實《さいとうまこと》海軍大将を奏薦《そうせん》し、挙国一致内閣を作らせます。挙国一致内閣とは、政界から軍から官界から人材をかき集めて作った内閣です。斎藤内閣は経済を重視し、高橋是清大蔵大臣を留任させます。それ以外は外交的にも何もしない、ほとぼりを冷ますための内閣で、「スローモー内閣」といわれました。

ところが、その斎藤が外交的な大失敗、国際連盟脱退をしてしまいます。内田康哉《うちだこうさい》を外務大臣に据えたのが事の発端です。

内田康哉は満洲国承認のためには「挙国一致、国を焦土にしてもこの主張を徹すことにおいては、一歩も譲らないという決心を持っている」と「焦土演説」をやらかし、いきなり満洲国を承認してしまいます。リットン調査団が日本の権益を認めると言っているのに、「満洲国を認めないとは何事だ」と、リットンレポートの細かい点をこれでもかと突《つつ》くような議論が日本の多数派になっていき、斎藤や内田はそちらに乗ってしまったのです。

上海事変でイギリスと話をまとめたのが、松岡洋右《まつおかようすけ》です。国際連盟でイギリスを味方に付けるように懸命に頑張ったのが松岡でした。松岡は国際連盟で必死に日本の立場を訴え、協調をはかろうとしました。ところが、斎藤内閣内田外相は徹底的に国際連盟との対決姿勢を打ち出し、脱退やむなしとなってしまい、国際的孤立に至ります。

国際連盟脱退に関して、斎藤や内田が強硬論で、西園寺元老や牧野内大臣はやる気がありません。そんな中でも、昭和天皇は最後まで反対でした。天皇には権限がないので受け入れるしかないのですが、脱退は本当にイヤだというのが以下に引用した「国際連盟脱退ノ詔書」から読み取れます。

国際聯盟脱退ノ詔書　昭和八年三月二十七日

朕《ちん》惟《おも》フニ曩《さき》ニ世界ノ平和克復シテ国際聯盟ノ成立スルヤ皇考之《これ》ヲ懌《よろこ》ヒテ帝国ノ参加ヲ命シタマヒ朕亦《また》遺緒《いしょ》ヲ継承シテ苟《いやしく》モ懈《おこた》ラス前後十有三年其《そ》ノ協力ニ終始セリ

今次満洲国ノ新興ニ当リ帝国ハ其ノ独立ヲ尊重シ健全ナル発達ヲ促スヲ以テ東亜ノ禍根ヲ除キ世界ノ平和ヲ保ツノ基ナリト為《な》ス然《しか》ルニ不幸ニシテ聯盟ノ所見之ヲ背馳《はいち》スルモノアリ朕乃《すなわ》チ政府ヲシテ慎重審議遂《つい》ニ聯盟ヲ離脱スルノ措置ヲ採ラシムルニ至レリ

然《しか》リト雖《いえども》国際平和ノ確立ハ朕常ニ之ヲ冀求《ききゅう》シテ止《や》マス是《これ》ヲ以テ平和各般ノ企図ハ向後亦協力シテ渝《かわ》ルナシ今ヤ聯盟ト手ヲ分チ帝国ノ所信ニ是《こ》レ従フト雖固《もと》ヨリ東亜ニ偏シテ友邦《ゆうほう》ノ誼《よしみ》ヲ疎《おろそ》カニスルモノニアラス愈《いよいよ》信ヲ国際ニ厚クシ大義ヲ宇内《うだい》ニ顕揚スルハ夙夜《しゅくや》朕カ念トスル所ナリ

方今列国ハ稀有《けう》ノ政変ニ際会シ帝国亦《また》非常ノ時艱《じかん》ニ遭遇ス是《こ》レ正ニ挙国振張ノ秋《とき》ナリ爾《なんじ》臣民克《よ》ク朕カ意ヲ体シ文武互ニ其ノ職分ニ恪循《かくじゅん》シ衆庶《しゅうしょ》各《おのおの》其ノ業務ニ淬励《さいれい》シ嚮《むか》フ所正ヲ履《ふ》ミ行フ所中ヲ執リ協 戮邁往以《きょうりくまいおうもっ》テ此ノ世局ニ処シ進ミテ皇祖考ノ聖猷《せいゆう》ヲ翼成《よくせい》シ普《あまね》ク人類ノ福祉ニ貢献セムコトヲ期セヨ

昭和天皇は連盟脱退反対なので、すぐに戻りたいとの意向をにじませているのに、政治家や官僚が理解できません。

それでも斎藤内閣はのらりくらりと居座り、粘れるだけ粘った後に後任は自分の後輩の岡田啓《おかだけい》介《すけ》海軍大将に譲ります。斎藤自身は内大臣として宮中入りしました。

天皇機関説事件の狂気

なぜ、選挙で多数を持っている政友会に国民の信頼が戻らないのかというと、鈴木喜三郎総裁個人に人気も人望も実力も定見もなかっただけでなく、政党政治そのものに対する国民の不信があったからです。政治家も財閥も官僚もみんな悪い人たちで、目の前で戦果をあげた陸軍さんこそが救世主だと国民の多数が信じてしまった結果です。

馬上の昭和天皇

選挙で選ばれている人よりも、選挙で選ばれていない人を有権者が支持すれば、選挙で選ばれている人は存在する意味がありません。存在価値がなくなるので、力がないのです。しかも、選挙で選ばれている人は、総理大臣が「解散するぞ」と脅せば、落選してしまうので逆らえません。

岡田啓介内閣に代わってから起きたのが「天皇機関説事件」です。またもや昭和天皇が狙い撃ちにされました。

天皇機関説とは何か。

まず、天皇機関説は美濃部《みのべ》達吉《たつきち》東大法

学部教授が唱えた説で、当時の公務員試験の模範解答になっていました。これの何が都合がよいかというと、天皇に責任がいかないのです。天皇が実際に権力を振るわないと、天皇を使って官僚がやりたい放題ができなくなるわけです。官僚だけが天皇の名前を使って権力を握る体制でないということは、選挙によって選ばれた人が総理大臣を出して政権を握れるのです。ということは、このやり方で都合が悪い人たちがいるわけです。

ところが政友会の鈴木喜三郎総裁は、天皇機関説を攻撃する側に乗ってしまいます。では、「天皇機関説」を昭和天皇自身がどう思っていたかを伝える文章を少し長くなりますが、引用して紹介します（漢字は新字体、仮名遣いは現代仮名遣いにしています）。侍従長の話として書かれています。

陛下は『主権が君主にあるか国家にあるかということを論ずるならばまだ事が判《わか》っているけれども、ただ機関説がよいとか悪いとかいう議論をすることは頗《すこぶ》る無茶な話である。君主主権説は、自分からいえば寧《むし》ろそれよりも国家主権の方がよいと思うが、一体日本のような君国同一の国ならばどうでもよいじゃあないか。君主主権はややもすれば専制に陥り易い。で、今に、もし万一、大学者でも出て、君主主権で同時に君主機関の両立する説が立てられたならば、君主主権のために専制になり易いのを牽制《けんせい》できるから、頗る妙じゃあないか。美濃部のことをかれこれ言うけれども、美濃部は決して不忠な者ではないと自分は思う。今日、美濃部ほどの人が一体何人日本におるか。ああいう学者を葬ることは頗る惜しいもんだ』と仰せられ、なお侍従武官長に対しては、『一体、陸軍が機関説を悪く言うのは、頗る矛盾じゃあないか。軍人に対する勅諭の中にも、朕は汝等《なんじら》の頭首なるぞ、という言葉があるが、頭首と言い、また憲法の第四条に、天皇ハ国ノ元首ニシテ……という言葉があるのは、とりもなおさず機関ということであるのだ』というお話をされた。（原田熊雄『西園寺と政局　第四巻』岩波書店、一九六七年、二三八頁）

満身創痍《まんしんそうい》の岡田内閣は政権を維持し、挽回《ばんかい》しようとして、昭和一一（一九三六）年、総選挙を行います。二月二〇日が投票日。民政党が与党として逆転、第一党になり、政友会は一〇〇議席を減らす大敗です。鈴木喜三郎は総裁なのに落選してしまいました。

二・二六事件を収拾するが……

岡田内閣は挙国一致内閣をうたっていましたが、与党民政党の大勝利に喜んだのも束の間、六日後の二六日に二・二六事件が起こります。

二・二六事件の背景には陸軍内部の派閥抗争があるので、陸軍の派閥の系譜を押さえておきます。

もともと陸軍は、薩摩の大山巌《おおやまいわお》と長州の山縣有朋《やまがたありとも》で、薩長が仲良くやっていました。ところが気が付けば、山縣有朋、桂太郎、寺内正毅《てらうちまさたけ》、田中義一と長州の独占になっていました。

田中義一は長州閥ですが原敬の政友会に媚《こ》び、次の岡山県人だけど長州閥として出世した宇垣《うがき》一成《かずしげ》は民政党の身内になってしまいます。田中、宇垣は二大政党に媚びて権力を握ろうとしたわけです。しかも驚くのは、政友会が政権についたときは、田中の系統のほうから大臣を出し、民政党が政権につけば、宇垣閥から大臣を出すというように、政友会向けの大臣と民政党向けの大臣と二人の大臣を用意しているのです。海軍も外務省も同じようなことをやっています。

田中や宇垣のやり方に、下にいる課長たちが不満です。局長以上で不満を持っていたのが荒木《あらき》貞夫《さだお》や眞崎甚三郎《まさきじんざぶろう》のような人たちで、その取り巻きが「皇道派《こうどうは》」と呼ばれます。局長、課長級で本当に不満を持っていたのが、永田鉄山《ながたてつざん》が中心となっていた「統制派《とうせいは》」と呼ばれる人たちです。

皇道派も統制派も、最初は荒木、眞崎、林銑十郎《はやしせんじゅうろう》の三人を担いで、三将軍に仕立てて打倒長州閥、打倒政党内閣だったのです。皇道派のほうが先に出世しましたが、後から統制派が皇道派を片っ端から駆逐していきます。最終的に荒木、眞崎が失脚したので、二人を信奉している青年将校たちが起こした暴動が二・二六事件です。

二・二六事件のあらましです。内大臣になっていた斎藤實は殺されます。岡田啓介首相は、最初は死んだと思われていましたが、生きていました。高橋大蔵大臣は生きていると報道されたのですが死んでいて、鈴木貫太郎侍従長は奇跡的に命を取り留め、単に統制派と見なされただけで

内閣総理大臣（出身）	在任期間	退陣理由
斎藤　實（海軍）	昭和7年5月26日〜昭和9年7月3日	帝人事件（疑獄事件）。検察が斎藤内閣と大蔵省の疑獄を追及。
岡田　啓介（海軍）	昭和9年7月8日〜昭和11年2月26日	二・二六事件。陸軍の一部が起こした暴動。なお、次期広田内閣に陸軍が組閣干渉。
廣田　弘毅（外交官）	昭和11年3月9日〜昭和12年1月23日	衆議院が事実上の不信任。陸軍は激昂、板挟みになった首相は総辞職。
林　銑十郎（陸軍）	昭和12年2月2日〜昭和12年5月31日	陸軍の横暴で成立したが、衆議院に不信任され退陣。
近衛　文麿（貴族）	昭和12年6月4日〜昭和14年1月4日	支那事変をこじらせ、政権を投げ出す。
平沼騏一郎（検察）	昭和14年1月5日〜昭和14年8月28日	首・陸・海・外・蔵相の五相会議で延々とドイツと同盟を結ぶかで対立。何も決められず、独ソ不可侵条約を機に退陣。
阿部　信行（陸軍）	昭和14年8月30日〜昭和15年1月14日	衆議院と陸軍の双方の退陣要求で退陣。
米内　光政（海軍）	昭和15年1月16日〜昭和15年7月16日	陸軍が大臣を引き上げ、政権を維持できず退陣。
近衛　文麿（貴族）	昭和15年7月22日〜昭和16年7月16日	松岡洋右外相を放逐するためだけに、いったん総辞職。
近衛　文麿（貴族）	昭和16年7月18日〜昭和16年10月16日	対米交渉をこじらせ、政権を投げ出し退陣。
東條　英機（陸軍）	昭和16年10月18日〜昭和19年7月18日	重臣たちの倒閣工作。大臣から辞表を取り上げられずに総辞職。
小磯　國昭（陸軍）	昭和19年7月22日〜昭和20年4月5日	和平交渉に失敗し、退陣。
鈴木貫太郎（海軍）	昭和20年4月7日〜昭和20年8月15日	終戦工作を終えて退陣。

殺されたのが渡辺《わたなべ》錠太郎《じょうたろう》教育総監です。

二・二六事件が起きたとき、総理大臣が行方不明で、大臣も軍高官も何も決められません。侍従武官長の本庄繁《ほんじょうしげる》の日記が残っています。本庄は正直に、昭和天皇にことごとく叱られているのを正直に記録しています。

事件の報を受けたとき、昭和天皇は「朕自ら出動すべし」、「朕自ら近衛師団を率いて現地に臨まん」と命じ（本庄繁『本庄日記』原書房、一九六七年）、そして「速やかに暴徒を鎮定せよ」とおっしゃっています（木戸幸一『木戸幸一日記』上巻、東京大学出版会、一九八〇年）。

二・二六事件が起きて皇道派が返り討ちに遭い、統制派の権力が確立し、陸軍抜きの政治が成り立たなくなります。元老や内大臣、重臣（元首相と枢密院議長）も、陸軍抜きで首相を決めても、政権を維持できなくなります。

元老、内大臣が総理大臣を推薦することを「奏薦《そうせん》」といいます。奏薦は内大臣が中心に行います。奏薦集団がいて、総理大臣がいて誰かを基盤にするのです。総理大臣は絶対に奏薦集団で、陸軍が最大の拒否権集団です。陸軍が内閣を倒して自分が内閣を作ってしまうと、ほかが拒否権集団になり、もっと早く潰れるのです。

昭和一一（一九三六）年、一二（一九三七）年と、まったく安定しません。おまけに、昭和一一年の廣田《ひろた》内閣で大蔵大臣を務めた、馬場鍈一《ばばえいいち》財政のときから軍事費が五〇パーセントになっています。

時を遡ること明治四〇（一九〇七）年、陸軍と海軍が予算獲得のために投げ合っていた作文から妥協案として作られた「帝国国防方針」で、陸軍と海軍の両方の顔を立てた結果、それぞれが仮想敵としていたロシアとアメリカの両方を仮想敵国にしてしまいました。

そして昭和一一（一九三六）年に「帝国国防方針」の改訂版が出されます。それには、アメリカと一九一七年のロシア革命で誕生したソ連に、イギリスと支那を加え、四カ国を同時に仮想敵国にする愚かな決定が盛り込まれました。

地獄へ向かう支那事変

昭和一二（一九三七）年七月七日、盧溝橋《ろこうきょう》事件が起きます。

北清《ほくしん》事変の北京議定書に則《のっと》って駐留していた軍隊に、何者かが発砲し、北支駐屯軍と中華民国軍とが戦いになったのですが、おかしいと気づいて四日で停戦します。ところが、日本と中華民国の双方で好戦的な世論が多数を占め、世論に押されて泥沼の戦いに突入します。

七月二五日には廊坊《ろうぼう》事件、二六日には広安門《こうあんもん》事件、二九日には通州《つうしゅう》事件と立て続けに、日本人を狙ったテロが起こります。特に通州事件は、老若男女の区別なく民間人二百数十人がおぞましい殺され方の犠牲になり、死体まで凌《りょう》辱《じょく》されたとあって、日本の国民世論が激高した事件です。当時の東京朝日新聞の紙面の「保安隊変じて鬼畜　罪なき同胞を虐殺　銃声杜絶《とだ》え忽《たちま》ち掠《りゃく》奪《だつ》」「恨み深し！　通州暴虐の全貌《ぜんぼう》」「宛《さなが》ら地獄絵図！　鬼畜の残虐言語に絶す」（昭和一二年八月

四日付　夕刊）などの見出しがさらに世論を煽ります。

ただ、通州事件で国民が激高したところで、北支事変が延々拡大するだけなのです。なぜならば、北支は陸軍の縄張りなので、揚子江周辺、中南支を縄張りとする海軍にとっては他人事《ひとごと》だからです。

ところが、八月上旬、上海で大山海軍中尉と斎藤水兵が虐殺されると、海軍は自分で陸戦隊を上陸させて、事変が全土に拡大していきました。この事件を伝える東京朝日新聞の見出しも「帝国海軍中尉・上海で射殺さる」「暴戻《ぼうれい》！　鬼畜の保安隊　大挙包囲して乱射　運転員の水兵も拉致《らち》」「陸戦隊出動・非常警戒」「共同租界《そかい》のテロ　帝国軍人に挑戦」とあり、そして「政府きょう対策を協議　北支事変とは不可分」（昭和一二年八月一〇日付）と政府がそれを止めるどころか、煽る様子が伝えられます。

こうした状況のなかで、事変拡大に反対した人は少数であって、まさに蟷螂《とうろう》の斧《おの》のような状態でした。

日本は戦闘では全戦全勝です。しかし、政治家が問題でした。日清戦争の伊藤博文や日露戦争の桂太郎と違って、戦争をやめることを考えている人がいないのです。それで、延々と終わらないのです。七大都市を落としても、まだ終わりません。

日本軍がまじめに侵略を考えていないのは明らかです。

中国を征服するときの定石があります。世界史上最大の版図《はんと》を築いたモンゴル帝国のフビライ・ハーンは山から海に、逆時計回りで攻めていきます。清も敵を海に落とすように攻めていきます。しかし、日本軍はそれとは反対に時計回りに攻めているので、蔣介石軍は山に逃げ、いつまでも終わらないのです。そして、蔣介石に重慶《じゅうけい》に立てこもられ、立てこもった蔣介石を米英が支援していきます。蔣介石を支援したのは基本的にイギリスでした。アメリカはルーズベルト大統領が、「世界の無秩序を生み出している病人を隔離しなければならない」などと、日本、ドイツ、イタリアを伝染病患者に例えて批難する隔離演説を行っていますが、口先だけです。それどころか日本の最大輸入国はアメリカで、戦争で必需品の石油をアメリカから輸入しています。

そこで日本はこう考えました。アメリカは日本にも物資を売ってくれている、単なる死の商人なので一番の敵ではない。ソ連は最大脅威であって、妥協できないと。それはそうです。そもそも、ソ連に備えるために満洲国が必要だ、満洲をソ連から護るために対支一撃論《たいしいちげき》だったわけですから。では、イギリスとドイツのどちらを切れるかと考えたとき、華僑《かきょう》と結びついているイギリスではなく、一次大戦で追い出されて、しがらみがないドイツと組めば、ドイツは切れるだろうとその方向にのめり込んでいきます。そして、最終的に日本はドイツを退《ひ》かせることに成功しました。その成功が本当の成功だったかどうかはともかく。

日本を破滅させた三国同盟

日本はドイツと結びついたために、イギリスとの対立が根深くなっていきます。ソ連のスターリンは日独が英米と組んで、ソ連を挟み撃ちにする事態を恐れていたようです。しかし、そうはならず、日独と英米の対立がどんどん激化していきます。それは、イギリスとドイツがヨーロッパで徹底的に対立していったからでした。

当時のイギリス首相ネヴィル・チェンバレンは、ヒトラーも脅威だけど、スターリンも脅威であり、アメリカさえ脅威であると見做しました。だから、ヒトラーだけを叩くことはせず、融和的な態度でした。ところが、ヒトラーが調子に乗って、次々と領土的要求を出して併合するのをやめなかったので、イギリスもとうとう我慢できなくなります。

ヒトラーの誤算は大国の威信を軽視したことです。大国イギリスが「これが最後」と言えば、本当に最後なのに、それを踏みにじっても大丈夫だと高《たか》を括《くく》った誤算です。

ネヴィル・チェンバレンの段階でイギリスは完全にヒトラーとの対決に舵《かじ》を切っています。こうしてイギリスとドイツが対立してしまうと、ドイツと結びついている日本がソ連と対峙《たいじ》することはなく、日英独ソ米のなかで、勝手に日独と英米が対立を深めるといった、ソ連にだけ都合がいい客観的状況が生まれました。

英米、特にイギリスが中華民国を支援するので、蔣介石はまったく音《ね》をあげません。さあ、どうしたものかというときに、松岡洋右が呼び戻されました。松岡は、今さらイギリスとは話し合いなどはできないので、日独伊の三国が組んで、その三国の力でさらにソ連と組み、日独伊ソの四国で英米と交渉しようと企《たくら》むのですが、その企みはまったくうまくいかず、今度はヒトラーが、なぜかソ連に攻め込んでしまいました。

ヒトラーがなぜソ連に攻め込んだのか。イギリスが音を上げないのに、なぜソ連に攻め込んだのかは、歴史の謎であるとしか言いようがありません。

松岡洋右を褒めていいのは、昭和一六（一九四一）年に日ソ中立条約を結んでいる点です。そして、昭和一五（一九四〇）年に締結した日独伊の三国同盟にも自動参戦条項がないのも指摘しておきます。自動参戦条項がないので、ドイツはソ連に攻め込むときに、日本に何の事前相談もしていません。日本もアメリカに宣戦布告するときに、ドイツに何の事前相談もしていないのです。これは指摘しておかなければあまりにも松岡が可哀想です。

結果的に、松岡洋右は国を滅ぼした外交をやったのですが、三国同盟に自動参戦条項がないこと、事実上いつでも破棄できる日ソ中立条約を結んで、これしか方法がないギリギリのなかでやろうとしたのは事実として押さえておきます。

ただ、結果的にうまくいかなかったのも間違いなく事実ですし、松岡本人も悔いていました。

昭和一六（一九四一）年一二月八日、日本が米英両国との戦争に突入したと発表がなされたその日、斎藤良衛《さいとうりょうえ》前外務省顧問は外務大臣を辞めていた松岡洋右を松岡の私邸に訪ね、松岡自身の口から、こんな言葉を聞きました。

三国同盟の締結は、僕一生の不覚だったことを、今更ながら痛感する。僕の外交が世界平和の樹立を目標としたことは、君も知っている通りであるが、世間から僕は侵略の片棒かつぎと誤解されている。僕の不徳の致すところとはいいながら、誠に遺憾《いかん》だ。殊に三国同盟は、アメリカの参戦防止によって、世界戦争の再起を予防し、世界の平和を回復し、国家を泰山の安きにおくことを目的としたのだが、事ことごとく志とちがい、今度のような不祥事件の遠因と考えられるに至った。これを思うと、死んでも死にきれない

（斎藤良衛『欺かれた歴史　松岡洋右と三国同盟の裏面』中公文庫、二〇一二年）

大東亜戦争に反対だが……

三国同盟が結ばれ、そもそも戦争したくてしょうがなかったアメリカとの対決姿勢が決定的になり、日本に対する経済制裁が昭和一六（一九四一）年に発動されます。石油を止められました。これが開戦の直接の原因です。

日本としては、屈服して石油を締め上げるのをやめてもらうか、戦って石油を勝ち取るかしかない、二択に追いやられました。

石油を得るための戦いです。もっと言えば、アメリカとの対立の原因は支那事変です。だから、他から石油を取ってくるか、やめたいと思っている支那事変をやめて、支那から引き揚げるかすれば、アメリカと戦う理由はどこにもないのです。

しかし、そんな議論はどこにも通らない状況であり、正論が通らない世の中になっていたので

昭和天皇御前会議

す。

　最終的には近衛内閣が御前会議をするだけして、政権を放り出し、後になればなるほど戦争が不利になるとの理由から、御前会議で対米開戦やむなしとなりました。

　近衛内閣の御前会議のときに開戦が決まります。ここで昭和天皇は、明治天皇の御製《ぎょせい》「四方《よも》の海みなはらからと思う世に　なぞ波風の立ち騒ぐらむ」を二度読み上げます。その場の出席者全員が昭和天皇の平和愛好の意思を知り激涙したと伝えられます。しかし、決定は何も変わりません。一事が万事このような調子です。

　近衛《このえ》文麿《ふみまろ》は東條《とうじょう》英機《ひでき》陸軍大臣と対立したので内閣を放り出したのです。内大臣の木戸《きど》幸一《こういち》は、敢えてその東條にやらせようということになりました。

　東條英機は御前会議の決定を白紙に戻すとの条

件で首相になります。そうなると、東條は本気で平和を模索し始めます。独裁者とのちによばれるようになる東條でなければ、誰がまとめられるかとの気概です。

しかし、相手がある話です。アメリカがハル・ノートを突き付けてきて、まったく交渉する意思がないのが明らかになりました。ハル・ノートの文章だけを読めば、呑める内容なのです。ただ、それまで交渉していたにもかかわらず、突然、要求をつりあげているのは、もう交渉する意思がないと言っていることなので、日本は戦うしかないとなるわけです。日本がどこまで退《ひ》くかと話をしているときに、いきなり「せめて満洲国まで退《ひ》け」と言われ、しかも読みようによっては日本を日本列島に封じ込めるともとれる内容を示されれば、ケンカを売られたので買ったとなるわけです。

ただ、売られたケンカを買うのであっても、戦い方があって、フィリピンを素通りするやり方もあったはずなのです。しかし、当時の日本ではそれがまったく主流の意見になっていないどころか、言い出す空気にすらなっていません。

そして、昭和一六（一九四一）年一二月八日、大東亜戦争に突入しました。初戦は勝ちました。石油のための戦争ですから、戦争目的を「自存自衛」と言っていました。

ところが、やめることを考えていなかったのです。そして、昭和一七（一九四二）年のミッドウェー海戦で負けてしまいます。ただし一進一退は続き、ワンサイドゲームになるのは、昭和一八（一九四三）年にガダルカナル島が落ちてからです。

大東亜戦争の全図を見ると、日本軍はカナダやカリフォルニアを空爆し、潜水艦でマダガスカルまで行っている人がいます。単に兵士が行った距離だけでいえば、カナダ、カリフォルニアからマダガスカルまで、地球の半分で戦っているのです。

そして途中から、戦争目的に「アジア解放」を言い出します。それは決して一〇〇パーセントのウソではありませんし、純粋にそれを信じてやった人もいました。実際に有色人種が白人支配から独立もできました。それで「日本は私たちアジアを生んでくれたお母さん。お母さんは死んでしまったけど、子供たちは元気になった」などとよく言われます。しかし、なぜ、わざわざ母体が死なねばならないのでしょう。母子ともに健康であることを望むべきです。最初からお母さんが死んでしまう事態を望む出産など考えてはいけないのです。

サイパン島陥落でもって、日本列島を好きに空襲される状況になるような事態を招き、東條英機はクビになります。東條のあとの小磯國昭《こいそくにあき》は「ヒマだから」とのふざけた理由で総理大臣に選ばれました。候補者の内、他の二人は南洋で戦っていて呼び戻せないから、朝鮮総督の小磯が選ばれたのです。

政府や軍の高官たちは、自分たちの仲間内でテキトーな論理を振り回していました。自分たちはエリートである。だから何をやっても許される。間違いはあり得ないとの傲岸《ごうがん》な考えに凝り固まっていました。なぜ間違いがないか。間違いを指摘する者は社会から抹殺するか、牢屋に放り込むか、それでも言うことを聞かねば物理的に殺したからです。

こんな状況では国が滅びます。この亡国前夜の日本を救えるのは誰か。

「頼む、鈴木!」

昭和天皇が切り札と考えた総理大臣が、鈴木貫太郎です。鈴木は、日清、日露戦争で活躍した海軍軍人で、「鬼貫」と呼ばれた猛将でした。その後、海軍次官、連合艦隊司令長官、軍令部部長を務め、最終階級は大将。退役後は長らく、昭和天皇の侍従長を務め、その人柄をよく知っていました。昭和二〇年は、枢密院議長です。

鈴木は七七歳と高齢で耳が遠いから、と断りました。

しかし昭和天皇は、「頼む、鈴木」と懇願します。

警告でも激励でもありません。もはや、本当の亡国を避けるには、鈴木しか頼めないと賭けたのです。

当時の日本で和平などと言い出せば、それを認めたくない人が殺しに来ます。命がけの仕事です。昭和天皇ですら言えません。口では「天皇陛下万歳」と唱え他人には強制しながら、天皇の意向が意に沿わないと無視するのみならず、クーデター(つまり謀反)で天皇を取り換えようなどと考える輩《やから》が、ウヨウヨいましたから。

首相に就任した鈴木は、「徹底抗戦」「一億火の玉」などと勇ましい掛け声をかけねばなりません。和平を期待した人々はがっかりしましたが、演技です。

当時の大勢は「聖戦完遂」です。毎日のように米軍に空襲され、もはや誰の目にも勝ち目はありません。だから「完遂」と謎の言葉にすり替えられていました。何がどうなれば「完遂」なのか誰にもわかりませんが、異論は許されない空気だったのです。政府や軍の高官は誰一人として今さら勝てると思っていませんし、本音では戦争をやめたいのです。しかし、言い出したら殺されかねない。慎重に事を運ばねばなりませんでした。

鈴木内閣において和平の必要性は認識されていきましたが、今度は「ソ連を仲介に和平をすべきだ」などと、訳のわからない論理がまかり通ります。

昭和二〇（一九四五）年、五月七日にはナチスドイツが連合国へ無条件降伏し、米英ソの大同盟は欧州大戦の勝利を謳歌《おうか》します。

アジア太平洋方面では連合軍の勝勢は誰の目にも明らかでしたが、日本軍の抵抗は粘り強く、ペリリュー、硫黄島、沖縄と日本本土に近づくごとに、米軍の被害は大きくなっていきました。イギリスに至っては、緒戦で蹴散らされてお荷物の扱いです。アメリカは戦争を早期に終わらせようと、ソ連の参戦を求めました。

こうした状況のときに、日本はソ連を仲介とした和平を模索していたのです。確かにソ連とは日ソ中立条約を結んでいましたが、それは独ソ戦に際し日本から背後を突かれないようにするためです。ナチスドイツが亡んだ今、ソ連の独裁者・スターリンは対日参戦の分け前に与《あずか》ろうとしていました。

もちろん、ソ連の動きを察知し、警告していた人もいました。その筆頭が、駐ソ大使の佐藤尚武《さとうなおたけ》です。佐藤は、モスクワ駅からシベリア鉄道で多くの物資が輸送されていることを察知し、対日戦の準備だと警告しています。当然、ソ連を仲介にした和平などありえません。

ところが「ソ連だってだまし討ちの汚名は着たくないはずだ」「仮に攻めてくるとしても、秋まで準備はかかるはずだ」などと、何の根拠もない議論で異論を封じます。その代表が、阿南惟幾《あなみこれちか》陸相と梅津美治郎《うめづよしじろう》参謀総長です。二人は「これが陸軍の総意だ！」と強硬に主張します。海軍の豊田副武《とよだそえむ》軍令部総長も同調し、米内光政海相は苦々しく横目で見ているだけです。

無駄に時間を過ごすうちに七月二六日、米英中三国の首脳の名で対日ポツダム宣言を発しました。陸軍は「ソ連が参加していないということは脈がある！」などと欣喜雀躍《きんきじゃくやく》としていましたが、単なるカモフラージュでした。見事に対ソ和平派はスターリンに騙《だま》されたわけです。

八月六日、アメリカは広島に原爆を落とします。日本は何が何だかわからないまま、新型大量殺戮《さつりく》兵器に動揺します。九日には長崎にも原爆を落とされ、死者は合わせて三〇万人に至りました。

そして時を同じくして、八日から九日に日付が変わるころ、ソ連が突如として満洲国に侵略してきました。だまし討ちに大混乱です。

御聖断で本当の亡国から救う

鈴木は時を置かずして八月九日に御前会議を招集します。

参加者は首相の鈴木の他に、阿南惟幾陸相と梅津美治郎参謀総長と豊田副武軍令部総長、彼らは徹底抗戦を唱え続けていました。対する和平派は米内光政《よないみつまさ》海相と東郷茂徳《とうごうしげのり》外相。海軍大臣の裏切りに軍の大半はいきり立ちますが、元首相で大先輩の米内は無視。ここで鈴木は、「御前会議の結果は枢密院に諮《はか》らねばならないが、非常時だ」と、枢密院議長の平沼騏一郎《ひらぬまきいちろう》を強引に入れます。平沼は右翼と思われていましたが、ひそかに誼《よしみ》を通じていました。これで三対三です。

東郷ら和平派は、ポツダム宣言に一条件だけを付けて受諾すべきだと主張しました。その一条件とは、「国体護持」です。これが何を意味するかは曖昧《あいまい》ですが、「皇室を廃止してはならない」との意味は共通でした。

それに対して徹底抗戦派は、「軍隊の自主的武装解除」「日本人の手による戦犯裁判」「占領は本土以外」を合わせ、四条件で返答すべきだとしました。徹底抗戦派にも一理あって、現実の日本は軍隊を武装解除したので、連合軍の横暴を食い止められませんでした。しかし、それを言ってしまえば、連合軍は戦いを止めず、もっと多くの国民が殺されたでしょう。

本来、御前会議は、事前に政府と軍首脳が結論を出しておかねばなりません。それを鈴木がわざと飛ばしたので、天皇の前での激論となったのです。そして仮に可否同数になれば、首相が決めねばなりません。

長い激論の末に鈴木は申し出ました。

「陛下、ご覧のとおりです。事はあまりにも重大なので、私には決められません」

大日本帝国憲法は天皇に責任を負わせないような体系です。政治や軍事などの国務は、すべて臣下が責任を負うこととなっています。だから臣下が愚かな決断を下した場合、天皇が反対でもその決定を覆すことができないのです。仮に天皇が無視しても単なる憲法違反であり、反対勢力は従いません。

ではは天皇は何のためにいるのか。政府が崩壊するような危機的な状況に際して、秩序を取り戻すためです。

大日本帝国憲法第一条
　大日本帝国ハ万世一系ノ天皇之《これ》ヲ統治ス

普段は権力を振るわないけれども、本当の国の危機の際は本来の権限を振るう。

鈴木首相の言葉は、「大政奉還」です。この瞬間、天皇は本来の統治権を行使する立場となりました。天皇のお言葉には権限が伴うのです。

昭和天皇は「外相の案を採る」と申された後、理路整然と、これ以上の戦いの不可を語られました。阿南も梅津も、黙って聞くしかありません。

ご聖断は下りました。

外務省は連合国に、ポツダム宣言を一条件で受諾すると伝えました。しかし、国体護持を連合国が守るのかどうか、曖昧なままです。連合国からは「自由に表明された日本国民の意思による」との回答が寄せられました。これでは、「国民投票による多数決で天皇制廃止」などもできかねません。事実、国民投票により王制が廃止された敗戦国もありました。

敗北を受け入れられない陸海軍の多数派は騒ぎ出し、再び御前会議が開かれます。

ここで昭和天皇は「国民を信じる」と断を下されました。ラジオで国民に直接、語りかけるところとなりました。

八月一四日、日本は連合国にポツダム宣言の受諾を伝えます。この日にも、皇居に乱入して昭和天皇が吹き込んだレコードを奪おうとする撥《は》ねっ返りもいました（宮城《きゅうじょう》事件）。近衛第一師団長が殺されるなどの混乱はありましたが、暴挙は鎮圧、事なきを得ました。

そして八月一五日正午、史上初の玉音放送が行われました。史上初の、敗戦による外国の占領を受け入れる憂き目を見ます。

この期に及んでも納得しない輩は、鈴木や平沼の家を焼き討ちにします。狂った時代に正論を通すのは、命がけだったのです。

阿南はご聖断が下るや鈴木に頭を下げ、「立場上、ご無礼を働きました」と頭を下げ、切腹し

大東亜戦争終結ノ詔書

朕深ク世界ノ大勢ト帝國ノ現狀トニ鑑ミ非常ノ措置ヲ以テ時局ヲ收拾セムト欲シ茲ニ忠良ナル爾臣民ニ告ク

朕ハ帝國政府ヲシテ米英支蘇四國ニ對シ其ノ共同宣言ヲ受諾スル旨通告セシメタリ

抑々帝國臣民ノ康寧ヲ圖リ萬邦共榮ノ樂ヲ偕ニスルハ皇祖皇宗ノ遺範ニシテ朕ノ拳々措カサル所曩ニ米英二國ニ宣戰セル所以モ亦實ニ帝國ノ自存ト東亞ノ安定トヲ庶幾スルニ出テ他國ノ主權ヲ排シ領土ヲ侵スカ如キハ固ヨリ朕カ志ニアラス然ルニ交戰已ニ四歳ヲ閲シ朕カ陸海將兵ノ勇戰朕カ百僚有司ノ勵精朕カ一億衆庶ノ奉公各々最善ヲ盡セルニ拘ラス戰局必スシモ好轉セス世界ノ大勢亦我ニ利アラス加之敵ハ新ニ殘虐ナル爆彈ヲ使用シテ頻ニ無辜ヲ殺傷シ慘害ノ及フ所眞ニ測ルヘカラサルニ至ル而モ尚交戰ヲ繼續セムカ終ニ我カ民族ノ滅亡ヲ招來スルノミナラス延テ人類ノ文明ヲモ破却スヘシ斯ノ如クムハ朕何ヲ以テカ億兆ノ赤子ヲ保シ皇祖皇宗ノ神靈ニ謝セムヤ是レ朕カ帝國政府ヲシテ共同宣言ニ應セシムルニ至レル所以ナリ

朕ハ帝國ト共ニ終始東亞ノ解放ニ協力セル諸盟邦ニ對シ遺憾ノ意ヲ表セサルヲ得ス帝國臣民ニシテ戰陣ニ死シ職域ニ殉シ非命ニ斃レタル者及其ノ遺族ニ想ヲ致セハ五内爲ニ裂ク且戰傷ヲ負ヒ災禍ヲ蒙リ家業ヲ失ヒタル者ノ厚生ニ至リテハ朕ノ深ク軫念スル所ナリ惟フニ今後帝國ノ受クヘキ苦難ハ

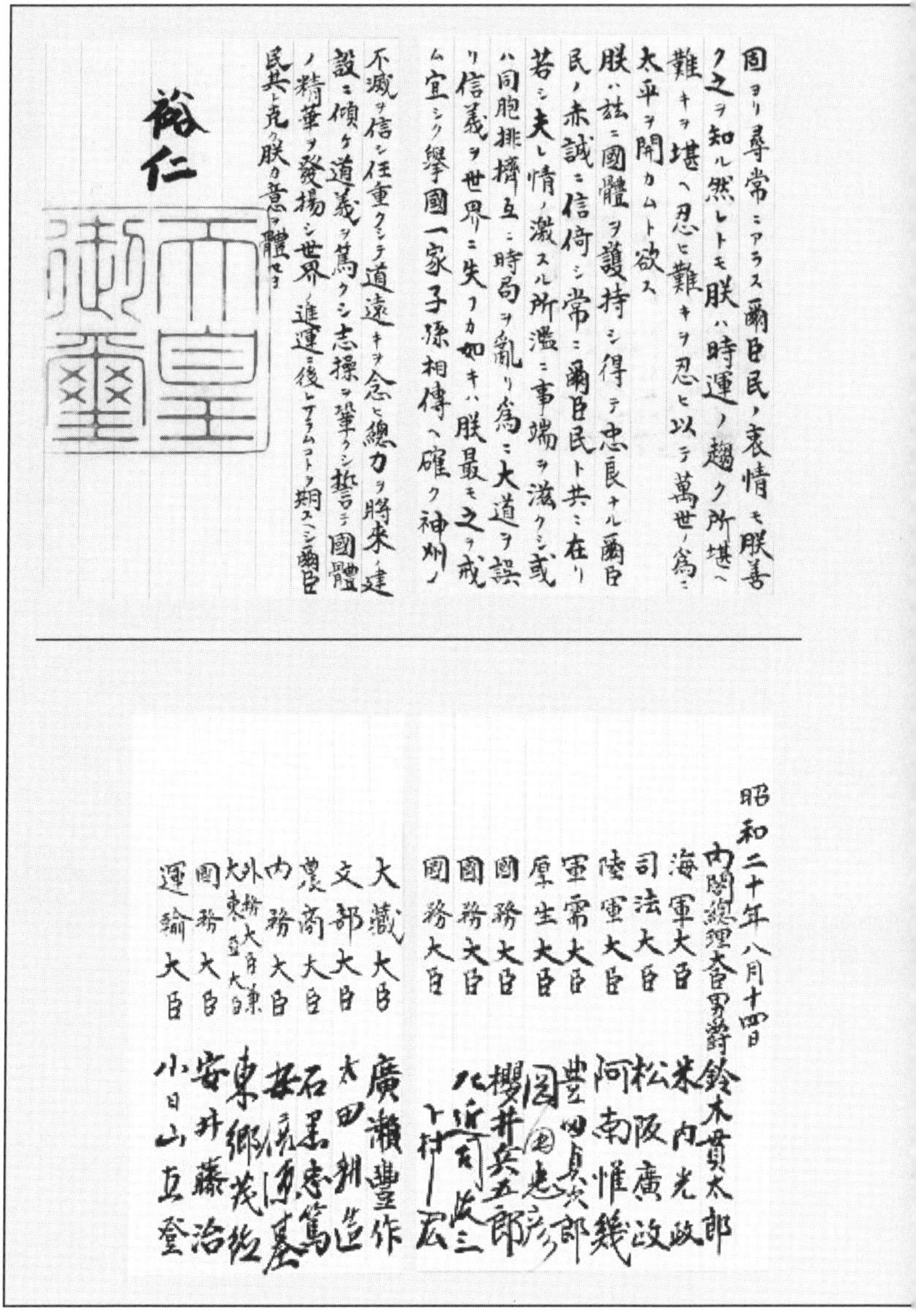

固ヨリ尋常ニアラス爾臣民ノ衷情モ朕善ク之ヲ知ル然レトモ朕ハ時運ノ趨ク所堪ヘ難キヲ堪ヘ忍ヒ難キヲ忍ヒ以テ萬世ノ爲ニ太平ヲ開カムト欲ス

朕ハ茲ニ國體ヲ護持シ得テ忠良ナル爾臣民ノ赤誠ニ信倚シ常ニ爾臣民ト共ニ在リ若シ夫レ情ノ激スル所濫ニ事端ヲ滋クシ或ハ同胞排擠互ニ時局ヲ亂リ爲ニ大道ヲ誤リ信義ヲ世界ニ失フカ如キハ朕最モ之ヲ戒ム宜シク擧國一家子孫相傳ヘ確ク神州ノ不滅ヲ信シ任重クシテ道遠キヲ念ヒ總力ヲ將來ノ建設ニ傾ケ道義ヲ篤クシ志操ヲ鞏クシ誓テ國體ノ精華ヲ發揚シ世界ノ進運ニ後レサラムコトヲ期スヘシ爾臣民其レ克ク朕カ意ヲ體セヨ

裕仁

天皇御璽

昭和二十年八月十四日

内閣總理大臣男爵　鈴木貫太郎
海軍大臣　米内光政
司法大臣　松阪廣政
陸軍大臣　阿南惟幾
軍需大臣　豊田貞次郎
厚生大臣　岡田忠彦
國務大臣　櫻井兵五郎
國務大臣　左近司政三
國務大臣　下村宏
大藏大臣　廣瀬豊作
文部大臣　太田耕造
農商大臣　石黒忠篤
内務大臣　安倍源基
外務大臣兼大東亞大臣　東郷茂徳
國務大臣　安井藤治
運輸大臣　小日山直登

ます。敗戦の責任を取ったのです。

梅津は、九月二日に降伏文書に調印します。そして戦争犯罪人の汚名を着せられ、連合軍に逮捕されて獄中死しました。

阿南は鈴木の下の侍従。梅津は、昭和天皇がたっての意向で、参謀総長として東京に呼び寄せた人物です。

阿南も梅津も、和平を言おうものなら上司だろうが大臣だろうが、天皇さえも手にかけかねない危ない連中を鎮めるために、和平に反対する演技をしていたのです。

鈴木首相の絶妙な立ち回りで、ご聖断により、本当の亡国は避けられたのでした。


本来、日本は穏やかで平和に暮らせる国でした。

それが外国の到来によって、強く賢くならねば生きていけない環境に置かれました。そして努力して、世界に冠たる大日本帝国となりました。大日本帝国は、よほどの愚かなことをしなければ、絶対に滅びようがない国でした。

ところが、今の日本は国ではなく単なる地名としてのみ、世界の中で生きています。

なぜ、こうなってしまったのでしょうか。

歴史を学び、考えてください。

おわりに

本書は敗戦で終わっています。もし機会があれば、戦後から現代にいたる歴史を書きたいと思います。

本当は、もっと多くの人を選んでいたのですが、泣く泣く削りました。

日本の歴史教科書は国際社会から「コンパクトだ」と評価されています。イデオロギーに偏ることなく、手際よく事実がまとめられています。これを褒められていると思ったら、大きな勘違いです。馬鹿にされているのです。「よく、そんな態度で自分の国の歴史を語れるな」と。子供たちに立派な大人になってほしいと本気で思えば、先人たちの歩みを語りたいものなのです。

その意味では、本書も自虐的な歴史書かもしれません。もっとも、私が本気で日本の歴史を書けば、最低でも二千ページはいったでしょうが。本書でも普通の本の一冊分を丸々カットしましたし、第五二代嵯峨《さが》天皇と吉野作造《よしのさくぞう》に至っては項目ごと消滅しました。本当は「三十人の人物伝でわかる日本の歴史」だったのです。最初は十二人で企画をたてたら、それではあまりにも駆け足すぎると思いなおし、三十人にしましたが紆余曲折《うよきょくせつ》の上で二十八人になりました。

ちなみに三十人を選ぶ際に、「現代史まで扱おう」ということで、「神武《じんむ》天皇から藤田田《ふじたでん》まで」と考えたのですが、戦後史を代表する偉大な経済人である藤田田は、もし本書の戦後版が出るときまでお預けで。

本当は誰が企画に上がっていたかは、「嵯峨天皇」「吉野作造」「藤田田」以外は内緒にします。

本書は基本的に「日本がどのようにしてできたか、そしてどのように歩んだか」を英雄伝的に描いたので政治史中心になりましたが、文化史と女性をできるだけ増やそうと考えました。

極端に自虐的でも自尊的でもない、自分の国の本当の歴史を学ぶのに、最初に手に取る本との試みが成功だったかどうかは、読者の皆様のご判断にお任せします。

なお本書の制作には、倉山工房の雨宮美佐さんと細野千春さんには大変お世話になった。特に雨宮さんには無理難題を言ったが、すべて応えてくれた。ありがたいことだ。

ビジネス社の本では本間肇さんにお世話になっているが、熱が入りすぎて発売月が遅れた。唐津隆社長ともどもお礼と感謝を述べ、筆をおく。

主要参考文献（※紙幅の都合上、原則として、特に重要な引用、参照を行った日本語の文献に限って挙げている）

第一章　伝説から歴史へ

注1　白鳥庫吉『国史：昭和天皇の教科書』勉誠出版、二〇一五年
注2　「大仙古墳と仁徳陵古墳という名称」について～大阪府立近つ飛鳥博物館HP、http://www.chikatsu-asuka.jp/?s=child/16protector　二〇二一年二月二八日閲覧

第二章　貴族の時代

注1　吉永登『万葉―文学と歴史のあいだ』創元社、一九六七年
注2　白川静『常用字解』平凡社、二〇〇三年
注3　高田宏『言葉の海へ』新潮社、一九七八年
注4　R.エンゲルジング、中川勇治訳『文盲と読書の社会史』K・I・C思索社、一九八五年
注5　カルロ・チポラ、佐田玄治訳『読み書きの社会史』御茶の水書房、一九八三年
注6　いろは出版編　やまぐちかおり絵『寿命図鑑』いろは出版、二〇一六年
注7　鈴木日出男『清少納言と紫式部』放送大学教育振興会、一九九八年
注8　繁田信一『殴り合う貴族たち』角川ソフィア文庫、二〇〇八年

第三章　武者の世に

注1　上横手雅敬『北条泰時』吉川弘文館、一九八八年
注2　岡田英弘『歴史とはなにか』文春新書、二〇〇一年
注3　宮脇淳子『世界史のなかの蒙古襲来』扶桑社、二〇一九年
注4　小島信泰「聖徳太子と最澄・親鸞・日蓮における太子観」東洋哲学研究所紀要8号、一九九二年
注5　田家康『気候で読み解く日本の歴史』日本経済新聞出版社、二〇一三年

第四章　乱世の英雄たち

注1　細川重男『鎌倉幕府の滅亡』吉川弘文館、二〇一一年

注2　亀田俊和『征夷大将軍・護良親王』戎光祥出版、二〇一七年

注3　桃崎有一郎『室町の覇者　足利義満』ちくま新書、二〇二〇年

注4　若桜木虔、山中將司『図解　戦国武将別日本の合戦40』東洋経済新報社、二〇一〇年

第五章　豊かな江戸

注1　藤井讓治『徳川家康』吉川弘文館、二〇二〇年

注2　大阪観光大学HP「世界中の言語に翻訳された『源氏物語』」展示中！より、二〇一七年五月二六日
https://www.tourism.ac.jp/news/cat1/785.html　二〇二一年三月一二日閲覧

注3　伊藤鉄也「『源氏物語』の翻訳状況」総研大ジャーナル15号、二〇〇九年
https://www.soken.ac.jp/file/disclosure/pr/publicity/journal/no15/pdf/32-33.pdf　二〇二一年三月一二日閲覧

注4　本居宣長記念館パンフレット

注5　阿部博人『緒方洪庵と適塾の門弟たち』昭和堂、二〇一四年

注6　梅溪昇『緒方洪庵』吉川弘文館、二〇一六年

第六章　大日本帝国の興亡

注1　増田弘『公職追放』東京大学出版会、一九九六年

第七章　昭和天皇――日本を本物の滅亡から救ったお方

注1　河原敏明『昭和天皇とその時代』文春文庫、二〇〇三年

注2　「『張作霖爆殺』の全容　河本大作大佐の供述書を入手」This is 読売、第八巻第九号通巻第九四号、一九九七年一一月

注3　倉山満『学校では教えられない歴史講義　満洲事変』KKベストセラーズ、二〇一八年

※この他、小著ではあるが、本書の理解をより深めたい方のために関連する書籍を挙げておく。

『日本一やさしい天皇の講座』扶桑社新書、二〇一七年
『13歳からの「くにまもり」』扶桑社新書、二〇一九年
『国民が知らない上皇の日本史』祥伝社新書、二〇一八年
『倉山満が読み解く太平記の時代』青林堂、二〇一六年
『倉山満が読み解く足利の時代』青林堂、二〇一七年
『大間違いの織田信長』ＫＫベストセラーズ、二〇一七年
『総図解よくわかる日本の近現代史』中経出版、二〇一〇年
『帝国憲法の真実』扶桑社新書、二〇一四年
『帝国憲法物語』ＰＨＰ研究所、二〇一五年
『日本史上最高の英雄《ヒーロー》　大久保利通』徳間書店、二〇一八年
『工作員・西郷隆盛』講談社＋α新書、二〇一七年
『桂太郎』祥伝社新書、二〇二〇年
『新装版　お役所仕事の大東亜戦争』マキノ出版、二〇二一年
『真実の日米開戦』宝島社、二〇一七年
『誰も教えてくれない　真実の世界史講義　古代編』ＰＨＰ研究所、二〇一七年
『誰も教えてくれない　真実の世界史講義　中世編』ＰＨＰ研究所、二〇一八年
『ウェストファリア体制』ＰＨＰ新書、二〇一九年
『明治天皇の世界史』ＰＨＰ新書、二〇一八年
『若者に伝えたい英雄たちの世界史』ワニブックス、二〇二〇年

［略歴］
倉山満（くらやま・みつる）
1973年、香川県生まれ。憲政史研究家。（一社）救国シンクタンク理事長兼所長。中央大学文学部史学科国史学専攻卒業後、同大学院博士前期課程を修了。在学中より国士舘大学日本政教研究所非常勤研究員を務め、2015年まで日本国憲法を教える。現在、ブログ「倉山満の砦」やコンテンツ配信サービス「倉山塾」やインターネット番組「チャンネルくらら」などで積極的に言論活動を行っている。著書に、『学校では教えられない歴史講義　満洲事変』（ベストセラーズ）、『検証　検察庁の近現代史』（光文社）、『工作員・西郷隆盛　謀略の幕末維新史』（講談社）、『誰も教えてくれない真実の世界史講義　中世編』（PHP研究所）、『東大法学部という洗脳』『面白いけど笑ってはいけない！（国民の敵はここにいる）』『【新装版】世界の歴史はウソばかり』『悲しいサヨクにご用心！』（ともにビジネス社）など多数ある。

編集協力／倉山工房

教科書では絶対教えない　偉人たちの日本史

2021年4月26日　第1刷発行
2021年6月1日　第2刷発行

著　者　倉山 満
発行者　唐津 隆
発行所　株式会社ビジネス社
〒162-0805　東京都新宿区矢来町114番地 神楽坂高橋ビル5階
電話　03(5227)1602　FAX　03(5227)1603
http://www.business-sha.co.jp

〈装幀〉常松靖史（チューン）
〈本文組版〉メディアタブレット
〈印刷・製本〉大日本印刷株式会社
〈営業担当〉山口健志
〈編集担当〉本間肇

ISBN978-4-8284-2263-3